निराला के काव्य में लोकतत्त्व

निराला के काव्य में लोकतत्त्व

डॉ. उर्मिला बी. शर्मा

वाणी प्रकाशन

वाणी प्रकाशन

4695, 21-ए, दरियागंज, नयी दिल्ली 110 002

शाखा

अशोक राजपथ, पटना 800 004

फ़ोन: +91 11 23273167 फ़ैक्स: +91 11 23275710

www.vaniprakashan.in
vaniprakashan@gmail.com

NIRALA KE KAVYA MEIN LOKTATVA
by Dr. Urmila B. Sharma

ISBN : 978-93-5072-296-1
Criticism

प्रथम संस्करण

मूल्य : ₹ 450

न्यू कृष्णा ऑफ़सेट, दिल्ली-110093 में मुद्रित

वाणी प्रकाशन का लोगो मक़बूल फ़िदा हुसेन की कूची से

प्रस्तावना

सूर, तुलसी, जायसी और निराला जैसी प्रतिभाओं को सहस्राब्दी रचनाकार कहा जाय तो इसमें अतिशयोक्ति न होगी। इनकी इस शक्ति और सामर्थ्य का कारण उनका लोक से ऊर्जा रस प्राप्त करते हुए अपनी रचनाशीलता में गतिमान होना ही है। कोई कवि या रचनाकार लोकजीवन में जितने गहरे प्रवेश के क्षमतावान होगा उसकी रचना उतनी ही दीर्घजीवी और प्रभावशाली हो सकेगी। आधुनिक काल के कवियों में निराला एक ऐसा व्यक्तित्व रहा है जो तुलसी के बाद लोकजीवन के भीतर से काव्य ऊर्जा प्राप्त करने में अपना प्रतिस्पर्धी नहीं जानता। लेखक के लिए लोकजीवन वह टकसाल है जिसकी अक्षयनिधि कभी क्षीण नहीं होती। निराला ने भारतीय जनता, समाज और राष्ट्र के दैनंदिन जीवन को जिस निकटता के साथ देखा और भोगा उसकी परिणति उनकी रचनाओं में पायी जा सकती है। लोकजीवन के अनुभव रचना में ढलकर कविता को महत्ता प्रदान करने के साथ-ही-साथ उसे लोक की अपनी रचना का अनुभव भी कराते हैं। निराला की कविताओं में यह लोकजीवन लोकतत्त्व के रूप में उन्हें सच्चे अर्थों में लोकचेता का स्थान दिलाता है।

निराला को निराला बनाने का श्रेय निराला के परिवेश और परिस्थितियों को ही रहा जिसमें उनकी संघर्षशील प्रतिभा और अपराजेय पौरुष एवं कभी समाप्त न होनेवाले संकल्पबोध का निर्माण हुआ था। आरम्भ में एक कुशल सम्पादक के रूप में हिन्दी जगत का यह मतवाला निराला अपने युग और काल पर अपनी कर्मशीलता की अमिट छाप छोड़ता है। बंगाल की आध्यात्मिक चेतना से मानवता की पहचान करता है, मनुष्यता का अर्थ सीखता है।

लोक के भीतर जीवन के अनेक कर्म करता हुआ मनुष्य इहलीला समाप्त करता है। यावत् जीवन उसका यह कृत्य चलता रहता है और उनसे वह आचार-विचार और संस्कार ग्रहण करता है, जीवन में हर्ष-उल्लास के अवसरों का निर्माण आत्मिक मानदंडों की तलाश करता है जिनसे व्यक्तिगत और सामाजिक जीवन में उत्तरोत्तर प्रगति होती है। जिस समाज की संस्कृति सुदृढ़ होती है उसका नागरिक स्वतः ही सुसंस्कारित एवं सुयोग्य बनता है। समाज में रहते हुए व्यक्ति

और समाज लोक साहित्य की रचना भी करता है। जहाँ लोकतत्त्वों की जीवंत रूप होता है।

यह सत्य है कि निराला लोकजीवन की धड़कन के कवि थे। तुलसीदास के बाद ऐसा दूसरा रचनाकार दिखाई नहीं पड़ता, जिसने जनता के बीच, उनकी साँसों की प्रत्येक धड़कन को पहचानने का कार्य किया हो। जनता की जीवन शक्ति उसका लोकविश्वास ही होता है जो लोकरीति और आचार से निर्मित होता है। इनमें वह अपना सम्पूर्ण जीवन व्यतीत करना है। इसमें रचनाकार के अपने सम्पूर्ण समाज की तस्वीर समाहित है। निराला ने इस बात को भी लक्ष्य किया कि स्वार्थ, घृणा, भेदभाव से मुक्त समाज ही प्रगति कर सकता है। भाषा के विविध रूपों, शब्दों, मुहावरों, लोकोक्तियों, प्रतीकों, बिम्बों, उपमानों आदि में निराला की लोक से संपृक्ति का बोध सामने आता है। धरती के ठोस यथार्थ और उसकी जीती-जागती जनता के सम्पूर्ण जीवनसंघर्ष को इस शिल्प के माध्यम से निराला वाणी देने में सफल होते हैं।

मेरे इस शोध कार्य में मेरे शोध-निर्देशक आदरणीय गुरुवर डॉ. सुधाकर मिश्र का कुशल निर्देशन प्राप्त हुआ। विषय निर्धारण से लेकर ग्रन्थ को पूर्णता प्रदान करने तक सुयोग्य चिन्तन, स्नेहिल व्यवहार हमारा संबल रहा। मौन रूप से उसे स्वीकार करके ही, उसे आजीवन ऋण स्वीकारी रहना ही उचित है।

हिन्दी विभाग, मुम्बई विश्वविद्यालय के अध्यक्ष डॉ. रतन कुमार पाण्डेय ने जीवन में प्रत्येक मोड़ पर जिस तरह सहारा दिया, संघर्ष और विश्वास की शक्ति पैदा की तथा जब-जब हताश-निराश होकर हार मानती, आपने अँगुली पकड़कर अतुल बल और साहस प्रदान किया। इस कार्य में भी आपका सहयोग और मार्गदर्शन मेरा आलोक बना। आपके प्रति आजीवन नतशिर रहने का भाव ही कृतज्ञता है। अन्त में अपने माँ, पिता को प्रणाम निवेदित करती हूँ जिन लोगों ने अध्ययन में सतत आगे बढ़ने की प्रेरणा दी और आज मैं शोध-कार्य पूर्ण करने में समर्थ हो सकी। यह प्रकाशित रूप में पाठक के हाथ में है। इसका सच्चा मूल्यांकन तो वही करेगा।

डॉ. उर्मिला बी. शर्मा

सी-6/4/301
शालीमार अपार्टमेंट एसोसिएशन,
सेक्टर नं.-3, बेलापुर
नवी मुम्बई, थाने

अनुक्रम

निराला व्यक्तित्व : एक परिचय

जन्म, वंश परिचय : निराला का जन्म बंगाल के मेदनीपुर जिले के महिषा दल रियासत के 1896 ई. में बसन्त पंचमी के दिन हुआ था। निराला उन्नाव जिले के गढ़ा कोला ग्राम के निवासी थे। इनके पिता का नाम पं. रामसहाय त्रिपाठी था। पं. रामसहाय त्रिपाठी नौकरी की खोज में कलकत्ता गये और वहाँ महिषादल के राजा के यहाँ नौकरी कर ली। वहाँ के राजा ने उनके कार्य से प्रसन्न होकर उनकी नियुक्ति उच्च सिपाही के पद पर कर दी। निराला जी की माता का नाम रुक्मिणी देवी था। 'निराला' जी के जन्म के तीन साल बाद माँ की मृत्यु हो गयी। शिशु 'निराला' को ममतामयी माँ के स्नेह और प्यार भरे आँचल की शीतल छाया न मिल सकी। माँ की मृत्यु के कारण निराला जी शैशवावस्था में मातृस्नेह से वंचित हो गये, जब कि इस उम्र में एक शिशु के लिए माँ का प्यार-दुलार एक अमूल्य निधि होती है और एक बालक को जो सुख माँ की गोद में मिलता है, शायद और कहीं सम्भव नहीं है। उस सुख से निराला वंचित रह गये, उन्हें माँ का स्नेह तो नसीब नहीं हुआ क्योंकि काल के क्रूर हाथों ने उसे बड़ी ही निर्ममता से छीन लिया और पिता की तरफ से भी भरपूर स्नेह नहीं मिला। पिताजी जब अपने हिस्से का स्नेह नहीं दे पाए तो माँ की कमी कैसे पूरी करते? एक तो वे रूखे स्वभाव के थे, दूसरे शायद निराला की बाल-सुलभ चंचलता को भी वे सहन नहीं कर पाते थे। बचपन ही एक ऐसा समय होता है कि इस उम्र में बच्चों की गलती एवं भूल क्षम्य होती है। बच्चा समझ कर बड़ी से बड़ी भूल क्षमा कर दी जाती है, परन्तु 'निराला' के पिताजी निराला के साथ कठोरता से पेश आते थे।

शैशव : तीन वर्ष की उम्र में माँ की मृत्यु हो गयी। इन्हें पिता की तरफ से भी भरपूर प्यार नहीं मिला। एक बालक को स्नेह एवं प्यार की सर्वाधिक आवश्यकता होती है, परन्तु निराला को यह नसीब नहीं हो पाया। शिशु का हृदय फूल की तरह कोमल होता है और स्नेह रूपी वर्षा की आवश्यकता होती है, परन्तु निराला का बचपन पिता के कठोर अनुशासन में बीता। वे बात-बात पर पीट दिया करते थे और

एक शिशु को पिता के हाथों निर्दयतापूर्वक पीटे जाने पर यदि माँ की गोद मिल जाय तो शिशु के हृदय को कुछ राहत मिलती है, परन्तु स्नेहमयी माँ तो पहले ही चली गयी थीं। निराला को निरन्तर प्रहारों का सामना करना पड़ा। वे अभ्यस्त भी हो गये थे। निराला ने स्वयं ही लिखा है कि पिताजी पीटते हुए इतने तन्मय हो जाते थे कि उन्हें भूल जाता था कि दो विवाह के बाद पाए हुए पुत्र को मार रहे हैं। वे चार-पाँच साल की उम्र से अब तक एक ही प्रकार के प्रहार को पाते-पाते सहनशील भी हो गये थे और प्रहारों की हद मालूम हो गयी थी। अतः निराला की शैशवावस्था दुखों एवं कष्टों में बीती।

शिक्षा-दीक्षा : 'निराला' को बंगाल में ही 'पाठशाला में प्रारंभिक शिक्षा मिली, पाँच साल की उम्र में इन्हें पढ़ने के लिए स्कूल भेजा गया, वहाँ बांग्ला भाषा के माध्यम से शिक्षा दी जाती थी, हिन्दी नहीं के बराबर थी, अंग्रेजी भाषा का काफी प्रभाव था। "वहाँ हिन्दी की चर्चा करने वाला कोई नहीं था, इसके अतिरिक्त बंगाल में रवीन्द्र-युग की चढ़ती कला थी चारों ओर माइकेल मधुसूदन के काव्यों और वंकिम चन्द चट्टोपाध्याय के उपन्यासों का रोब गालिब हो चुका था। इसके बाद रवीन्द्रनाथ ने इन दो महान व्यक्तियों की रचनाओं से होड़ ली। फलस्वरूप अपने व्यक्तित्व को उठाने के लिए भरपूर वेग के साथ माइकेल और बंकिम पर बरसे। शिशु निराला ऐसे वातावरण में बांग्ला की शिक्षा पा रहे थे।"[1] जिधर देखो उधर ही रवि ठाकुर की तूती बोल रही थी। अज्ञात स्पर्धा से पाँच वर्ष का शिशु निराला मनोयोग से बांग्ला पढ़ने लगा। कुछ ही वर्षों में उसने बांग्ला पर असाधारण अधिकार प्राप्त कर लिया।

निराला स्वभाव से अध्यनशील थे, पाठ्यक्रम की पुस्तकें नहीं पढ़ते थे, काव्य के प्रति उनका अधिक आकर्षण था। अंग्रेजी, बांग्ला, संस्कृत के अनेक काव्यग्रन्थ पढ़ डाले और इन भाषाओं पर निराला का असाधारण अधिकार था। साथ-ही-साथ इन्होंने हिन्दी भाषा का भी इच्छा ज्ञान प्राप्त किया। निराला अपने बाल मित्रों में निराले ही थे, किसी भी क्षेत्र में कम नहीं थे, पढ़ाई के अतिरिक्त खेल-कूद इत्यादि में निपुण थे।

"बंगाली बालकों से वे किसी प्रकार कक्षा में कम न रहें, बल्कि कक्षा और क्रीड़ा के क्षेत्र में अपने शारीरिक गठन के कारण वह श्रीराम एवं सुदाम की बाल मंडली में नन्दकिशोर-सा निराला ही नजर चढ़ते थे।"[2]

पाठशाला की पढ़ाई पूरी करने के पश्चात् आगे की पढ़ाई के लिए महिषा-दल स्कूल में नामांकन कराया गया, वहाँ उन्होंने संस्कृत, बांग्ला एवं अंग्रेजी का अध्ययन किया, बांग्ला भाषा पर इनका असाधारण अधिकार था। हिन्दी भाषा का ज्ञान प्राप्त करने में गोस्वामी तुलसीदास जी द्वारा रचित 'रामचरित मानस' बहुत अधिक सहायक सिद्ध हुई। 'रामायण' का अध्ययन करने के साथ गीता का भी अध्ययन किया।

दर्शन सम्बन्धी बहुत-सी पुस्तकों का अध्ययन किया। खड़ी बोली हिन्दी का ज्ञान प्राप्त करने के लिए निराला ने अनेक पत्र-पत्रिकाओं का गहन अध्ययन किया और हिन्दी भाषा पर असाधारण अधिकार प्राप्त किया। निराला के ऊपर 'रामचरित मानस' तथा तुलसीदास का काफी प्रभाव था, जिसका पता इनके प्रबन्ध-काव्य 'तुलसीदास' एवं 'राम की शक्तिपूजा' का अध्ययन करने से चलता है। निराला रवीन्द्रनाथ के व्यक्तित्व से काफी प्रभावित थे और रवीन्द्र जैसा बनने की उनके अन्दर अभिलाषा थी। रवीन्द्रनाथ के प्रति उनके मन में असीम श्रद्धा थी। उन्होंने रवीन्द्रनाथ को अपना आदर्श माना था। इन्होंने सुन लिया था कि रवीन्द्रनाथ सिर्फ नौवीं कक्षा तक पढ़े हैं, तो इन्होंने भी नौवीं कक्षा के आगे पढ़ाई नहीं की।

निराला एक साधारण ब्राह्मण परिवार में पैदा हुए थे। लालन-पालन भी साधारण ढंग से हुआ था। आर्थिक एवं पारिवारिक कठिनाइयों के कारण इनकी शिक्षा आगे नहीं हो पायी। हिन्दी के अनेक साहित्यकारों की स्कूली शिक्षा सीमित रही है।

विवाह : इनका विवाह 14 वर्ष की उम्र में 1911 ई. में दयाराम दुबे की पुत्री से हुआ था। ये 'राय बरेली' के डलमऊ ग्राम के निवासी थे। निराला की पत्नी का नाम मनोहरा देवी था। मनोहरा देवी रूपवती, गुणवती एवं विदुषी महिला थी। निराला की पत्नी एक पुत्र रामकृष्ण एवं पुत्री 'सरोज' को जन्म देने के एक साल बाद इन्फलुएंजा की बीमारी में दोनों बच्चों को मातृविहीन करके चली गयी (स्वर्गवासी हो गयी)। पत्नी की मृत्यु के बाद पिता एवं चाचा की भी मृत्यु हो गयी। अत: 21 वर्ष के युवक के ऊपर अपने दो बच्चों और भतीजों के लालन-पालन का भार आ गया। पूरे परिवार की मृत्यु के साथ पत्नी की आकस्मिक मृत्यु ने निराला को हतप्रभ कर दिया। यह उनके लिए बज्रपात से कम नहीं था। बच्चों के पालन-पोषण की समस्या के साथ आर्थिक समस्या विकट थी।

अत: बचपन से लेकर युवावस्था तक निराला को कठिनाइयों-विपत्तियों का सामना करना पड़ा। पुत्री सरोज की मृत्यु ने तो निराला को विचलित कर दिया। पिता के सामने यदि संतान की मृत्यु हो इससे बड़ा दुर्भाग्य और क्या हो सकता है? पारिवारिक एवं आर्थिक कठिनाइयों का सामना करने के साथ इन्हें सामाजिक विरोधों का कम सामना नहीं करना पड़ा, साथ ही इन्हें अपने साहित्यिक मित्रों का भी कम विरोध नहीं सहना पड़ा। परन्तु दार्शनिक एवं चिंतनशील स्वभाव होने के कारण निराला ने इतना दुख सहन किया एवं इससे उन्हें इतनी शक्ति मिली जो कि शिव की तरह विष पान कर सामाजिक विरोधों, पारिवारिक, आर्थिक कठिनाइयों का सामना कर सके। सबसे दुखद बात यह है, उन्हें साहित्यिक मित्रों का बहुत विरोध सहना पड़ा, फिर भी वे विचलित नहीं हुए।

स्वभाव एवं व्यक्तित्व : निराला का शारीरिक गठन अत्यन्त सुन्दर एवं आकर्षक था। भरा हुआ शरीर गेहुँआ कद लगभग 6 फुट था, आँखों में गाम्भीर्य था। इनके लम्बे-लम्बे बाल इनको एक साधक ऋषि की भूमिका में प्रस्तुत करते थे। इनके नेत्रों में एक विचित्र प्रकार का आकर्षण था।

निराला खेल-कूद एवं कुश्ती के शौकीन तथा सहज स्वभाव के व्यक्ति थे। अपने मित्रों, परिचितों से बहुत खुले हृदय से एवं प्रेम से मिलते थे। नन्ददुलारे वाजपेयी के शब्दों में–"निराला जी खूब मिलनसार थे। उनके परिचय एवं घनिष्ठता का क्षेत्र बहुत बड़ा था। जब साहित्यिक मित्रों में होते तब साहित्य की बातचीत करते, गाँव वालों के साथ होते तो उनके निजी विषयों एवं समस्याओं पर चर्चा करते। युवकों के साथ ताश खेलते और छोटे बच्चों से भी बड़े प्रेम से मिलते थे।

निराला को खाने-पीने का शौक था। अच्छा खाने एवं खिलाने के शौकीन भी थे, स्वादिष्ट भोजन बनाने में निपुण भी थे। वे अपने मित्रों को निमंत्रण भी देते थे और स्वयं ही अपने हाथों से भोजन बना कर खिलाते थे। निराला कभी-कभी मदिरापान भी करते थे और मांसाहारी भी थे। निराला को साहित्यिक गोष्ठियों आदि में धन की प्राप्ति होती थी तो वे अपने मित्रों को खिलाने में अधिक खर्च करते थे, उनकी आर्थिक कठिनाइयों का एक कारण यह भी था। निराला वेश-भूषा के प्रति बहुत सजग रहते थे। उन्हें संगीत से बहुत प्रेम था और प्रकृति ने भी उन्हें बड़ा ही मधुर कंठ प्रदान किया था। निराला संगीत पारखी थे और स्वयं अच्छे गायक थे। वे बड़े उदार हृदय के थे और भावुक भी। "यदि उन्हें कोई भिखारी दिख जाता या सर्दी में ऐसा कोई गरीब दिख जाए तो वे अपना दुशाला, रजाई, कंबल आदि दान कर देते थे और स्वयं सर्दी में सारा समय ठिठुर कर व्यतीत कर देते थे। आर्थिक विफलता के कारण भूखों रहने की नौबत आ गयी, यहाँ तक कि परिवार का खर्च चलाने के लिए उन्हें बर्तन तक बेचने के लिए बाध्य होना पड़ा और चने चबा कर दिन बिताने पड़े। उपवास करने तक कि नौबत आ गयी, परन्तु उनकी दानशीलता में कमी नहीं आयी।"[3] जब तक उनके पास पैसे रहे, जो कुछ भी जेब से निकला भिखारियों को देते रहे और जब जेब खाली हो गयी माँगने वालों की भीड़ कम न हुई तो हँसते हुए दोनों हाथ हिला-हिलाकर कहने लगे– हमारे पास पैसे नहीं रहे, अब हमारे हाथ खाली हैं।

निराला स्वाभिमानी थे। स्वाभिमान पर चोट पहुँचने पर वे सहन नहीं करते थे। उनकी धारणा थी कि जितने बड़े कलाकार वे हैं उनकी योग्यता के अनुसार समाज में उन्हें सम्मान नहीं मिल रहा है। समाज उन्हें उनकी योग्यता के अनुसार आदर नहीं दे रहा है। अधिक स्वाभिमानी होने के कारण इन्हें काफी कष्ट भी उठाने पड़े और अमानवीय जीवन भी व्यतीत करना पड़ा। "वे अपने स्वाभिमान की रक्षा के लिए

बड़े-बड़े व्यक्तियों के ऊपर प्रहार कर बैठते थे और यह भी चाहते थे कि लोग इनके प्रति उदार भी बने रहें।''[4]

इन्हें समाज की घिसी-पिटी परम्पराओं एवं रूढ़ियों से नफरत थी, इसका पता उनके काव्यों के अध्ययन करने से चलता है। उन्होंने समाज की मान्याएँ तोड़ते हुए अपनी पुत्री सरोज का विवाह किया था। निराला ने अपनी रचनाओं में व्याप्त बुराइयों, कुरीतियों पर गहरा व्यंग किया है। निराला नवीनता प्रेमी थे। छन्दों के बंधन तोड़ कर उन्होंने मुक्त छन्द की रचना की। निराला के व्यंग्यबाणों से बहुत ही कम लोग बच पाये हैं। इसी नवीनता प्रेमी होने के कारण प्राय: साहित्यिक मित्रों से झड़प एवं वाद-विवाद हो जाया करता था। आचार्य द्विवेदी-आचार्य शुक्ल जैसे साहित्यकारों से निराला का वाद-विवाद न हुआ हो ऐसा असम्भव है।

निराला को पूँजीपतियों की नीति से बड़ी नफरत थी। वे इनके प्रबल विरोधी थे। इनकी कविताओं में पूँजीवादी सभ्यता का यथार्थ चित्रण है। निराला क्रान्तिदर्शी थे। विचार एवं आचरण दोनों से उन्होंने सभी प्रकार की रूढ़ियों का विरोध किया है।

निराला बड़े भावुक एवं सहज स्वभाव के थे। वे जन्मे बंगाल में थे और उनका पालन-पोषण भी बंगाल में हुआ था। उनके मन में बांग्ला प्रदेश और बंगला भाषा के प्रति अत्यधिक प्रेम था। कवीन्द्र, रवीन्द्र उनके आदर्श थे। उन्हें अपनी मातृभाषा हिन्दी से बड़ा प्रेम था। हिन्दी एवं हिन्दी के साहित्यकारों का अपमान असह्य था। हिन्दी की उपेक्षा उनकी दृष्टि में अक्षम्य अपराध था, यहाँ तक कि वे पंडित जवाहरलाल नेहरू तक से इसीलिए भिड़ गये थे।

निराला को प्रकृति से बड़ा प्रेम था। उन्होंने महिषादल एवं गढ़ाकोला दोनों ही स्थानों की प्रकृति के सुरम्य वातावरण का अवलोकन लिया था। ग्राम्य वातावरण में पलने के कारण निराला में प्रकृति के प्रति सहज ही आकर्षण था। उनकी काव्य-कृतियों, कहानियों, उपन्यासों में प्रकृति के नैसर्गिक चित्र उभर कर आये हैं। 'बादल राग' और 'जागो फिर एक बार' कविताओं में प्रकृति का प्रयोग मानव जीवन की प्रेरणादायक सत्ता के रूप में हुआ है। निराला का प्रकृति के साथ गहरा एवं आत्मीय सम्बन्ध था। "ऐसा ज्ञात होता है कि प्रकृति निराला जी के काव्य को ही नहीं उनके वैयक्तिक जीवन को भी अवलंब और आश्वासन देती रही है। प्रकृति-सौन्दर्य के प्रति निराला का आकर्षण सुना-सुनाया या पढ़ा-पढ़ाया नहीं था। वे इससे गहरे आत्मीय सम्बन्धों से बँधे हुए थे।''[5] काफी समय वे बाग-बगीचों में घूमते रहते थे और काफी देर तक प्राकृतिक दृश्य का अवलोकन करते रहते थे। उन्हें फूलों से विशेष प्रेम था और वनस्पतियों की पहचान थी, उन्हें फूलों का हार पहनना अति प्रिय था।

देखने में निराला जी फक्कड़ दिखाई देते थे किन्तु पारिवारिक जीवन में वे

सर्वथा कुशल रहे। 21 वर्ष की उम्र में पत्नी की मृत्यु के पश्चात् एवं घर के अन्य सदस्यों के काल के क्रूर हाथों का शिकार होने के पश्चात् पूरी गृहस्थी का भार उन्होंने अपने कंधों पर उठाया। अपने दो बच्चों एवं चार भतीजों का पालन-पोषण एवं देखभाल किया परन्तु आर्थिक स्थिति ठीक न होने के कारण वे उचित शिक्षा नहीं दे पाए। ऐसी स्थिति में उन्होंने सबका विवाह किया। संतान के प्रति इतना ममत्व था था कि इन्होंने अपना दूसरा विवाह नहीं किया जबकि कर सकते थे। आजीवन विधुर रहना स्वीकार कर लिया। इन्होंने अपनी पुत्री का विवाह परम्परागत नियमों को तोड़ते हुए किया।

जीवन के अन्तिम समय में उनका मानसिक सन्तुलन बिगड़ गया था। उनकी स्थिति बड़ी कारुणिक हो गयी थी, कुछ अस्वस्थ भी रहने लगे थे। यदि अन्तिम समय में निराला जी विक्षिप्त रहने लगे तो इसमें आश्चर्य की बात नहीं है। बचपन में माँ की मृत्यु, असमय पत्नी की मृत्यु आगे वे अपने बच्चों के साथ खुश रहना चाहते थे तो भाग्य से देखा नहीं गया और काल के क्रूर हाथों ने उनकी प्राणप्रिय पुत्री को भी उनसे छीन लिया। बचपन में माता की मृत्यु, तारुण्य में गुणवती विदुषी भार्या की मृत्यु तथा कच्ची गृहस्थी छोड़ कर जाने वाले पिता एवं चाचा की मृत्यु, मृत्यु ने मानो निराला का घर देख लिया था। निराला के मन का संतुलन खोने लगा और वे श्मशान में बैठे हुए अपने प्रियजनों के प्रति अविरल आँसू बहाने लगे।

निराला जी को पुरानी परम्पराओं में श्रद्धा थी एवं नवीन के प्रति भी आस्था रखते थे। उनमें भौतिक यथार्थ एवं अलौकिक सत्य का सुखद सामंजस्य दृष्टिगोचर होता है। वे रामकृष्ण परमहंस, विवेकानन्द तथा वैष्णव-शैव शाक्त संप्रदायों से भी प्रभावित थे। वे पाश्चात्य विद्वानों, कवियों एवं दार्शनिकों में शेक्सपीयर, ब्राउनिंग, कीट्स, शेली तथा पाश्चात्य अन्य विद्वानों से भी परिचित थे। उनके व्यक्तित्व का विश्लेषण करते हुए गंगाप्रसाद पाण्डेय लिखते हैं–

"आँखों में आन्तरिक प्रसन्नता का प्रकाश, चित्त में चैतन्य की आभा और सारे शरीर में पुलक-स्फुरण तथा मस्ती से भरा मन लेकर निराला आगे बढ़ते जाते हैं। उनकी बेफिक्री से बोझिल चाल में किसी के अनुशासन का कम्पन नहीं, वरन् उनके विचारों और आत्मविश्वास की दृढ़ता ही परिलक्षित होती है, उनकी बड़ी-बड़ी लाल-लाल आँखों की ज्योति को देख अनायास ही यह पता चलता है कि ये विकट वीर उत्कृष्ट आत्मचेता है। उनकी ओर कड़ी आँख से देखने का किसी का साहस नहीं हो सकता, उनका दूरदर्शन भयोत्पादक और विकराल लगता है, किन्तु उनकी निकटता और आत्मीयता अकलुष आनंद देती है। उनके साहित्य का मनन-अमृत की अथाह-चिर नूतन भेंट देने में समर्थ है।"[6]

परिस्थितियाँ

पारिवारिक परिवेश : निराला भरे-पूरे परिवार में पैदा हुए थे, परन्तु उनका व्यक्तिगत जीवन बचपन से ही सुखी नहीं रहा। बाल्यकाल में मातृस्नेह से वंचित रह गये, इतना ही नहीं था उनकी पत्नी भी कुछ समय साथ रह कर दो बच्चों के पालन-पोषण का भार छोड़कर असमय ही इनका साथ छोड़कर चली गयी। इस पर भी भाग्य ने इनको दुखी रखने का फैसला कर लिया था। इन्होंने अपनी प्रिय पुत्री सरोज का विवाह एक साहित्यिक होनहार युवक से कर दिया। विवाह में दहेज आदि सामाजिक बन्धनों को तोड़ दिया। अपनी पुत्री सरोज को सुखी देख कर खुश रहते थे। परन्तु इनकी थोड़ी-सी खुशी भाग्य से देखी नहीं गयी और अचानक 1935 ई. में इनकी पुत्री का देहान्त हो गया। उस समय पुत्री ननिहाल में थी, इन भीषण प्रहारों से भावुक हृदय कवि विक्षिप्त हो गया। इस समय इन्होंने एक शोकगीत– 'सरोज स्मृति' लिखा जो हिन्दी साहित्य की अमूल्य निधि है।

इन भीषण प्रहारों को झेलने में उनकी दार्शनिक प्रवृत्ति बड़ी सहायक सिद्ध हुई। सारी कठिनाइयों एवं दुखों का बोझ इन्होंने बड़े धैर्य और सहनशीलता से उठाया। कवि व्यक्तिगत जीवन में दुखी तो रहा ही परन्तु पारिवारिक जीवन, आर्थिक-विपन्नता के कारण अधिक दुखी रहा। कवि के हृदय में इस बात की कसक रहती थी कि यदि वे अपनी पुत्री का उचित पोषण किये होते तो शायद बच जाती, परन्तु अर्थाभाव की भीषण ज्वाला में कवि का पूरा परिवार जलकर भस्म हो गया। उनकी सारी खुशियाँ जल कर राख हो गयीं। अपनी पुत्री का उत्तम पोषण नहीं कर पाए। जिस मार्ग पर चलकर धन कमाया जा सकता था वे उस मार्ग को नहीं अपनाए, क्योंकि कवि, कवि-धर्म पथ नहीं छोड़ना चाहते थे। कवि का सर्वस्व इस तरह से समाप्त हो गया परन्तु वे अपने धर्म-पथ से विचलित नहीं हुए। इस प्रकार निराला जी के व्यक्तिगत जीवन की भाँति ही पारिवारिक जीवन भी सुखद नहीं रहा, और साथ ही उन्हें सामाजिक विरोधों एवं अपने साहित्यिक मित्रों के विरोधों का भी सामना करना पड़ा। शुरू से लेकर अन्त तक भीषण प्रहारों को झेलना पड़ा। अत: कवि का पारिवारिक जीवन कष्टों एवं संकटों में बीता।

सामाजिक परिवेश : "यूरोपीय पुनर्जागरण और फ्रांस की राज्यक्रान्ति, वहाँ उदार भावनाओं का प्रवेश लेकर आयी थी। भारत का पुनर्जागरण भी पाश्चात्य सम्पर्क का परिणाम है।"[7] परन्तु अंग्रेजी-शासन में हिन्दुओं की सामाजिक व्यवस्था अव्यवस्थित हो गयी और उस समय हिन्दू समाज में अनेक अंधविश्वास एवं कुरीतियाँ व्याप्त थीं, जैसे– छुआछूत, अशिक्षा, बाल-विवाह और विधवा की दयनीय स्थिति थी, नारी की दुर्गति का कारण था नारी का अशिक्षित होना। हिन्दू समाज में विधवा

की स्थिति तो बहुत ही दीन रही है, वह सर्वाधिक शोषित रही है, विधवा की दशा देखकर निराला जी द्रवित हो उठते हैं। उनकी विधवा कविता में नारी का अत्यंत मर्मस्पर्शी चित्र है। निराला ने अपनी कविताओं में परिवेश का यथार्थ चित्रण किया है, विधवा के प्रति उसकी कारुणिक स्थिति देख कर जो भाव उनके हृदय में आया अत्यंत हृदयस्पर्शी एवं मार्मिक है। यहाँ भारतीय समाज की विकृतियों एवं रूढ़ियों पर गहरी चोट है।

पूँजीपतियों एवं सामंतों के शोषण से गरीब जनता बहुत दुखी थी। निराला स्वयं भी उसी वर्ग के थे और स्वयं भी शोषण के शिकार थे। उनकी सहानुभूति जन सामान्य के साथ थी। निराला की सरोज-स्मृति में रूढ़ि विरोध स्पष्ट दिखाई देता है। वे पुरानी रूढ़ियों एवं अन्धविश्वासों को नहीं मानते थे। शोषित और दुखी जनता के दुख को देखकर वे द्रवीभूत हो उठते थे, उसके प्रति निराला जी के हृदय में असीम सहानुभूति एवं करुणा है– सामाजिक दीनता का कवि ने बड़ा ही मार्मिक चित्रण किया है। उनकी विधवा-बहू कविता में सामाजिक चेतना का स्वर मुखरित है। वहाँ निम्न वर्ग की विषमताओं का चित्रण किया है। पूँजीवादी सभ्यता का कवि विरोधी है, इलाहाबाद के पथ पर पत्थर तोड़नेवाली मजदूरनी युवती का कितना मार्मिक चित्रण किया है।

वह तोड़ती पत्थर
देखा उसे इलाहाबाद के पथ पर

कवियों ने अपनी रचनाओं के द्वारा समाज में चेतना उत्पन्न की एवं अन्याय के प्रति क्रान्तिकारी विचारधाराओं को प्रकट किया। समाज-सुधारकों ने सती-प्रथा बाल-विवाह जैसी कुरीतियों का अन्त किया। इन समाज-सुधारकों में राजा राममोहनराय, स्वामी दयानन्द सरस्वती आदि का नाम उल्लेखनीय है। इन महापुरुषों ने समाज में नव जागरण एवं नवीन चेतना उत्पन्न किया। समाज में फैली कुरीतियों एवं बुराइयों का अन्त करने के लिए आन्दोलन चलाया, आन्दोलन शक्तिशाली एवं प्रभावशाली रहा तथा जिसके परिणामस्वरूप समाज में शिक्षा का प्रसार हुआ। स्त्री-शिक्षा के लिए प्रोत्साहन दिया गया। समाज का साधारण-वर्ग भी शिक्षित हुआ उसमें जागरूकता आयी। लोगों में राष्ट्रीय स्वाभिमान एवं देश-प्रेम की भावना जागृति हुई। गाँधी जी ने सामाजिक आंदोलन को अपना राजनीतिक समर्थन प्रदान किया, जिससे आन्दोलन को शीघ्र सफलता मिली। स्वतंत्रता प्राप्ति के पश्चात् देश में नया जागरण, नयी चेतना की नयी लहर आयी उसमें सामाजिक संस्थाओं, समाज-सुधारकों एवं साहित्यकारों का अप्रतिम योगदान रहा।

राजनीतिक परिवेश : जहाँ तक राजनीतिक परिवेश का प्रश्न है, भारत में अंग्रेजी शासन स्थापित था। तत्कालीन भारतीय सभ्यता से उनका कोई मेल नहीं था।

भारतीय जनता अंधविश्वासी थी, रूढ़ियों में जकड़ी हुई थी, जबकि अंग्रेज भौतिकतावादी थे। देश की राजनीतिक व्यवस्था भी धर्म से संचालित थी। सामाजिक ढांचा भी धर्म पर आधारित था, भारतीय धर्मभीरु थे।

अंग्रेजों के शासन-काल में भारतीय पाश्चात्य सभ्यता के संपर्क में आये। शिक्षा का प्रचार-प्रसार हुआ, परन्तु पाश्चात्य सभ्यता को भारतीय सहज ही स्वीकार नहीं कर सकते थे। अंग्रेजी-शासन में यद्यपि शिक्षा की दशा में सुधार हुआ, परन्तु यह लाभ कुछ ही लोगों तक सीमित रहा भारतीय पराधीनता की बेड़ी में जकड़ते गये। अंग्रेज बड़े चालाक थे, वे देशी राजाओं में फूट डालते और अपना साम्राज्य विस्तार करते थे और भारतीयों को सब्ज़बाग दिखाते रहते थे।

सन् 1907 में बंग-भंग आन्दोलन सफल हुआ। भारतीयों में आत्मविश्वास जाग्रत हुआ। देश मे राष्ट्रीयता की भावना को बल प्राप्त हुआ। भारतवासियों में नयी चेतना आयी। सन् 1913 से लेकर सन् 1918 तक प्रथम विश्वयुद्ध हुआ, जिसमें अंग्रेजी-शासन जर्मनी के विरुद्ध लड़ रहा था। अंग्रेजी-शासन ने वादा किया कि वे भारत की सहायता से युद्ध में विजयी होते हैं, तो भारतवर्ष को औपनिवेशिक स्वराज्य दे दिया जाएगा। भारतीयों ने जी-जान से अंग्रेजों की सहायता की, अंग्रेजों की विजय हुई, परन्तु जालिम अंग्रेज अपने वादे से हट गये। नेताओं ने स्वतन्त्र भारत का संविधान भी बना डाला था। हमारे वर्तमान संविधान का निर्माण उस संविधान पर आधारित है, जो उन दिनों पं. महामना मदन मोहन मालवीय, श्रीमती ऐनी बसेन्ट, सी.आर. दास जैसे नेताओं ने तैयार किया था। भारतवासियों ने जब राष्ट्रपिता महात्मा गांधी के नेतृत्व में आवाज उठाई तो उन्हें बदले में मिला रौलट-ऐक्ट एवं जालियांवाला बाग का हत्याकांड। जिसमें अंग्रेजों ने कितने ही भारतीयों को निर्ममतापूर्वक गोलियों से भून दिया। भारतीय जनता क्षुब्ध हो उठी और अपनी जान की बाजी लगाकर, किसी भी कीमत पर आजादी हासिल करने की ठान ली।

भारतीयों के मन में विदेशियों के प्रति अत्यधिक घृणा हो गयी। 1929 में विदेशी वस्तु को जला दिया गया, विदेशी कपड़ों का बहिष्कार किया गया। सन् 1930 में नमक सत्याग्रह और सन् 1942 में भारत छोड़ो आन्दोलन हुए। अंग्रेजी शासन का विरोध उग्र होता गया। भारतीयों को अंग्रेजी वस्तुओं एवं अंग्रेजी भाषा से घृणा हो गयी और असंख्य भारतीय नौजवानों के बलिदान देने पर सन् 1947 में भारत को आजादी मिली परन्तु जाते-जाते अंग्रेज अपनी कुटिलता का परिचय दे गये। भारत को विभाजित आजादी मिली। देश का विभाजन हो गया और जो लड़ाई हिन्दू एवं मुसलमानों ने मिल कर लड़ी अंग्रेजों की चाल से हिन्दुओं और मुसलमानों में परस्पर घृणा एवं विद्वेष हो गया।

स्वतंत्रता प्राप्ति के पश्चात् देश का शासन कांग्रेस नेताओं के हाथ में गया, परन्तु देशवासी स्वतंत्रता प्राप्ति के पश्चात् जो मधुर सपने सँजोए थे वे सपने पूरे न हुए। नेताओं की स्वार्थपरता के कारण भारत की सामान्य जनता की आर्थिक दशा अत्यंत शोचनीय हो गयी। वे अपने स्वार्थ की पूर्ति के लिए गरीब जनता का शोषण करते रहे।

किसानों की दशा में कोई परिवर्तन नहीं आया। उनकी भूमि पर जमींदारों एवं सामंतों का अधिकार रहा और आजादी मिलने के इतने अर्से बाद भी देश की गरीब जनता की स्थिति में सुधार नहीं हुआ। चूंकि निराला स्वयं भी साधारण परिवार के थे। उनमें गरीब एवं शोषित जनता के प्रति असीम करुणा एवं सहानुभूति थी। कवि ने अपनी कविताओं में राजनेताओं पर करारा व्यंग किया तथा क्रान्ति के प्रतीक बादलों का आह्वान किया। कवि राजनैतिक क्षेत्र में फैले हुए अत्याचार से क्षुब्ध होकर श्यामा का आवाहन करता है। निर्धनों का रक्त चूसने वाले पूँजीपतियों को देख कर कवि का रक्त उद्वेलित हो उठता है। निराला जी ने समाज के सच्चे रूप को देखा था और अपने जीवन में स्वयं भी गरीबी भोगी थी। उन्होंने अपनी बहुत-सी रचनाओं में वर्तमान समाज में शोषण का यथार्थ चित्रण किया है और पूँजीपतियों के प्रति घृणा व्यक्त की है। वे साम्यवाद के समर्थक थे तथा समस्त कष्टों का मूल आर्थिक विषमता को मानते थे। हम कह सकते हैं कि निराला के काव्य में सामाजिक विषमताओं का यथार्थ चित्रण है। बहुत से छायावादी कवियों ने दलितों एवं दीनों के प्रति सहानुभूति प्रदर्शित की है परन्तु उसमें निराला जैसी सहानुभूति नहीं है। निराला-साहित्य में यथार्थ जीवन का चित्र मिलता है और उसमें नव-निर्माण की प्रेरणा है। हिन्दी काव्य एवं साहित्य में महाकवि निराला ने जो अपना योगदान दिया है, अत्यंत महत्त्वपूर्ण है।

आर्थिक परिवेश : अंग्रेजी-शासन में देश की आर्थिक स्थिति अत्यंत दयनीय हो गयी, औपनिवेशिक शोषण के फलस्वरूप देश निरन्तर निर्धन होता जा रहा था। वैज्ञानिक-युग प्रारम्भ होने के पूर्व हमारे किसान किसी पर आश्रित नहीं थे और जनता अपनी आवश्यकता की पूर्ति हेतु आवश्यक सामग्री उत्पन्न कर लेती थी। अंग्रेज भारतवासियों से सस्ती कीमत पर कच्चा माल खरीदते थे और महँगे दामों में बेचते थे। देश का अधिक-से-अधिक धन विदेशों में जाने लगा और मशीनी एवं यांत्रिक युग के साथ दासता की बेड़ी भी मजबूत होती गयी। देश की आर्थिक स्थिति बिगड़ती गयी और इसी आर्थिक विषमता के कारण वर्ग-भेद उत्पन्न हुआ, अमीर-गरीब, ऊँच-नीच की भावना आयी। समाज शोषक एवं शोषित दो वर्गों में विभाजित हो गया। गरीब मजदूर की स्थिति तो और भी दयनीय हो गयी। अथक परिश्रम करने

के पश्चात् भी भरपेट भोजन एवं तन ढंकने के लिए वस्त्र नहीं मिलनेवाले समाज की इस दशा को देखकर कवि अत्यंत विक्षुब्ध होता था और पूँजीपतियों के प्रति मन में घृणा रखता था। पूँजीवादी सभ्यता का चित्र खींचते हुए कवि ने सामाजिक एवं आर्थिक विषमताओं का यथार्थ-चित्रण अपनी कविताओं में किया है। कवि स्वयं भी आर्थिक विपन्नता भोग चुका था। इसी कारण कवि के मन में जन सामान्य के प्रति असीम करुणा, दया, प्रेम एवं सहानुभूति थी।

सांस्कृतिक परिवेश : अंग्रेजी प्रभाव के फलस्वरूप उनकी संस्कृति-सभ्यता का प्रभाव भी हमारे ऊपर पड़ा। फलत: हमारे सांस्कृतिक क्षेत्र में भी परिवर्तन हुआ। सम्पूर्ण देश में अंग्रेजी सत्ता व्याप्त थी। अंग्रेजों ने भारत में अंग्रेजी भाषा का प्रचार आवश्यक समझा। यातायात, परिवहन एवं समाज-सुधार आदि कार्य किये। दूसरा कार्य प्राचीन भारतीय संस्कृति का अन्वेषण था। अंग्रेजों ने इन दोनों में महत्त्वपूर्ण कार्य किया। अंग्रेजी शासक निरन्तर अपना दमन चक्र चला रहे थे। इस कारण दिन-प्रतिदिन भारतीयों की हानि के साथ-ही-साथ सांस्कृतिक एवं धार्मिक क्षेत्र में ह्रास हो रहा था। अंग्रेजी सभ्यता एवं संस्कृति के केन्द्र विश्वविद्यालय थे। इसलिए देश में अनेक विश्वविद्यालयों की स्थापना हुई, क्योंकि बिना अंग्रेजी शिक्षा के प्रचार के शासन संचालन सुचारु रूप से सम्भव नहीं था।

इन संस्थाओं के माध्यम से शिक्षा दी जाने लगी और अनेक भारतीय देश-विदेश के उच्चतम ज्ञान-विज्ञान से परिचित हुए। कुछ विद्वान-दार्शनिक पाश्चात्य ज्ञान-विज्ञान एवं भारतीय दर्शन का समन्वय करना चाहते थे, परन्तु इन सब कार्यों को सफलतापूर्वक तभी किया जा सकता था जब देश में शांति होती। अंग्रेजों का शोषण और दमनचक्र जारी रहा। देश की स्थिति अशांतिपूर्ण रही इसलिए सांस्कृतिक समन्वय इतना शीघ्र सम्भव नहीं था उसके लिए शांति एवं सद्भाव की आवश्यकता थी।

अंग्रेजी-शासकों का दमन एवं शोषण अपनी चरम सीमा पर पहुंच गया। भारतीय जनता त्राहि-त्राहि कर उठी। राजा राममोहन राय एवं दयानंद सरस्वती ने अंग्रेजों के शोषण के विरुद्ध आवाज उठायी और उनके सिंहनाद से देशवासियों की मूर्च्छा दूर हुई। स्वामी दयानंद ने सबसे भीषण प्रहार अंग्रेजों की शिक्षा एवं संस्कृति पर किया। स्वामी दयानंद के अनुसार– "जीवन जगत् का ज्ञान वेदों में सुरक्षित है। इसलिए वैदिक-संस्कृति ही देश के लिए अनुकरणीय है।" प्राचीन भारतीय धर्म शास्त्र की दयानंद सरस्वती ने तर्क मूलक व्याख्या की, जिससे प्रचलित अंधविश्वास निर्मूल हो गये। उन्होंने यज्ञ आदि धार्मिक कृतियों का समर्थन किया।

1885 में भारतीय राष्ट्रीय कांग्रेस का उदय हुआ। अंग्रेजों के दमन, शोषण एवं अत्याचार से मुक्ति पाना एवं देश की आजादी मिलना इसका उद्देश्य था। देश की

स्थिति सुधार के लिए आर्य समाज, ब्रह्म समाज, थियोसोफिकल सोसायटी की स्थापना हुई।

इसी समय स्वामी विवेकानंद वेदान्त-दर्शन का नया संदेश लेकर आये। स्वामी विवेकानंद ने एक शाश्वत जीवन-मूल्य की प्रतिष्ठा की। भौतिक सभ्यता के विकास से मानव पतन की ओर अग्रसर हो रहा था। आधुनिक सुख-सुविधा पर्याप्त होने पर भी मानव अशांत है। विज्ञान की यांत्रिक शक्तियों को पाने के बाद भी दुख दूर नहीं हुआ। इसका मूल कारण था भेदभाव एवं द्वैत-भावना। स्वामी दयानंद ने अद्वैत भावना की प्रतिष्ठा की। उनका विश्वास था कि जब तक अद्वैत की प्रतिष्ठा समाज में नहीं हो जाती तब तक सुख एवं शांति स्थापित नहीं हो सकती। विवेकानंद ने भारतीय दर्शन और पाश्चात्य ज्ञान-विज्ञान का समन्वय किया जो कार्य स्वामी दयानंद एवं राजा राममोहनराय नहीं कर पाए उसे स्वामी विवेकानंद ने पूर्ण किया।

अंग्रेजों के निरन्तर दमन शोषण से भारतीय जनता त्रस्त हो उठी। भारतीय नेताओं एवं गांधीजी के आंदोलन से उसे काफी बल मिला और भारतीयों में नयी चेतना आयी। उस समय भारतीय कवियों ने लेखनी रूपी अस्त्र उठाया और भारतीयों ने नये प्राण फूँके। ऐसा प्रतीत होता था कि भारतीय अपने स्वर्णिम अतीत को विस्मृत कर चुके थे। सुभद्रा कुमारी चौहान, जयशंकर प्रसाद, रामधारी सिंह 'दिनकर', निराला आदि कवियों ने भारत के अतीत के गौरव का स्मरण कराया एवं ओजपूर्ण कविताओं की रचना की। निराला जी के काव्य में देश-प्रेम का स्वर मुखर है, वे भारत के गौरवमय अतीत का स्मरण कर उत्फुल्ल हो भारतीय तरुणों को उद्वेलित करते हैं। वे भारतीयों को उनकी पुरानी वीरता की याद दिलाते हैं। उनके पूर्वजों के शौर्य और पराक्रम की याद दिलाते हैं। हिन्दू संस्कृति ने सभी धर्मों को गले लगाया है और अपना परिवार समझा है, परन्तु इस सहृदयता के बदले उसे बहुत हानि उठानी पड़ी।

भारत की प्राचीन संस्कृति का उद्घाटन अनामिका की कुछ पंक्तियों में बड़े सुन्दर ढंग से हुआ है। डॉ. बच्चन सिंह तो यह कहते हैं कि "निराला भारतीय-संस्कृति के अकेले चित्रकार हैं, जहाँ निराला भारतीय संस्कृति के प्रेमी हैं, वहाँ प्राचीनता को प्रश्रय देनेवाले हैं।"[8] निराला के राष्ट्र-गीतों में प्राचीन भारतीय संस्कृति का चित्रण हुआ है। "सांस्कृतिक जागरण की चेतना का जितनी काव्याभिव्यंजना निराला ने किया है, उतना शायद प्रसाद के अपवाद सहित किसी में नहीं है। स्वच्छंद काव्य के अग्रदूत के साथ ही वे सांस्कृतिक कलाकार के उत्तरदायित्व का भी समुचित निर्वहन करते हैं और हिन्दी काव्य के ऐतिहासिक व्यक्तित्व प्राप्त काव्यांदोलन में उनका महत्त्व ऐतिहासिक है।"[9]

संघर्ष एवं प्रतिभा का प्रस्फुटन : निराला को जीवन के आरम्भ से लेकर अन्त तक संघर्षों से गुजरना पड़ा, परन्तु वे कहीं विचलित नहीं हुए। बचपन में माँ की मृत्यु, युवावस्था में पत्नी की मृत्यु एवं असमय ही घर के अन्य सदस्य भी काल-कवलित हो गये। पुत्री सरोज की मृत्यु का तो उनके ऊपर भीषण वज्रप्रहार हुआ। इसके पश्चात् उन्हें आर्थिक-विपन्नता के कारण काफी मुसीबतों का सामना करना पड़ा। परन्तु निराला जी ने अपना धैर्य एवं साहस नहीं खोया, विकट से विकट परिस्थितियों का सामना उन्होंने किया। कठिन परिस्थितियों में व्यक्ति अपनी परिस्थितियों से समझौता कर लेता है, परन्तु असाधारण व्यक्ति ऐसा नहीं करता। वह संघर्षों को आमंत्रित करता है। संघर्ष एवं विरोध से उनकी प्रगति में बाँधा नहीं आयी। इसके अतिरिक्त वे कठिनाइयों को पैरों तले रौंदते हुए आगे बढ़ते गये और निराला के व्यक्तित्व का विकास भी खूब हुआ। संघर्षों में ही व्यक्ति आगे बढ़ता है। सहनशीलता एवं संघर्षों का सामना करना तो उन्होंने बचपन में ही सीख लिया था।

तुलसी को 'गोस्वामी तुलसीदास' बनाने में उनकी पत्नी रत्नावली का हाथ था। जिस तरह से 'तुलसीदास' को बचपन से संघर्षों का सामना करना पड़ा, उसी प्रकार निराला को भी बचपन में ही काफी कष्ट भोगने पड़े और वे अभ्यस्त भी हो गये थे।

"निराला को हिन्दी की ओर उन्मुख करने में बहुत बड़ा मनोवैज्ञानिक सत्य के अनुभूत होने का कार्य-कारण भाव भी कदम्ब को एक न्याय से समचेत मिला। रवीन्द्रनाथ ठाकुर, कालिदास से लेकर कीट्स-शैली और गेटे की भावधारा से अनुप्राणित होकर साहित्य में अभूतपूर्व सृष्टि कर रहे थे। हिन्दी में इतिवृत्तात्मकता, विधि-निषेधों के सिद्धांत वाक्यों पर चढ़ कर बोल रही थी। निराला का प्रतिभादर्शन हिन्दी में उसी प्रकार के स्फुरण को नवगति, नव-लय और नव-छंद स्वतंत्र मंत्र का जलद-मन्द रव भरना चाहता था। अतएव वे हिन्दी में युगांतकारी परिवर्तन लेकर आये।"[10]

निराला जी बांग्ला की भाँति हिन्दी साहित्य को समृद्धिशाली बनाना चाहते थे। निराला जी केवल कल्पना लोक में विचरण नहीं करते थे। वे यथार्थ जगत् के काफी करीब थे और उसे ही अपनी कविता का विषय बनाये।

निराला ने संस्कृत, बंगला तथा अंग्रेजी का गहन अध्ययन किया था। साथ-ही-साथ उन्होंने संगीत का भी अच्छा अभ्यास किया था। निराला के ऊपर बंगला का काफी प्रभाव था इसका कारण था उनका बचपन बंगाल में बीता था। वहाँ की प्रकृति की छवि, वहाँ की सुरम्य प्राकृतिक छवि निराला के हृदय की गहराइयों में बैठ गयी थी। निराला को जितना प्रेम बंगाल से था उतना ही प्रेम हिन्दी से भी था। वे बंगाल साहित्य की तरह हिन्दी साहित्य को समृद्धि बनाना चाहते थे। उन्हें अपनी हिन्दी संस्कृति से प्रगाढ़ प्रेम था। वे सबको एक परिवार का समझते थे। निराला के विचार

किसी के विचार से मेल खाए या नहीं परन्तु समस्त निराला-साहित्य का अध्ययन करने पर ज्ञात होता है कि निराला जी ने भी तुलसी की तरह अनेकता में एकता का दर्शन किया था। जिस तरह तुलसीदास जी ने भेद में अभेद का समन्वय किया था।

निराला ने रवीन्द्र एवं तुलसी का गहन अध्ययन किया था, संघर्षों में अपने जीवन को तिल-तिल जलाकर भस्म किया। जिस तरह स्वर्ण तप कर और निखर जाता है, दुगुनी चमक आ जाती है, उसी तरह निराला भी जीवन के संघर्षों में तपकर प्रखर हो गये थे। "तुलसी को बचपन से अनेक कठिनाइयों का सामना करना पड़ा और निराला को तो सभी देख सकते हैं कि क्या थे और क्या हो गये? रवीन्द्रनाथ को उनके भाइयों ने विरोधियों से टक्कर लेने के लिए प्रचुर साधन जुटा दिए थे। परन्तु तुलसी एवं निराला को तो न जाने कितनों का मुंह देखना पड़ा। परन्तु वेदान्त का ब्रह्म, निष्ठ, बलिष्ठ, आत्मविश्वारा इन्हें बराबर नाद ब्रह्म की उपासना करने को उकसाता रहा।"[11]

टैगोर कठिन-से-कठिन परिस्थितियों को झेलते हुए निरन्तर आगे बढ़ते गये। कैसा भी तूफान सामने आया हिमालय की तरह अटल रहे। हर प्रकार के प्रहारों को झेलते रहे, उन्हें जीवन के हर क्षण में विपत्तियों का ही सामना करना पड़ा। बचपन, जवानी और जीवन के अंतिम समय में भी विपत्तियों ने एक सच्चे मित्र की तरह एक साए की तरह उनका साथ पकड़े रखा। उन्हें कभी प्रियजनों की मृत्यु का दारुण दुख सहना पड़ा, तो कभी आर्थिक कठिनाइयों का सामना करना पड़ा, क्योंकि उनकी दान वीरता उन्हें हमेशा जेब खाली करने के लिए काफी थी। सामाजिक संघर्षों का तो उन्हें हमेशा सामना करना पड़ा। निराला कभी रूढ़ियों एवं अंधविश्वासों के समक्ष नतमस्तक नहीं हुए, यहाँ तक कि उन्होंने अपनी पुत्री का ब्याह भी काफी कुछ समाज की परम्पराओं को तोड़ते हुए किया और पुत्र का विवाह भी इन्होंने बिना किसी दिखावे के सम्पन्न किया। साहित्यिक क्षेत्र में इन्हें काफी हद तक विरोध सहना पड़ा, इनकी रचनाएँ वापस कर दी जाती थीं। इनकी पहली रचना 'जूही की कली' महावीर प्रसाद द्विवेदी ने वापस कर दी थी।

निराला अपने विद्यार्थी जीवन में ही कविता लिखना आरम्भ कर चुके थे और नवीं कक्षा तक पहुंचते-पहुँचते अवधी एवं ब्रजभाषा में पद लिखने लगे थे तथा 14-15 वर्ष की उम्र तक आते-आते वे संस्कृत में भी पदों की रचना करने लगे। बंगला कविताओं के कारण बंगाल में इनकी बड़ी ख्याति फैली। 1916 में 'जूही की कली' के प्रकाशन के साथ हिन्दी साहित्य जगत् निराला की ओर आकर्षित हुआ।

आर्थिक समस्याओं से उबरने के लिए कवि को नौकरी की तलाश में महिषादल जाना पड़ा। वहाँ के राजा के यहाँ इन्हें नौकरी मिल गयी और साथ ही निराला जी अपनी काव्य-साधना भी करने लगे। उस समय इन्हें कवि के रूप में काफी ख्याति

मिल चुकी थी। पारिवारिक संकट के कारण मनःस्थिति कुछ ठीक न होने से इन्होंने नौकरी से त्यागपत्र दे दिया तथा गाँव आ गये और इनके समक्ष ज्यों का त्यों आर्थिक संकट बना रहा।

सन् 1916 में निराला जी ने हिन्दी साहत्य जगत् मे प्रवेश किया और 1964 तक उनका रचनात्मक कार्य होता रहा। अंतिम समय में कवि की मानसिक अस्वस्थता के कारण उतना विकास नहीं हो पाया। 'निराला' 'महाकवि निराला' 'महाप्राण निराला' के रूप में प्रसिद्ध हैं।

सम्पादक निराला : निराला को नौकरी की खोज में वैसवाड़ा छोड़कर महिषादल जाना पड़ा और उन्हें वहाँ के राजा के यहाँ नौकरी मिल गयी। किन्तु पत्नी, पिता एवं पुत्री की मृत्यु से निराला विक्षुब्ध हो उठे थे, उनका मानसिक सन्तुलन ठीक न होने के कारण उन्हें नौकरी से त्याग पत्र दे कर पुनः गाँव आना पड़ा। कवि हृदय स्वभावतः भावुक होता है। नौकरी छोड़ने के पश्चात् पुनः कवि के सामने आर्थिक संकट आ गया और निराला जी के समक्ष जीविका की समस्या बनी रही। इस समस्या के समाधान के लिए कवि ने पुनः लेखनी का सहारा लिया।

मूलतः कवि होकर उन्होंने आर्थिक कारणों से कथा एवं निबन्ध-साहित्य की रचना की फिर भी इनके कथा-साहित्य का कलात्मक स्तर पर्याप्त उन्नत है। भाषा एवं भाव की प्रखरता द्रष्टव्य है। निराला की कविताओं का स्तर क्रान्तिकारी है। काव्य के क्षेत्र में निराला ने अनेक नवीन शैलियों का विकास किया। संगीतात्मक शैली में सर्वप्रथम गीतों की रचना हिन्दी में इन्हीं की देन है। कवि को आर्थिक समस्या से निपटने के लिए अनुवाद, विज्ञापन जैसा बाजारू काम करना पड़ा। जो कुछ करने को मिलता वे दत्त चित्र होकर करने लगते।

(क) समन्वय (सन् 1922) : आचार्य महावीर प्रसाद द्विवेदी से इनका परिचय हुआ और द्विवेदी जी के प्रयास से निराला जी को रामकृष्ण मिशन के दार्शनिक पत्र 'समन्वय' के संपादन का कार्य मिला। इन्होंने बड़े ही तन्मयता एवं सफलता के साथ इसे किया। इस पत्र में इन्होंने दार्शनिक विषयों पर सुन्दर एवं सारगर्भित लेख लिखे जिससे इन्हें काफी ख्याति मिली। "वे हर क्षेत्र में निराले रहना चाहते थे, इस भावना से वे जो कुछ लिखते थे, उसी पर अपनी छाप लगा देते थे। प्रत्येक क्षेत्र में कुछ नवीन कार्य कर दिखाने की प्रवृत्ति इन्हें बढ़ावा देती रहती थी।"[12]

इन्हीं दिनों मुक्त छन्द में लिखी इनकी लम्बी कविता 'पंचवटी-प्रसंग' प्रकाशित हुई। इसी समय 1922 में इनका प्रथम कविता संग्रह 'अनामिका' प्रकाशित हुआ। समन्वय में निराला जी के सुन्दर एवं गंभीर विचारों वाले लेखों से विद्वानों में निराला की धाक जम गयी थी। निराला जी विद्रोही स्वभाव के थे, अतः परम्पराओं में बँध कर रहना नहीं चाहते

थे। हर क्षेत्र में वे कुछ नया चाहते थे, सीमा में बँध कर चलना उन्होंने जैसे सीखा ही न था। वे असीम को अपनी ससीम भुजाओं में भरने के लिए व्यग्र रहते थे।''[13]

(ख) मतवाला (सन् 1923) : कलकत्ता के साहित्य-प्रेमी सेठ महादेव प्रसाद ने साहित्यिक, सामाजिक एवं राष्ट्रीय जागरण के विचार से मतवाला नामक साहित्यिक पत्र का प्रकाशन किया, और इस पत्र के सम्पादन के लिए उन्होंने निराला को चुना जिसमें उन्होंने अपने विचार स्वतंत्रतापूर्वक व्यक्त किये। 'मतवाला' के समकक्ष अपना उपनाम 'निराला' रखा। मतवाला के माध्यम से निराला ने अपने विचार स्वतंत्रतापूर्वक व्यक्त किये। 'मतवाला' द्वारा निराला की साहित्यिक प्रतिभा प्रस्फुटित हुई और उन्हें पूर्णरूप से स्वतंत्रता मिली। निराला जी ने एक वर्ष तक 'मतवाला' का बड़ी धूम से प्रकाशन किया। 'मतवाला' और निराला के नामों ने हिन्दी साहित्य में धूम मचा दी, 'मतवाला' के प्रत्येक अंक के मुख पृष्ठ पर निराला की यह पंक्तियाँ उद्धृत रहती थीं—

अमिय गरल शशि सीकर रविकर राग-विराग भरा प्याला।
पीते हैं जो साधक उसका प्यारा है यह मतवाला।।

उपर्युक्त छन्दों को पढ़ कर प्रसाद जी ने निराला के व्यक्तित्व एवं कृतित्व पर अक्षरश: घटित होने का संकेत दिया है। प्रसाद जी ने इस पंक्तियों की प्रशंसा की तथा इनसे बहुत प्रभावित हुए। जब पुराने साहित्यकार छायावाद प्रेमी निराला के मुक्त-छन्द का विरोध कर रहे थे उन्हीं दिनों बंगला साहित्यकार माइकेल मधुसूदन दत्त और रवीन्द्रनाथ ने भी मुक्त-छन्द में काव्य लिखकर ख्याति प्राप्त की थी। इन कवियों ने सामाजिक एवं साहित्यिक रूढ़ियों का जम कर विरोध किया। तत्पश्चात् निराला ने भी उसी मार्ग का अनुसरण किया, परन्तु उन्हें पत्रकारों एवं साहित्यकारों से मुठभेड़ में काफी समय एवं शक्ति नष्ट करनी पड़ी। परन्तु निराला हार मानने वाले नहीं थे। उन्होंने उन लोगों का बड़े धैर्य के साथ मुकाबला किया। कवि को इतने विरोधों, इतनी चुनौतियों का एक साथ सामना करना पड़ा, परन्तु कवि निराला एक वीर योद्धा की भाँति रणक्षेत्र में डँटे रहे और अपने विरोधियों को ललकारते रहे। कवि तो जन्म से ही संघर्षों एवं कठिनाइयों का अभ्यस्त हो चुका था। निराला ने इतनी कम उम्र में मृत्यु का तांडव नृत्य देखा था। इस प्रकार मृत्यु की विभीषिका जिस व्यक्ति के सामने से गुजरी हो, जो इस तरह के भयंकर तूफानों का सामना किया हो ऐसे साधक को मनुष्य क्या विचलित कर सकता था? इस तरह वे अपने विरोधियों को खुलेआम ललकारते एवं चुनौतियाँ देते हुए आगे बढ़ते गये। निराला जी पुन: मतवाला के संपादन का कार्य छोड़कर अपने गाँव गढ़ाकोला चले आये।

समन्वय एवं मतवाला के संपादन से निराला जी को बड़ी ख्याति मिली। साहित्यिक विद्वत्गण उनका लोहा मानने लगे। इन्हीं पत्रों के माध्यम से निराला की प्रतिभा

प्रकाश में आयी। इससे पहले वे बंगला के प्रसिद्ध पुराने कवियों का एवं नये कवियों का गहन अध्ययन कर चुके थे। मुख्य रूप से रवीन्द्रनाथ एवं माइकेल का। निराला ने हिन्दी कवियों का भी एवं उनकी कविताओं का अध्ययन किया। 'हरिऔध' और मैथिलीशरण गुप्त की काव्यधारा का प्रवाह देखकर उन्होंने अपनी अलग धारा निकाली थी। बस यही सबके विरोध का कारण हुई।''[13]

लखनऊ-प्रवास में संघर्ष : निराला जी 1928 में लखनऊ चले आये और 1928-1942 तक वे लखनऊ में रहे। कलकत्ता में उनका जीवन बहुत ही संकट में बीता था। लखनऊ में भी आर्थिक समस्या उनके सामने खड़ी रही। इस समय उनका स्वास्थ्य ठीक नहीं था और मानसिक स्थिति भी ठीक नहीं थी। ऐसा प्रतीत होता है कि समय साधक की परीक्षा ले रहा हो। वैसे निराला के धैर्य की परीक्षा तो काल जन्म से ही समय ले रहा था। इन्हें अपनी आर्थिक स्थिति सुधारने के लिए अनुवाद एवं विज्ञापन जैसा बाजारू काम करना पड़ा, जिसके परिणामस्वरूप इनका साहित्य-सृजन अवरुद्ध हो गया। निराला ने रवीन्द्रनाथ की तरह नवीं कक्षा तक पढ़ाई की थी। संपादन कार्य के लिए योग्यता की आवश्यकता थी। उनकी योग्यता पूछी जाती थी, प्रमाण-पत्र मांगे जाते थे। इनको जीविका मिलना कठिन हो गया था। बिना प्रमाण-पत्र एवं योग्यता के कौन पूछता?[14]

सन् 1928 में निराला जी का सम्बन्ध 'सुधा' नामक मासिक पत्रिका से हुआ। इस पत्रिका में इनकी रचनाओं का स्वागत हुआ और इनकी रचनाएँ नियमित रूप से छपने लगी। सन 1929 में 'गंगा-पुस्तक-माला' से संबद्ध हुए, जिसके संचालक नंददुलारे भार्गव थे। वे 'गंगा-पुस्तक-माला' में संपादन का कार्य करने लगे। इसी के साथ ही वे 'सुधा' के संपादन का कार्य भी करते रहे। इसी समय इनके दो उपन्यास 'अल्का' एवं 'अप्सरा' प्रकाशित हुए। कहानी संग्रह 'लिली' और 'परिमल' का प्रकाशन हुआ। 'परिमल' कहानी-संग्रह का कापी-राइट इन्हें कुछ पैसों में बेचने के लिए बाध्य होना पड़ा। लखनऊ और कलकत्ता की तुलना करते हुए वे कहते थे– ''लखनऊ का जो प्रभाव मुझ पर पड़ा वह साहित्यिक दृष्टिकोण से न बहुत बुरा था न बहुत अच्छा। लखनऊ के वातावरण और वैसवाड़े का वातवरण से मुझे एक फायदा हुआ। कलकत्ते की चढ़ी मेरी आँख लखनऊ में झुक गयी। मैं समतल पर आ गया, बंगाल में पैदा होने के कारण प्रचुर जलाशयता मुझे पसन्द है।''[15]

लखनऊ के प्रवास काल में उनका संपर्क लखनऊ विश्वविद्यालय के छात्रों से हुआ, जो कि निराला-साहित्य के प्रेमी एवं प्रशंसक थे। जिनमें डॉ. रामविलास शर्मा, रामरतन भटनागर तथा रामेश्वर शुक्ल 'अंचल' प्रमुख थे। लखनऊ में निराला जी को सुखद साहित्यिक क्षेत्र मिल गया। यहाँ रहकर इन्होंने विपुल साहित्य की रचना की।

प्रभावती, निरुपमा (उपन्यास), सुकुल की बीबी (कहानी-संग्रह), कुल्ली भाट (रेखाचित्र), प्रबंध-पद्म, प्रबंध-प्रतिभा (निबंध-संग्रह) आदि ग्रन्थों का प्रकाशन हुआ। इनका प्रसिद्ध खंड-काव्य तुलसीदास एवं गीतिका के अधिकतर गीतों की रचना इन्होंने यहीं रहकर की। इस तरह 1928 से 1942 तक लखनऊ में रहकर हिन्दी साहित्य को समृद्ध करते रहे। उसके बाद वे कुछ दिन उन्नाव में रहे, जहाँ उन्होंने कुकुरमुत्ता (हास्य व्यंग्य) एवं अणिमा (काव्य संग्रह) और बिल्लेसुर बकरिहा (हास्य-रेखाचित्र) की रचना की।

निराला जी ने सन् 1930 में अपनी पुत्री सरोज का विवाह समस्त सामाजिक बंधनों को त्याग कर एक सुन्दर होनहार साहित्यिक युवक से कर दिया और दहेज जैसी कुप्रथा का विरोध किया। यहीं से उन्होंने अपने पुत्र रामकृष्ण का विवाह भी सुन्दर एवं पढ़ी-लिखी सुशिक्षित कन्या के साथ कर दिया। पुत्र के विवाह में दोनों तरफ का खर्चा निराला जी ने स्वयं उठाया।

अचानक कुछ काल बाद उनकी पुत्री सरोज की मृत्यु हो गयी। कवि के सामने आर्थिक संकट एवं साहित्यिक विरोध तो था ही, पुत्री के मृत्यु से वे एकदम आहत हो गये। उन्हें अपने जीवन से विरक्ति हो गयी और वे साहित्य-सृजन की तरफ से भी उदासीन हो गये, परन्तु इससे इनके विरोधी बहुत प्रसन्न हुए। महादेवी वर्मा के आग्रह करने पर वे फिर साहित्य-सृजन की ओर उन्मुख हुए। इस तरह समय ने इन्हें भीषण वज्रपात सहने के लिए विवश किया। उसके बाद भी निराला को उन्हीं यादों के सहारे जीना पड़ा। पुत्री की मृत्यु के बाद उन्होंने शोकगीत लिखा, जिसमें जीवन की पूरी कहानी छिपी है।

प्रयाग में निराला : लखनऊ प्रवास के पश्चात् निराला जी प्रयाग में आकर रहने लगे। यहीं से इनका काव्य-संग्रह 'गीतिका', 'अनामिका' एवं उपन्यास लीडर प्रेस इलाहाबाद से प्रकाशित हुआ। विश्वयुद्ध की विभीषिका बढ़ जाने से निराला के सामने आर्थिक समस्या ज्यों-की-त्यों बनी रही। वह एक बार अपने किसान मित्र के पास करवी चले गये और वे वहाँ से अस्वस्थ होकर लौटे। इलाज के लिए पास पर्याप्त धन नहीं था। जीवनव्यापी संघर्ष, आर्थिक विपन्नता, बीमारी एवं प्रतिकूल वातावरण के कारण कवि का सुन्दर शरीर जीर्ण-शीर्ण हो गया और इनका मानसिक संतुलन भी बिगड़ गया। उनकी विपन्न अवस्था का चित्रण करते हुए गंगा प्रसाद पांडेय लिखते हैं– "नंगे पैर और नंगे सिर, कंधे में फटा हुआ कुर्ता, टाँगों में गंदी लुंगी जो कभी-कभी केवल घुटनों तक पहुँचती थी, पहने हुए निराला को प्रयाग के सड़कों पर घूमते देखकर मन बैठ जाता था। कविताएँ लिए वे प्राय: लीडर प्रेस और इंडियन प्रेस तक दारागंज से पैदल ही आया-जाया करते थे। उनकी उस समय की आर्थिक विपन्नता इतनी भयानक थी कि अपरिचित व्यक्ति को सहज ही में विश्वास नहीं हो सकता।"[16]

जिस तरह उन्हें विकट परिस्थितियों एवं सामाजिक साहित्यिक भीषण प्रहारों का सामना करना पड़ा, समाज के कितने कड़वे घूँट पीकर कवि मुस्कराते रहे, इससे वे साधारण मानव नहीं लगते। यदि वे कोई साधारण मानव होते तो शायद इतना प्रहार झेल न पाते और अपने जीवन का अन्त कर लेते। समाज की कुटिलता का जितना कड़वा एवं विषाक्त घूँट निराला जी को पीना पड़ा शायद हिन्दी साहित्य-जगत में किसी को नहीं।

निराला की कविताओं में जितनी उदात्त भावनाएँ हैं, उतनी प्रसाद और पंत जी में नहीं हैं। पंत जी की कविताएँ श्रृंगार एवं ऐन्द्रिय की हद तक पहुँच गयी हैं, वे कहीं-कहीं अपनी तारीफ करने लग जाते हैं। प्रसाद की भावनाएँ कहीं-कहीं अत्यधिक साधारण हैं। निराला की काव्य-साधना समुन्नत है। निराला की कविताओं में श्रृंगार-भावना नियंत्रित एवं संयमित है। निराला के श्रृंगार-काव्य की सबसे बड़ी विशेषता है कि श्रृंगार वर्णन करते समय मानसिक अथवा शारीरिक दौर्बल्य से आक्रान्त नहीं है।

बैसवाड़ा में निराला : निराला की माँ का देहांत बाल्यकाल में ही हो गया, तब वे तीन वर्ष के थे। इनकाँ पालन-पोषण इनकी भाभी एवं चाची ने किया था। माँ की मृत्यु के पश्चात् ही निराला के जीवन का संघर्ष आरम्भ हो गया और जीवन के अन्त तक चलता रहा। आचार्य नंददुलारे वाजपेयी के शब्दों में "परिवार में पुराना कनौजिया आचार-विचार था, बिना स्नान किये चौके में प्रवेश करना निषिद्ध था। जब निराला जी 6-7 वर्ष के थे, खेल-कूद कर बाहर से आये और रसोई में घुस गये। भाभी ने मना किया और समझाया, उसी समय पिता रामसहाय जी आ गये। उन्होंने जब सारी बात सुनी तो वे सूर्य कुमार को पकड़ कर पास के तालाब के किनारे ले गये और वहाँ डुबो-डुबो कर स्नान कराया, भाभी और चाची दोनों इस घटना से आतंकित हुईं और वे सूर्य कुमार पर अधिक ममता रखने लगीं।"

14 वर्ष की उम्र में निराला जी का विवाह डलमऊ निवासी श्री रामदयाल दुबे की पुत्री से हुआ। इनकी पत्नी का नाम मनोहरा देवी था। निराला जी अपनी पत्नी से बहुत प्यार करते थे। निराला जी के पुत्र का जन्म डलमऊ में ही 1914 ई. में हुआ और कुछ समय पश्चात् इनकी पुत्री का जन्म 1916 में डलमऊ में ही हुआ।

सन् 1916 में निराला जी के पिताजी अस्वस्थ हुए और उनका देहांत हो गया। इसके पश्चात् पत्नी भी अस्वस्थ हुईं। उस समय निराला जी कलकत्ता में थे। पत्नी की बीमारी की हालत का तार उनके पास गया परन्तु वे उनके आने से पहले ही दुनिया से बिदा हो गईं। इस तरह निराला जी पर पारिवारिक विपत्तियों का पहाड़ टूट पड़ा।

पत्नी की मृत्यु के पश्चात् उनके आत्मीयजन उनका दूसरा विवाह करना चाहते थे, परन्तु निराला जी ने अस्वीकार कर दिया और सन् 1920 के आस-पास वे कलकत्ता चले गये। वहाँ उन्होंने रामकृष्ण मिशन के 'समन्वय' पत्र के संपादन का

कार्यभाल सँभाला। 'समन्वय' के संपादन का कार्य एक वर्ष तक करते रहे। उसके पश्चात् 'मतवाला' पत्र का संपादन किया। इसमें इनकी कई कविताएँ छपीं और काव्य-संग्रह 'अनामिका' एंव 'परिमल' का प्रकाशन यहीं से हुआ। इससे हिन्दी साहित्य जगत को प्रथम बार इनकी काव्य-प्रतिभा का परिचय मिला।

सन् 1928 में निराला गाँव चले आये। यहाँ आकर उन्हें जमींदारों से लोहा लेना पड़ा, क्योंकि उन्होंने निराला जी का बाग-बगीचा हड़प लिया था और गाँव के गरीब किसानों पर जमींदार अत्याचार कर रहे थे। निराला जी ने काफी समय तक किसानों का पक्ष लेकर जमींदारों से संघर्ष किया, परन्तु जब उन्हें यह अनुभव हुआ कि किसान जमींदारों के दिये प्रलोभन में आकर उनसे मिल गये हैं तो उन्हें बहुत दुख हुआ और वे 1929-30 में गढ़ाकोला छोड़कर लखनऊ चले आये।

निराला की आर्थिक स्थिति ठीक नहीं थी, इसी समय उन्होंने अपने पुत्र का विवाह किया और पुत्री का विवाह भी गढ़ाकोला में ही सम्पन्न किया। बाद में पुत्री का देहांत हो गया, जिसे भावुक हृदय कवि वह दुख सहन न कर सके। इन दिनों वे अस्वस्थ रहने लगे। इस तरह निराला जी का जीवन संघर्ष से शुरू हुआ और अन्त भी संघर्ष में ही हुआ।

बंगला का प्रभाव : निराला जी हिन्दी साहित्य के सर्वाधिक शक्ति सम्पन्न कवि हैं। इनका जन्म बंगाल (महिषादल) में हुआ था और बचपन भी बंगाल के सुरम्य वातावरण में बीता। बंगाल सदैव से भावुक प्रांत रहा है। निराला को कवि बनने में बंगाल के वातावरण का महत्त्वपूर्ण योगदान है। निराला-काव्य पर बंगला का प्रभाव व्यापक परिलक्षित होता है। हर कवि के ऊपर युग एवं वातावरण का प्रभाव पड़ता है, और उसी के अनुरूप वह साहित्य एवं काव्य की रचना करता है। प्रभाव से कोई बच नहीं सकता है। निराला ने लिखा है–

दूसरे के भाव लेकर प्राय: सभी कवियों ने कविताएँ लिखी हैं, परन्तु यहाँ एक कवि ने दूसरे के भाव पर विजय प्राप्त करने की कोशिश में रहा। उससे बढ़कर अपना कोई विशेष चमत्कार दिखाने की चेष्टा की है।''[17]

जहाँ रवीन्द्रनाथ, कालिदास, विद्यापति, शेली, कीट्स आदि कवियों से प्रभावित थे, वहीं निराला रवीन्द्रनाथ, विवेकानंद तथा अन्य बंगाली कवियों और दार्शनिकों की विचारधाराओं से प्रभावित हुए थे। निराला पर बंगला प्रभाव के सम्बन्ध में आलोचकों के मत इस प्रकार हैं–

''निराला जी पर बंगभाषा की काव्य-शैली का प्रभाव समास में पद-वल्लरी, क्रिया-पद के लोप आदि में स्पष्ट झलकता है।''[18]

''वैसवाड़ा की आल्हा नौटंकी की संस्कृति के अलावा युवावस्था में उनका

संपर्क बंगाल की दो महान सांस्कृतिक धाराओं से हुआ। एक तो श्री रवीन्द्रनाथ ठाकुर के नेतृत्व में बंगला के नवीन सांस्कृतिक जागरण से और दूसरा स्वामी विवेकानंद द्वारा स्थापित श्री रामकृष्ण मिशन से। इन दोनों का उन पर स्थायी प्रभाव पड़ा है और इसमें संदेह नहीं कि अपने साहित्यिक जीवन के आरम्भ-काल में उन्हें इन्हीं से प्रेरणा मिली।''[19]

जिन दिनों निराला बंगाल में शिक्षा पा रहे थे, उन दिनों बंगाल में रवीन्द्रनाथ की ख्याति सर्वत्र फैली थी, उस समय रवीन्द्र-युग था।

''इन दोनों का (रवीन्द्रनाथ तथा विवेकानंद) का प्रभाव निराला के काव्य पर बराबर बना रहा। 'निराला' ने उस प्रभाव को आत्मसात कर लिया। ऐसे स्थल बहुत कम मिलेंगे, जहाँ उनके भाव उपर्युक्त कवियों के प्रतिध्वनि मात्र है। 'राम की शक्ति पूजा' (1936) पर माइकेल मधुसूदन के मेघनाद-वध का प्रभाव भी लक्षित है। अत: स्पष्ट है कि आधुनिक हिन्दी काव्य में जो छायावाद के नाम से प्रसिद्ध है, उस पर सीधे तौर से बंगला-काव्य का प्रभाव निराला की रचना द्वारा आया, परन्तु निराला के व्यक्तित्व की सजीवता और मौलिकता ने इस प्रभाव को कहीं भी आगे बढ़ने नहीं दिया। स्वयं उनके काव्य में जो रहस्यवादिता है, वह ''निरुद्देश्य-यात्रा जैसी रोमांटिक कविताओं और गीतांजलि जैसी रहस्यवादी कविताओं की रहस्यवादिता से भिन्न एक नये प्रकार की वस्तु है फिर भी मूल स्रोतों की एकदम उपेक्षा नहीं की जा सकती है।''[20]

उधार लेना और बात है प्रभावित होना और बात। निराला का काव्य रवीन्द्र की कला का अनुकरण नहीं है। पर यह भी ठीक है कि निराला ने प्रेरणा के लिए रवीन्द्र की ओर देखा– उस पद्धति को अपनाया है।

निराला जी आरम्भ से ही बंगाल में रहे और उन्हें बंगाल से एवं बंगला भाषा से असीम प्रेम भी हो गया था। उस समय बंगाल में तीन महापुरुषों– स्वामी विवेकानंद, रामकृष्ण परमहंस, रवीन्द्रनाथ की शक्ति नवोन्मेष में लगी हुई थी, इन महापुरुषों का निराला पर व्यापक प्रभाव था। निराला जी पर रवीन्द्रनाथ के रहस्यवाद का प्रभाव था। रहस्यवाद एक मानसिक स्थिति विशेष से सम्बन्धित है। रहस्य का अर्थ 'छिपा हुआ' होता है। सम्पूर्ण विश्व में व्याप्त सत्ता की अनुभूति होना 'रहस्य' है। रहस्यानुभूति की अभिव्यक्ति असम्भव है। इसी कारण इसे गूँगे का गुण कहा जाता है। जो जानता है, वह बोलता नहीं है, जो बोलता है वो जानता नहीं है। तब भी अपनी अनुभूति की अभिव्यक्ति मनुष्य करता है। अपनी अनुभूति की अभिव्यक्ति न करना मानव-स्वभाव के विपरीत है। 'रहस्य' रहस्यानुभूति के नाम पर विद्वानों, चिंतकों, मनीषियों ने सदा इसके रूप का निर्धारण करने का प्रयास किया है और करते आये हैं।

आचार्य शुक्ल के शब्दों में– "ज्ञान के क्षेत्र में जो अद्वैतवाद है, भावना के क्षेत्र में वही रहस्यवाद है।" अत: ज्ञान ने जिस अचिन्त्य सत्ता को निर्घोषित किया, भाव ने उसे विविध संबंधों से बाँधना प्रारम्भ कर दिया। उस दिव्य सत्ता से जो सम्बन्ध भावना के आधार पर स्थापित किये गये और उसको अभिव्यक्ति करने के लिए जिस वाणी का विधान स्थापित हुआ, उसी को रहस्यवाद की संज्ञा प्राप्त हुई। रहस्यवाद के दो भेद हैं–

1. साधनात्मक रहस्यवाद
2. भावानात्मक रहस्यवाद

साधनात्मक रहस्यवाद शास्त्र एवं संप्रदाय की बँधी-बधाई लकीरों पर चलता है। इसमें ब्रह्म, जीव, हठयोग, योगतांत्रिक मान्यताओं का विवेचन किया जाता है। इसमें प्रेम-भावना के लिए स्थान नहीं होता है। इसमें कुंडलिनी, चक्र, नाड़ी सहस्त्रार, रंध्र आदि का विवेचन है।

भावनात्मक रहस्यवाद में भौतिक क्रियाओं एवं रूढ़ियों से कोई सम्बन्ध नहीं होता है। इसमें ससीम का असीम के साथ प्रणयन किया जाता है। इसमें विरह निवेदन की प्रधानता रहती है इसका मूल-स्वर अद्वैतवाद है। साधक अपने अंतिम सोपान पर पहुँच कर उस विराट सत्ता के साथ तादात्म्य स्थापित करके तदाकार हो जाता है।

कबीर, निराला एवं प्रसाद के काव्य में चिंतन-प्रधान की अभिव्यक्ति हुई है। निराला के रहस्यवाद के तीन स्रोत हैं। बंगाल का सुरम्य प्राकृतिक वातावरण जिनकी क्रोड़ में निराला की बाल्यावस्था एवं युवावस्था बीती थी। रवीन्द्रनाथ के साहित्य का प्रभाव, स्वामी विवेकानंद के प्रभाव के फलस्वरूप रामकृष्ण मिशन के साधुओं के साथ निराला का संपर्क निराला पर रामकृष्ण मिशन, स्वामी शारदा नंद का व्यापक प्रभाव था।

दार्शनिक प्रभाव : निराला के विचारों पर रवीन्द्रनाथ के गीतांजलि का व्यापक प्रभाव था। असीम के साथ मिलन, निराला के मन में यह भाव प्रारम्भ से ही था, इस सम्बन्ध में निराला ने लिखा है–

"इसीलिए हम समाज तथा साहित्य में अपनी बहुत दिनों की भूली हुई उस शक्ति को आमंत्रित करना चाहते हैं जो अव्यक्त रूप से सबमें व्यक्त अपनी ही आँखों से विश्व स्वतंत्र किरणों की तरह सब पर पड़ती हुई मधुर उज्ज्वल अम्लान, मृत्यु की तरह नवीन जन्मदात्री सर्व शाखाओं की तरह अगणित प्रसार में फैली हुई प्रत्येक मूर्ति में चिरकमनीय।"[21]

निराला ने एक स्थान पर और लिखा है– "यह ज्योति प्रवाह उपरूप है। जड़ों में यह चेतन संयोग ही गति है प्रत्येक पद पर इसका अज्ञात स्पर्श जीव जगत करता रहता

है। अन्यथा दूसरा चरण उठ नहीं सकता। वह वहीं निर्जीव प्रस्तर की तरह अचल है। उसमें स्वत: विचरण की शक्ति नहीं। पृथ्वी के साथ ही उसे अलक्ष्य की इंगित से महाकाश की परिक्रमा करनी पड़ती है, जीव को हर सांस में वह स्पर्श मिलता है।''[22]

निराला के उपर्युक्त भाव रवीन्द्रनाथ की सीमा के बीच असीम के साथ मिलन की अराधना के अनुरूप है। रवीन्द्रनाथ ने स्पष्ट करते हुए लिखा है–

''क्षुद्र को लेकर ही वृहद, सीमा को लेकर ही असीम तथा प्रेम को लेकर ही मुक्ति है। प्रेम का आलोक मिलते ही आँखों को पसार कर देखता हूँ कि सीमा के बीच असीम और नहीं है। प्रकृति का सौन्दर्य मात्र मेरे मन की मरीचिका नहीं उसके बीच में असीम का आनंद ही प्रकाशमान है एवं इसीलिए इस सौन्दर्य के सामने हम अपने को भूल जाते हैं... मेरी समस्त काव्य रचना का एक ही अध्याय है, और उस अध्याय का नाम दिया जा सकता है– सीमा के बीच असीम के साथ मिलन की आराधना है।''[23]

रवीन्द्रनाथ के रूप तथा अरूप की मान्यताओं का प्रभाव निराला के दार्शनिक विचारों पर स्पष्ट रूप से पड़ा है। निराला के प्रबंध-काव्य में रूप और अरूप को पढ़ने से स्पष्ट हो जाता है–

'रूप की सार्थक' लघु विराट कल्पनाएँ संसार के सुन्दर ताल रंगों में जिस तरह अंकित हों उसी तरह रूप तथा भावनाओं का अरूप में सार्थक अवसान भी आवश्यक है, कला की यही परिणित है और काव्य का सबसे अच्छा निष्कष। इस तरह काव्य के भीतर ही अपने जवीन के सुख-दुखमय चित्रों को प्रदर्शित करते हुए परिसमाप्ति पूर्णता में होगी जैसे–

कभी उड़ते पत्तों के साथ,
मुझको मिलते मेरे सुकुमार
बढ़ाकर लहरों से लघु हाथ
बुलाते हैं मुझको उस पार।[24]

1. अद्वैतवादी चिंतन : निराला के रूप के इस दार्शनिक विचार को डॉ. रामरतन भटनागर ने अद्वैत वेदांत कहा है। निराला एक दार्शनिक की भाँति चिंतन में लीन रहते थे। उनकी चिंतन पद्धति अद्वैतवाद थी, परन्तु एक अन्तर के साथ। निराला का अद्वैतवाद शंकराचार्य की भाँति गतिहीन न होकर विवेकानंद की तरह गतिशील है। वे अपने जीवन के दुख को माया कह कर नहीं टाल देते वरन उससे संघर्ष करते हैं। प्रस्तुत पंक्तियों में उनके विचार द्रष्टव्य हैं–

मेरा अन्तर वज्र कठोर,
देना जी भर झकझोर।

2. निराला के अद्वैतवाद में भक्ति-भावना का सम्मिश्रण पाया जाता है। कई स्थानों पर निराला की उस अदृश्य सत्ता के प्रति प्रेम विश्वास की भावना मुखर दिखाई देती है। ऐसे स्थानों पर कवि में वैष्णव कवि की तन्मयता मिलती है। प्राय: सभी छायावादी कवियों ने रूढ़ियों का विरोध किया है, उनमें आत्म-प्रसार की भावना प्रबल रही है, इस आत्म-प्रसार की भावना से प्रेरित होकर उन्होंने जीवन के सभी क्षेत्र में संकीर्णता का विरोध किया है, घन का उद्बोधन करते हुए निराला कहते हैं--

ताल-ताल से रे नदियों के जकड़े हृदय कपाट
खोल दे कर-कर कठिन प्रहार
आये अभ्यंतर चरणों से नव्य विराट
करे दर्शन पाए आभार।

कवि हर तरह से संकीर्णता का विरोध करता है, सदियों से जकड़े हुए हृदय कपाट को खोलकर नव्य विराट के आगमन की आकांक्षा कर रहा है। इस परिवर्तन की आकांक्षा तथा अनंत के प्रतिभासार ने रवीन्द्रनाथ को विराटत्व के चित्र अंकित करने को प्रेरित किया, वहाँ निराला भी इस विराटत्व से प्रभावित हैं, तथा–

किस अनंत का वीणा अंचल हिला-हिला कर
आती हो तुम सजी मडला कर
आज तुम्हारा किस विशाल

यह नहीं कि तरंग के द्वारा अपने विशाल हृदय की तरंग को प्रकट करते हैं।

निराला की कविताओं में जिज्ञासा की स्थिति प्राय: मिलती है, इसमें ब्रह्म के प्रति जिज्ञासा भी रहती है, तथा उससे उत्पन्न कौतूहल विषयक आनंद की व्यंजना भी। वस्तुत: यह अनंत, अज्ञान असीम ही ब्रह्म है। जिसकी प्राप्ति कवि की अंतिम और चरम अभिलाषा है–

नव जीवन के प्रबल उमंग
जा रही मैं मिलने के लिए, पार कर सीमा,
प्रियतम असीम के संग धारा।

रवीन्द्रनाथ की धारा में 'असीम' की तरह 'अनुकूल' से मिलने जा रही है। उसमें आत्म-प्रसाद की भावना प्रबल रही है, इसी आत्म-प्रसार की भावना से प्रेरित होकर उन्होंने जीवन के सभी क्षेत्र में संकीर्णता का विरोध किया है, घन का उद्‌बोधन करते हुए भी निराला कहते हैं।

निराला की कविताओं में व्यंग्य का आधिक्य है। आधुनिक समाज के दुख एवं अभाव का प्रभाव निराला के साहित्य पर पड़ा है, और उनकी कविताओं में वैयक्तिक विषाद एवं व्यंग्य का आधिक्य हो जाता है। रवीन्द्रनाथ की कविताओं में भी पृथ्वी के

धूल-धूसरित प्राप्ति का चित्रण मिलता है जहाँ कवि के मन का विषाद चित्रित है। रवीन्द्रनाथ की भाँति व्यक्तिगत दुख निराला की कविताओं में भी मिलता है। सम्पूर्ण निराला-काव्य व्यक्तिगत दु:खानुभूति से भरा पड़ा है– यथा

मैं अकेला
देखता हूँ आ रही
मेरे दिवस की सांध्य बेला (अणिमा-निराला)

अथवा

स्नेह निर्झर बह गया है
रेत-ज्यों तन रह गया है।
आम की यह डाल जो सूखी दिखी
कह रही है अब यहाँ पिक या शिखी
नहीं आते पंक्ति में वह हूँ लिखी
नहीं जिसका अर्थ
जीवन दह गया है (अणिमा)

निराला के दुख पूर्ण भाव या तो सामाजिक विद्रोह के रूप में अथवा व्यंग्य रूप में प्रकट हुए हैं। परन्तु रवीन्द्र का दुख व्यक्तिगत है।

सांस्कृतिक प्रभाव : "निराला ने रवीन्द्र से भारतीय संस्कृति की दीक्षा ग्रहण की थी।"[25] भारतीय संस्कृति का सबसे महत्त्वपूर्ण विचार अद्वैतवाद है। यह भाव निराला के काव्य में पाया जाता है। इसके अलावा पश्चिम के भौतिकवाद के विरोध में अपनी संस्कृति की महत्ता का प्रतिपादन रवीन्द्रनाथ ने अपनी बहुत-सी कविताओं में किया है।

निराला ने पश्चिम की भौतिकवादी सभ्यता के विरुद्ध भारतीय आध्यात्मिक संस्कृति की महत्ता का प्रतिपादन किया है।

आज सभ्यता के वैज्ञानिक जड़ विकास पर
गर्वित विश्व नष्ट होने की ओर अग्रसर
स्पष्ट दिख रहा, सुख के लिए खिलौने जैसे
बने हुए वैज्ञानिक साधन, केवल पैसे
आज लक्ष्य में है, मानव के, स्थल जल अंबर
रेत तार बिजली जहाज नभयानों से भर
दर्प कर रहे हैं, मानव, वर्ग से वर्ग गण
भिड़े राष्ट्र, स्वार्थ से स्वार्थ विचरण (अपरा)

तथा

किन्तु क्या? योग्य जन जीता है,

पश्चिम की उक्ति नहीं
गीता है, गीता है।
स्मरण करो बार-बार (जागो फिर एक बार)

रवीन्द्रनाथ ने सम्पूर्ण विश्व मुक्ति की कामना की थी और विश्वधर्म का प्रतिपादन किया है, जो भारतीय संस्कृति की सबसे महत्त्वपूर्ण धारा है। स्वामी विवेकानंद ने विश्व धर्म का प्रचार सम्पूर्ण जगत में किया। निराला भी विवेकानंद एवं रवीन्द्रनाथ की इस विचारधारा से प्रभावित हैं और विश्व-धर्म का प्रतिपादन करते हैं। यहाँ कवि सम्पूर्ण विश्व को ज्योति-पूर्ण देखने की अभिलाषा कर रहा है। रवीन्द्रनाथ की कविताओं में भी विश्व प्रेम का भाव सर्वत्र व्याप्त है–

वर दे वीणा-वादिनि, वर दे।
प्रिय स्वतंत्र रव अमृत मंत्र नव
भारत में भर दे।
नव-गति-नव-लय-ताल-छंद-नव
नवल कंठ, नव-जलद मंद्र-रव
नव नभ में, नव विहग वृंद को
नव पर नव स्वर दे।

राष्ट्रीय प्रभाव : निराला के राष्ट्र-प्रेम की कविताओं पर बंगाल के स्वदेशी आंदोलन का पूर्ण प्रभाव परिलक्षित होता है। भारत प्रशस्ति, विद्रोह-गान तथा स्वदेश में विश्व का मिलन यह सभी भाव निराला को नजरूल, द्विजेन्द्रलाल राय तथा रवीन्द्रनाथ से प्राप्त हुए हैं।

निराला ने रवीन्द्रनाथ की कविताओं से भाव ग्रहण कर अपने स्वदेश-प्रेम की कविताओं में संजोया है। वहाँ दो तत्त्व साधारण रूप से परिलक्षित होते हैं।

रवीन्द्रनाथ की भाँति निराला ने भी साम्य-भाव को प्रदर्शित किया है। रवीन्द्रनाथ जहाँ 'श्रन्वति विश्वे अमृतस्य पुत्रा' से प्रभावित हुए थे, वहाँ निराला ने युगीन प्रगतिवादी विचारों से प्रभवित होकर इस प्रकार की कविताओं का सृजन किया है, परन्तु पूर्ण रूप से रवीन्द्र का भाव नहीं आया है।

निराला रवीन्द्रनाथ की विश्व-प्रेम की भावना से प्रभावित हैं। रवीन्द्रनाथ की कविताओं में स्वदेश-प्रेम कहीं भी उग्र नहीं हुआ है। इस विषय में चारुचंद्र बंद्योपाध्याय ने लिखा है– "अति शैशवकाल से ही उनका कवि चित्त संकीर्ण देश काल की सीमा से आबद्ध न रहने के कारण दुखी तथा दीनता के विरुद्ध युद्ध की घोषणा करता है।"[26]

निराला ने विश्व-प्रेम की भावना स्वामी विवेकानंद के विश्व धर्म के भावों से भी ग्रहण किया है।

निराला का काव्य-परिचय : निराला का साहित्य बहुमुखी एवं विपुल है। उन्होंने अपनी कविता, कहानी, निबंध, रेखाचित्र, जीवनियाँ, नाटक एवं अनुवाद लिखकर हिन्दी साहित्य को समृद्धि बनाया है। निराला जी का जीवन एक लम्बे संघर्ष की कहानी है और उनका सम्पूर्ण साहित्य एक लम्बे समय के जीवनव्यापी-संघर्ष की कहानी है।

निराला को बाल्यकाल से ही कविता लिखने का शौक था। विद्यार्थी जीवन में ही उन्हें कविता लिखने का शौक था, विद्यार्थी जीवन में ही वे कविता लिखने की ओर प्रवृत्त हुए। निराला जी ने अपने जीवन के सम्बन्ध में कहीं कुछ नहीं लिखा है, यदि उन्होंने अपने जीवन के बारे में लिखा होता तो उनके जीवन का इतिहास प्रस्तुत किया जा सकता था। "निराला जी ने प्रारम्भ में काव्य-रचना बंगला भाषा में की। उससे उनको बंगाल में काफी प्रसिद्धि मिली। बंगला के साथ ही अवधी और ब्रजभाषा मिश्रित भाषा में कुछ कविता एवं सवैये प्रारंभिक काल में लिखने लगे थे।"[27]

1. आर्थिक समस्या के समाधान हेतु वे साहित्य की ओर उन्मुख हुए, प्रारम्भ के बंगला भाषा में लिखी कविताओं की बड़ी प्रशंसा हुई और प्रसिद्ध हुए। "राजा के कार्य से प्राय: निराला जी को कलकत्ता आना-जाना पड़ता था। धीरे-धीरे लोग-बाग उन्हें कलकत्ते में भी मानने-जानने लगे। उनकी बंगला कविताओं की तारीफ महिषादल से कलकत्ते तक समान रूप से होने लगी।"[28]

भावुक हृदय कवि निराला को आजीवन अर्थिक संकट से जूझना पड़ा। कवि को धनोपार्जन के लिए जीविका की समस्या के समाधान के लिए भी साहित्य की रचना करनी पड़ी। कुछ ऐसा भी लिखना पड़ा जिसमें इनकी रुचि नहीं थी। केवल प्रकाशक के कहने पर इन्हें कुछ लेख बेचने के लिए भी बाध्य होना पड़ा।

काव्य संग्रह : 1. अनामिका (भाग एक), 2. परिमल, 3. अनामिका (भाग दो), 4. गीतिका, 5. कुकुरमुत्ता, 6. अणिमा, 7. बेला, 8. नये पत्ते, 9. अपरा, 10. अराधना।

खण्ड-काव्य तुलसीदास : इसमें गोस्वामी तुलसीदास के जीवन का अध्ययन एक नवीन एवं बौद्धिक दृष्टिकोण से किया गया है।

निराला जी की कुछ रचनाओं में प्रयोगवाद के अंकुर दृष्टिगोचर होते हैं। इनका प्रत्येक काव्य-संग्रह अपने आप में एक प्रयोग हैं। निराला के प्रत्येक काव्य में युग की अभिव्यक्ति पायी जाती है। निराला के काव्य में युगीन समस्याओं का यथार्थ चित्रण है। कवि से कोई भी क्षेत्र छूटा नहीं है, जन-जीवन की विषमताओं एवं समाज के उपेक्षित वर्ग को कवि ने अपने काव्य का विषय बनाया है, कवि ने अपनी रचनाओं में शोषित समाज के प्रति सहानुभूति एवं पूँजीपति वर्ग के प्रति आक्रोश और घृणा की अभिव्यक्ति की है। निराला की रचनाओं का संक्षिप्त परिचय निम्नलिखित है–

काव्य परिचय :

1. अनामिका (1923) : इस संग्रह में निराला जी की प्रारंभिक कविताएं संग्रहित हैं। इसमें अधिकांश कविताओं का मूल्य ऐतिहासिक है। अनामिका निरालाजी की उन कविताओं का संग्रह है, जो कविताएँ 'समन्वय' एवं 'मतवाला' में प्रकाशित हो चुकी थीं। इन्हीं कविताओं की रचना करके कवि ने खड़ी बोली हिन्दी में परिवर्तन की सूचना दी, और नयी शैली का विकास किया। इन कविताओं के प्रकाशन से हिन्दी के साहित्यकारों एवं आलोचकों का ध्यान उस ओर आकर्षित हुआ। सेठ महादेव प्रसाद ने लिखा है। "इतना मैं अवश्य कहूँगा और दावे के साथ कहूँगा कि त्रिपाठी जी ने पंचवटी प्रसंग अधिवास तथा 'जूही की कली' नामक कविताएँ लिख कर हिन्दी के पद साहित्य में एक अभूतपूर्व नयी शैली का समावेश किया है और हिन्दी का कवि-समाज यदि शैली का आदर अनुगमन करे तो मातृभाषा का बड़ा उपकार होगा और उसके लालित्य में एक नयी बात पैदा हो जायेगी।"[29] इस संग्रह की कविताओं के दो प्रमुख विषय-प्रेम और अध्यात्म है। इन कविताओं के संग्रह में नवीन कला विधान और मुक्त छंद के दर्शन हुए जिससे हिन्दी साहित्य जगत में हलचल पैदा हो गयी।

2. परिमल (1930) : निराला का दूसरा काव्य-संग्रह 'परिमल' है। 'सुधा' के संपादन के समय परिमल प्रकाशित हुआ। यह काव्य-संग्रह निराला की प्रसिद्धि का मुख्य कारण है। निराला के जीवन में इस काव्य-संग्रह का वही स्थान है जो स्थान प्रसाद के जीवन में 'आँसू' का और पंत के लिए 'पल्लव' का है। निरालाजी नवीनता प्रेमी, अंधविश्वासों एवं रूढ़िग्रस्त परम्पराओं के विरोधी थे। वे अपने साहस एवं शक्ति और योग्यता से हिन्दी साहित्यिक जगत में अद्वितीय स्थान प्राप्त कर सके। कुछ लोग उनसे जलते थे, उनकी रचनाओं की हँसी उड़ाते थे, उनपर व्यंग्य कसते थे, परन्तु निराला जी पर इन सब बातों का कोई असर नहीं पड़ता था। वे इन सबसे घबराते नहीं थे। कुछ लोग उन्हें तरह-तरह से परेशान करते थे, चिढ़ाते थे, परन्तु वे उस तरफ ध्यान ही नहीं देते थे। उनका कहना था कि– "कुत्ते भौंकते रहते हैं, हाथी अपनी चाल में चला जाता है, मेढक की टर्र-टर्र से बादलों का गरजना नहीं रुकता।" और हुआ भी यही, क्योंकि इस नवीन भावधारा के पाँव जमने लगे और वह सम्मति से इस युग में मूल प्रेरणा शक्ति के रूप में स्वीकार कर ली गयी।

डॉ. बच्चन सिंह ने लिखा है– निराला ने जिस मुक्त-छंद, उद्दाम भावधारा और दार्शनिक ओजस्विता के साथ हिन्दी में प्रवेश किया, वह हिन्दी वालों के लिए सर्वथा

नवीन वस्तु थी। निराला का छंद ही नहीं, नवीन प्रयास उनके लिए अद्भुत वस्तु थी। इससे उनकी रूढ़िबद्ध रुचियों का मेल तो दूर रहा, संपर्क भी उन्हें प्रिय न था। यही कारण था कि न तो इनकी कृतियों का सहानुभूतिपूर्ण प्रकाशन हुआ और न लोगों ने इन्हें समझने का प्रयत्न किया, छायावाद के सभी प्रवर्तकों का विरोध हुआ। किन्तु निराला को औरों से अधिक विरोधों का सामना करना पड़ा। यह निराला का ही व्यक्तित्व है कि अनेक विरोधों एवं संघर्षों के बीच होते हुए आज वे इतने ऊँचे पहुँच पाए हैं।''[30]

परिमल में संग्रहित कविताओं में प्रकृति सम्बन्धी कविताएँ, प्रेम विषयक कविताएँ, नारी सौन्दर्य का चित्रण, देश-प्रेम की भावना से ओत-प्रोत आध्यात्मिक कविताएँ सामाजिक-चित्रण जैसी कविताएँ हैं।

3. गीतिका (1936) : 'गीतिका' का प्रकाशन 1936 में हुआ। इन दिनों निराला जी बहुत विषम स्थिति में थे। अचानक पुत्री की मृत्यु ने इन्हें विक्षिप्त कर दिया। वैसे इन्हें पहले भी कम तूफानों से नहीं गुजरना पड़ा, परन्तु पुत्री की मृत्यु तो इनके लिए असह्य थी। इससे इनको गहरा आघात पहुँचा। पुत्री का दुःख न सहन कर पाने की स्थिति में निराला जी की मानसिक स्थिति भी ठीक नहीं थी। दूसरे इन्हीं दिनों इन्हें साहित्यिक क्षेत्र में भी विरोध सहना पड़ा। इस तूफान से भी वे गुजर गये। यह इनके जीवन के विषम क्षण थे। परीक्षा का समय था, वैसे भाग्य ने इस महापुरुष की परीक्षा तो जन्म से ही लेना शुरू कर दिया था। गीतिका का प्रकाशन 1936 में हुआ, इसकी काफी प्रशंसा हुई। गीतिका के परिचय में प्रसाद जी ने लिखा है–

''गीतिका हिन्दी के लिए सुन्दर उपहार है। उसके चित्रों की रेखाएँ पुष्ट वर्णों का विकास भास्वर है। उसका दार्शनिक पक्ष गंभीर एवं व्यंजना मूर्तिमती है। आलंबन के प्रतीक उन्हीं के लिए स्पष्ट होंगे, जिन्होंने यह नहीं समझा कि रहस्यमयी अनुभूति युग के अनुसार अपने लिए विभिन्न अधार चुनती है। केवल कोमलता ही कवित्व का मापदंड नहीं है। निराला जी ने ओज और सौन्दर्य भावना और कोमल कल्पना का जो माधुर्य संकलन किया है, वह उनकी कविता में शक्ति-साधना का उज्ज्वल परिचायक है। स्वयं निराला ने गीतों के सम्बन्ध में कहा है– खड़ी बोली की संस्कृति जब संसार की अच्छी-अच्छी सौन्दर्य भावनाओं से युक्त न होगी, वह समर्थ न होगी।''[31]

इस काव्य-संग्रह में रहस्यवादी भावों की प्रमुखता है। इसके अतिरिक्त देश-प्रेम एवं प्रेम-विषयक कविताएँ भी है।

4. अनामिका (द्वितीय भाग) 1938 : यह कविता संग्रह निराला की प्रौढ़ता का परिचायक है। अनामिका के सम्बन्ध में डॉ. रामरतन भटनागर का कहना है कि ''अनामिका के प्रति निराला का मोह होना स्वाभाविक था। वह उनका प्रथम काव्य-संग्रह था, जो 1923 में प्रकाशित हुआ था। 15 वर्ष बाद अपने एक अन्य

प्रौढ़-संग्रह का नाम ढूँढ़ते हुए कवि को इस पहले का ध्यान आया और उसने इस संग्रह का नाम भी अनामिका रखा।''[32]

इस काव्य-संग्रह में अनामिका प्रथम-भाग या परिमल की कोई रचना नहीं है। इसमें रवीन्द्रनाथ की कुछ कविताओं का अनुवाद है– जैसे जेयेष्ट 'कहाँ है देश क्षमा प्रार्थना', 'सखा के प्रति', 'गाता हूँ गीत मैं तुम्हें सुनाने को' स्वामी विवेकानंद की कविताओं का अनुवाद है।

निराला की कविताएँ साहित्य के गौरव तथा उसकी प्रवृत्ति की मापदण्ड है। 'राम की शक्ति पूजा', 'सरोज स्मृति' आदि प्रौढ़ रचनाएँ हैं। अष्टम एडवर्ड के प्रति 'वन बेला', 'दान' 'प्रेयसी', 'तोड़ती पत्थर', 'किसान की नयी बहू की आँखें', 'खुला आसमान' इसी प्रकार की रचनाएँ हैं। इन रचनाओं को पूर्णरूप से प्रगतिवादी नहीं कहा जा सकता, क्योंकि अप्रत्यक्ष रूप से इनमें शृंगारिकता के पुट अवश्य मिलते हैं।

5. तुलसीदास (1928) : तुलसीदास पांडित्यपूर्ण खण्ड-काव्य है। इसमें रहस्यवाद, काव्य-कला, कला का उत्कर्ष दिखाई पड़ता है, इस कृति के अन्तर्मन का मनोवैज्ञानिक भूमि पर विश्लेषण और इतिहास के पार्श्व में सांस्कृतिक अध्ययन प्रस्तुत किया गया है। तुलसीदास के सम्बन्ध में रामकृष्ण दास का कहना है– तुलसी का प्रथम अध्ययन, पश्चात पूर्व संस्कारों का उदय प्रकृति दर्शन और जिज्ञासा नारी से मोह, मानसिक संघर्ष और अन्त में नारी द्वारा विजय आदि, वे मनोवैज्ञानिक समस्यायें हैं, जिन्हें लेकर कवि ने कथा का विस्तार किया है। कवि का क्षेत्र नवीन है। रहस्यवाद का कथा के रूप में उसने एक चित्र खींचा है। मनोवैज्ञानिक तथ्यों का निरूपण उसका ध्येय है। अत: उसे अपनी भाषा में बहुत कुछ स्वयं गढ़ना पड़ा है। कवि ने छोटी-छोटी बातों को लेकर बड़े-बड़े मानसिक घात-प्रतिघातों को अपनी वाणी द्वारा सजीव कर दिया।

6. कुकुरमुत्ता : सन 1926 के पश्चात् निराला अधिक व्यंग्य करने लगे थे। जिसमें उनकी मानसिक अवसाद व्यथा है। निरन्तर संघर्षों का सामना करते हुए कवि कुछ शिथल हो गया था। परन्तु अटल रहा और संघर्षों के बीच निरन्तर लेखनी चलती रही। कुकुरमुत्ता निराला का व्यंग्य काव्य है। इस कविता में कवि ने सामाजिक विषमताओं का यथार्थ चित्रण किया है। और गहरा व्यंग्य भी। इसमें कुकुरमुत्ता सर्वहारा वर्ग का प्रतीक बन कर आया है। कवि सामाजिक विकृतियों पर गहरा आघात करता है। उनकी व्यंग्यात्मक कविताओं में उनके निजी मन का आक्रोश भी झाँकता है। आकांक्षाएँ उनकी अधूरी रह गयी थीं, उसमें प्रतिबिंब है। इन व्यंग्य रचनाओं में कवि का विद्रोह व्यंग्य के रूप में देखा जा सकता है, कुकुरमुत्ता प्रगतिवादी

काव्य है। "इस कविता में व्यंग्य, विनोद और हास्य की सहज त्रिवेणी का सरल प्रवाह मन को मुग्ध करने वाला है। भाषा के प्रयोग में कवि ने व्यंग्य का आधार लिया है। कुकुरमुत्ता आधुनिक युग का सबसे बड़ा व्यंग्य और निराला सबसे बड़ा व्यंग्यकार है।"

कवि ने युद्ध काल से अपने मन के विचारों को प्रकट करने के लिए अधिकतर व्यंग्य का सहारा लिया है। क्योंकि सामाजिक रूढ़ियों, विडंबनाओं एवं भ्रष्ट्राचारों पर प्रहार करने के लिए एक साहित्यकार के पास व्यंग्य से बड़ा कोई अस्त्र नहीं होता है। कवि अपने व्यंग्य वार्णों से सामाजिक, राजनीतिक, बुराइयों पर वार करता है। कवि निराला के व्यंग्य के निशाने से समाज का कोई भी पक्ष बच नहीं पाया है।"[33]

7. अणिमा (1943) : अणिमा का प्रकाशन सन 1943 में हुआ। इस काव्य संग्रह में मुख्य रूप से दो प्रकार की कविताएँ हैं। 1. व्यक्ति विशेष पर जैसे– संत रैदास, आ. रामचंद्र शुक्ल, कवि प्रसाद, विजय लक्ष्मी पंडित, भगवान बुद्ध। अन्य विषयों पर जैसे सहस्त्राब्धि, उद्बोधन आदि। इस कविता-संग्रह में कवि छायावाद की सीमा पार करके प्रगतिवाद की सीमा पर खड़ा दिखाई देता है।

8. बेला (1943) : इस काव्य संग्रह का प्रकाशन 1943 है। इस संग्रह में कवि के नये प्रयोग द्रष्टव्य है। निराला जी ने इसमें उर्दू छंदों का प्रयोग किया है। इसकी कुछ गजलों में कवि ने देश की विभिन्न परिस्थितियों को प्रस्तुत किया है तथा कुछ में रहस्यात्मक अनुभूतियों को अभिव्यक्ति प्रदान की है। बेला के सम्बन्ध में कवि ने लिखा है– बेला मेरे नये गीतों का संग्रह है। प्रायः सभी तरह के गेय गीत इसमें हैं। भाषा सरल और मुहावरेदार है। देश भक्ति के गीत भी है। अलग बात यह है कि अलग-अलग वंदों की गजलें भी हैं जिसमें फारसी के छंद शास्त्र का निर्वाह किया गया है।

9. नये पत्ते (1946) : कवि ने अपने व्यंग्य-काव्य 'कुकुरमुत्ता' में अपने मन में जो समाज के प्रति विक्षोभ था उसे व्यक्त किया है। वहाँ का शेष भाव नये पत्ते में आकर और भी तीखा हो गया है।

10. अर्चना (1950) : इस संग्रह में निराला द्वारा प्रणीत सभी गीत हैं। इस संग्रह में दो तरह के गीत हैं। 1. आत्मवादी 2. जनवादी। अर्चना में कवि ने गेयता और संगीतात्मकता पर अधिक ध्यान दिया है।

11. अपरा (1950) : इस संग्रह में कोई कविता नहीं है। पूर्ववर्ती काव्य संग्रहों में से ही सुन्दर कविताओं को संकलित कर दिया है। इस काव्य-संग्रह की सबसे बड़ी विशेषता है कि निराला के काव्य-विकास का इतिहास एक ही स्थान पर

देखने को मिल जाता है। इस बात का पूरा ध्यान रखा गया है कि संग्रहित रचना में निराला की विभिन्न काव्य-प्रवृतियों एवं प्रयोगों का प्रतिनिधित्व कर सकें।

12. अराधना (1953) : इसमें कवि के 51 और 52 के लिखे गीत संग्रहित है। इन गीतों की सबसे बड़ी विशेषता इसकी गेयता है। इसमें विषय एवं निराशा के स्थान पर आस्था का स्वाद अधिक मुखरित है।

काव्येतर रचनाएँ : आधुनिक हिन्दी साहित्य के सर्वाधिक तेजस्वी व्यक्तित्व सूर्यकान्त त्रिपाठी निराला एक समर्थ एवं सुप्रतिष्ठित रचनाकार हैं। काव्य रचना के साथ उन्होंने उपन्यास, कहानी, निबंध आदि की रचना की और अनुवाद भी किये हैं। इनके द्वारा लिखित उपन्यास, कहानी एवं निबंधों का संक्षिप्त विवरण निम्नलिखित है–

उपन्यास : 1. अप्सरा 2. अल्का 3. कुल्लीभाट 4. प्रभावती 5. बिल्लेसुर बकरिहा 6. चोटी की पकड़ 7. भक्त ध्रुव 8. भक्त प्रहलाद 9. महाराणा प्रताप 10. भीष्म पितामह।

कहानी संग्रह : 1. लिली 2. चतुरी चमार 3. महाभारत।

निबंध संग्रह : 1. प्रथम पद्म 2. चयन 3. चाबुक. संग्रह।

अप्सरा : निराला जी का पहला उपन्यास है, इनकी कथन की यात्रा का प्रथम सोपान है। धरती पर उतरती अप्सरा सी सुन्दर और कला-प्रेम में डूबी एक वीरांगना की यह कथा हमारे हृदय पर एक अमिट प्रभाव छोड़ती है। अपने व्यवसाय से उदासीन होकर वह अपना हृदय एक कलाकार को दे डालती है और नाना दुष्चक्रों का सामना करती हुई अन्ततः अपनी पावनता को बनाएँ रख पाने में समर्थ होती है। इस प्रक्रिया में उसकी नारी सुलभ कोमलताएँ जो उजागर होती ही है, उसकी चारित्रिक दृढ़ता भी प्रेरणाप्रद हो उठती है। इसके साथ ही इस उपन्यास में तत्कालीन भारतीय परिवेश, स्वाधीनता प्रेमी युवा वर्ग की दृढ़ संकल्पित मानसिकता का चित्रण भी अत्यंत सुन्दर ढंग से हुआ है जो कि महाप्राण निराला की सामाजिक प्रतिबद्धता का एक ज्वलंत उदाहरण है।

"निराला जी के उपन्यासों में विलक्षण वैयक्तिकता है। निराला छायावादी कवियों की तरह पहले 'अप्सरा' के लोक को पृथ्वी पर कल्पना करते हैं। इसमें कवि को रोमांस की सारी योजना को कार्यान्वित करने के लिए यत्र-तत्र अस्वाभाविक घटनाओं की सृष्टि भी करनी पड़ी है। इसमें कवि की कल्पना का वैभव यथार्थ से नितांत पृथक हो गया है। कुल्ली भाट एवं बिल्लेसुर बकरिहा निराला जी की व्यंग्य रचना है। प्रभावती यथार्थ के धरातल पर लिखी गयी है। कहानी संग्रह चतुरी चमार है।

सन्दर्भ

1. टैगोर और निराला; अवध प्रसाद वाजपेयी, पृ. 39
2. टैगोर और निराला; अवध प्रसाद वाजपेयी, पृ. 39
3. कवि निराला; नन्ददुलारे वाजपेयी, पृ. 19
4. प्रतिमा : वर्ष : 3 अंक : 9 अप्रैल, 1956
5. कवि-निराला; नन्ददुलारे वाजपेयी, पृ. 15
6. महाप्राण; निराला, पृ. 21
7. निराला काव्य और व्यक्तित्व; डॉ. धनन्जय वर्मा, पृ. 15
8. क्रान्तिकारी कवि; निराला, डॉ. बच्चन सिंह, पृ. 14
9. निराला : काव्य और व्यक्तित्व; डॉ. धनंजय वर्मा, पृ. 36
10. टैगोर और निराला; अवध प्रसाद वाजपेयी, पृ. 4
11. टैगोर और निराला; अवध प्रसाद वाजपेयी, पृ. 44
12. टैगोर और निराला; अवध प्रसाद वाजपेयी, पृ. 59
13. लेखक : आचार्य हजारी प्रसाद द्विवेदी
14. टैगोर और निराला; अवध प्रसाद वाजपेयी, पृ. 53
15. टैगोर और निराला; अवध प्रसाद वाजपेयी, पृ. 54
16. कवि निराला; नन्ददुलारे वाजपेयी, पृ. 216
17. पंत और पल्लव; निराला
18. हिन्दी साहित्य का इतिहास; आचार्य रामचन्द्र शुक्ल
19. निराला; रामविलास शर्मा, पृ. 47
20. कवि निराला; डॉ. रामरतन भटनागर, पृ. 36
21. निराला : प्रबंध पदम, पृ. 20
22. निराला : प्रबंध पदम, पृ. 144
23. रवीन्द्रनाथ : जीवन स्मृति।
24. कवि निराला; डॉ. रामरतन भटनागर, पृ. 126
25. निराला : काव्य और कला-प्रभाव; इंद्रनाथ चौधरी, पृ. 69
26. निराला वेला; चारुचन्द्र बन्धोपाध्याय, रवि रश्मि, भाग-दो, पृ. 358
27. महाप्राण निराला; गंगा प्रसाद पाण्डेय, पृ. 28
28. महाप्राण निराला; गंगा प्रसाद पाण्डेय, पृ. 39
29. महाप्राण निराला; गंगा प्रसाद पाण्डेय
30. कवि निराला; बच्चन सिंह, पृ. 93
31. निराला : गीतिका की भूमिका।
32. कवि निराला; डॉ. रामरतन भटनागर, पृ. 60
33. महाप्राण निराला; गंगा प्रसाद पाण्डेय, पृ. 109

लोक संस्कृति : परिभाषा एवं व्याप्ति

लोक शब्द की उत्पत्ति : 'लोक' शब्द अत्यंत प्राचीन है। लोक शब्द के लिए अंग्रेजी के 'फोक' शब्द का प्रयोग किया जाता है। सर्वसाधारण जनता के रहन-सहन 'रीति-रिवाज' अंधविश्वास, प्रथा, परम्परा, धर्म आदि विषयों के अध्ययन की ओर यूरोपीय विद्वानों का ध्यान सबसे पहले आकृष्ट हुआ था। इन प्रसंग में सबसे पहले जान अर्बे का नाम लिया जा सकता है, जिन्होंने आज से प्राय: सवा तीन सौ वर्ष पूर्व सन 1787 में 'रिमेन्स ऑफ जेंटिलिज्म ऐंड जुडाइज्म' नामक पुस्तक तथा 'आब्सर्वेशन आन पापुलर ऐंटीक्विटोन' में प्रकाशित की। 19वीं शताब्दी के पूर्वार्द्ध तक जनजीवन का अनुशीलन करने वाले शास्त्र को 'पापुलर ऐंटीक्विटीव' पुरातत्ववेत्ता विलियम जान टामस ने 'फोकलोर' शब्द का निर्माण किया।''[1]

'फोक' शब्द की व्युत्पत्ति ऐंग्लो सैक्सन शब्द (Fole) से मानी जाती। जर्मन भाषा में इसे (volk) कहते हैं। हिन्दी के 'लोक' शब्द के लिए अंग्रेजी के 'फोक' को व्यवहृत किया जाता है। पाश्चात्य विद्वानों में 'लोक' लोकमानस 'लोककृति' के सम्बन्ध में जो धारणा है, भारतीय विद्वानों के विचारों से मेल नहीं खाती। पाश्चात्य विद्वानों ने लोक संस्कृति को आदिम संस्कृति तथा असभ्य, असंस्कृत लोगों का ज्ञान आदि शब्दों से संबोधित किया है। पश्चिमी विद्वान ने इसी को ध्यान में रखकर 'फोक' एवं 'फोकलोर' शब्दों का प्रयोग करते आये हैं। 'फोक' शब्द का अर्थ 'सभ्यता' से दूर रहनेवाली जातियों से है। 'फोकलोर' शब्द का अर्थ है– असंस्कृत लोगों से सीखा गया ज्ञान। परन्तु लोक जीवन केवल वनों, पहाड़ों, घाटियों आदि तक ही सीमित नहीं है, बल्कि लोक तो सम्पूर्ण मानव समाज है, जो इस पृथ्वी पर निवास करता है।''[2]

1. 'लोक' शब्द की प्राचीनता : 'लोक' शब्द उतना ही प्राचीन है, जितना कि मानव जाति। वेदों में भी इसका उल्लेख मिलता है। साधारण जनता के अर्थ में इसका प्रयोग ऋग्वेद में अनेक स्थानों में किया गया है। इस वेद में लोक शब्द के लिए 'जन' शब्द का भी प्रयोग उपलब्ध होता है।''[3] ऋग्वेद के सुप्रसिद्ध 'पुरुष

सूक्त' में लोक शब्द का व्यवहार जीव तथा स्थान दोनों अर्थों में हुआ है।

नाम्या असीदन्तरिक्षं शीर्ष्णो द्यौः समवर्तते।

पदभ्यां भूमिः दिशः भोत्रात तथा लोकान कल्पयत्।[4]

संस्कृत व्याकरण के पिता महर्षि पाणिनि ने अपनी अष्टाध्यायी में 'लोक' तथा सर्वलोक शब्दों का उल्लेख किया है, तथा इसमें 'उञ्' प्रत्यय करने पर 'लौकिक' तथा सर्वलौकिकः शब्दों की निष्पत्ति की है।[5] पाणिनि ने वेद से पृथक 'लोक' शब्द की सत्ता को स्वीकार किया है। उन्होंने अनेक शब्दों की व्युत्पत्ति बतलाते हुए लिखा है, अमुक शब्द अमुक प्रकार है, परन्तु लोक में इसका स्वरूप भिन्न है।[6] वररुचि ने अपने वर्तिकों में भी लोक शब्द का प्रयोग किया है। महाभाष्यकार पतंजलि ने साधारण अर्थ में लोक शब्द का व्यवहार किया है।[7] लोक में प्रचलित गौः शब्द के अनेक अपभ्रंश रूपों का उल्लेख किया है।[8]

भगवद्गीता में 'लोक' तथा 'लोक संग्रह' आदि शब्दों का प्रयोग अनेक स्थानों पर पाया जाता है। गीता में लोक संग्रह पर बड़ा बल दिया है।

कर्मणैव हिंससिद्धि मास्थितः जनकापदः

लोक संग्रह मेवापि संपश्चन् कुर्तर्महसि[9]

नाट्य शास्त्र के व्याख्याता भरतमुनि ने भी नाट्यधर्मी एवं लोकधर्मी प्रवृत्तियों के अन्तर को स्पष्ट करते हुए इसका उल्लेख किया है। महाभारत में व्यास जी ने भी स्पष्ट किया है कि प्रत्यक्षदर्शी लोक ही सारे विश्व को सब प्रकार से देखने वाला होता है। 'प्रत्यक्षदर्शी लोकनाम् सर्वदर्शी भवेन्नरः'।

उपर्युक्त विवरण से ज्ञात होता है, लोक शब्द अत्यंत प्राचीन है, और सामान्य जनता के लिए 'जन' शब्द का प्रयोग मानव-जाति की उत्पत्ति के साथ ही होता चला आ रहा है। लोक शब्द की प्राचीनता निःसंदेह है। लोक एवं जन का अर्थ सारे निवासियों से है, जो इस धरती पर कहीं भी बसते हैं।

2. 'लोक' का शाब्दिक अर्थ : 'लोक' शब्द संस्कृत के 'लोकदर्शने' धातु से 'घञ्' प्रत्यय करने पर निष्पन्न हुआ है। इस धातु का अर्थ 'देखना' होता है जिसका लट्लकार में अन्य पुरुष एकवचन का रूप 'लोकते' है। अतः लोक शब्द का अर्थ हुआ 'देखनेवाला'। इस प्रकार वह समस्त जन समुदाय जो इस कार्य को करता है, लोक कहलाएगा। लोक शब्द अत्यंत प्राचीन है। साधारण जन का के अर्थ में इसका प्रयोग वेदों में मिलता है। लोक शब्द से हिन्दी के 'लोग' शब्द की व्युत्पत्ति मानी जाती है। जिसका तात्पर्य है, सर्वसाधारण जनता। अतः लोक शब्द का अभिप्राय उस जन समूह से है जो किसी देश में निवास करता है।''[10]

'लोक' शब्द की परिभाषा : 'लोक' शब्द की परिभाषा के सम्बन्ध में

अनेक विद्वानों ने अपने मत व्यक्त किये हैं। हिन्दी के प्रसिद्ध विद्वान डॉ. हजारी प्रसाद द्विवेदी लोक से सम्बन्ध में अपना मत इस प्रकार व्यक्त करते हुए लिखते हैं– लोक शब्द का अर्थ 'जनपद' या ग्राम्य नहीं है, बल्कि नगरों और गाँवों में फैली हुई वह समस्त जनता है, जिनके व्यावहारिक ज्ञान का आधार पोथियाँ नहीं हैं। ये लोग नगर में परिष्कृत रुचि सम्पन्न जीवन से अनभिज्ञ होते हैं और परिष्कृत रुचि वाले लोगों की समूची विलासिता और सुकुमारता को जीवित रखने के लिए जो भी वस्तुएँ आवश्यक होती हैं, उन्हें उत्पन्न करते हैं।[11] जो जनसाधारण सुसंस्कृत तथा शिष्ट वर्ग से पृथक रहते थे, इस वर्ग का साहित्य निस्संदेह स्वच्छंद, निरंकुश, सहज और नैसर्गिक भावों से सिक्त रहता है। इन्हीं सामान्य जन के साहित्य को लोक साहित्य कहा जाता है, जो साधारण शिष्ट एवं सुसंस्कृत के प्रभाव से दूर रहता है, उन्हीं को लोक कहा जाता है।

डॉ. फ्रेजर ने अपने ग्रन्थ 'गोल्डन वाड' को 18 भागों में लिखकर इस विषय को दृढ़ आधारशिला पर प्रतिष्ठित कर दिया।[12] जर्मन विद्वानों ने इस क्षेत्र में महत्त्वपूर्ण कार्य किया है, जिनमें ग्रीम बंधुओं विलियम ग्रिम तथा जेकब ग्रिम का कार्य प्रशंसनीय है। इन्होंने जर्मनी के लोक कथाओं का संग्रह करके उनका वैज्ञानिक अध्ययन किया है। जो 'ग्रिम्स फेयरी टेल्स' के नाम से प्रसिद्ध है। सन 1914 में शालर्ट सोफिया बर्न ने लंदन की 'फोक लोर सोसायटी' के तत्वावधान में एक प्रामाणिक पुस्तक 'ए हैण्ड बुक फोकलोर' शीर्षक से प्रकाशित की थी, जिसकी पाश्चात्य जगत में बड़ी प्रशंसा की गयी।

इंग्लैंड के फोकलोर ने इस विषय के अध्ययन में बड़ा योगदान दिया है, यूरोप के लगभग सभी देशों में 'फोकलोर' सोसायटी की स्थापना हुई है। शायद ही कोई देश बचा हो। अमेरिका में फोकलोर सोसायटी सबसे प्राचीन है, प्रत्येक राज्य में ऐसी संस्थाएँ स्थापित है। विलियम टाम्स ने अपने पत्र में 'फोकलोर' के नष्ट होने का उल्लेख किया हैं। विलियम टाम्स के पूर्व ही 'फोकलोर' के अध्ययन का प्रारम्भ हो चुका था परन्तु इस सामग्री को लोकप्रिय पुरातत्व नाम दिया जाता था। इस शब्द से इसका अभिप्राय स्पष्ट नहीं होता था। सन 1846 में विलियम टाम्स को ही 'फोकलोर' शब्द के निर्माण का श्रेय प्राप्त है। 'फोकलोर' शब्द का सम्बन्ध विलियम टाम्स ने साधारण जनता की रीति-रिवाज, परम्परा एवं प्रथा, अंधविश्वास लोकोक्ति और लोकगाथा आदि से जोड़ा है। विलियम वास्कम ने फोकलोर शब्द का सम्बन्ध पहेली लोकोक्ति, पुराणगाथा आदि विषयों से ही बताया जिसकी अभिव्यक्ति का माध्यम मौखिक है।

आर्चर टेलर का मत है– विभिन्न प्रकार की लोक कथाएँ, लोक गाथाएँ, लोकगीत,

बालकों के गीत, जादू लोंकोक्तियाँ और पहेलियाँ आदि।[13] जेरेटुड का मत है, कि फोकलार वह विज्ञान है जिसमें पारंपारिक लोक विश्वास, लोककथा, अंधविश्वास, सूक्ति, संस्कार, प्रथा, खेल, गीत, नृत्य का वर्णन किया गया है। मारिस वारब्यू- इस विद्वान ने सभी के कार्यों सोनार, बढ़ई, मोची, व्यापारी आदि कार्यों में ''फोकलोर' का दर्शन किया है। इस प्रकार के जितने भी क्षेत्र हो सकते हैं वे सभी फोकलोर के अन्तर्गत आते हैं। जान मिश का विचार था कि फोकलोर के अन्तर्गत हमारे समस्त प्राचीन लोकप्रिय, विश्वासों, प्रथाओं और परम्पराओं का समावेश होता है, जो उपेक्षित जनता के बीच आज अवशेष रूप सुरक्षित हैं। इसके साथ ही फोकलोर का क्षेत्र परी कथाओं, पुराण कथाओं, अवदानों अंधविश्वासों, व्रतों, विधिविधानों, परंपरागत खेलों, लोकगीतों, जन-प्रिय सूक्तियों, कला, शिल्प, लोक-नृत्य तथा अन्य ऐसी वस्तुओं तक विस्तृत है।''[14]

जान मिश के अनुसार, ''फोकलोर शास्त्र का क्षेत्र अत्यंत विस्तृत है। मानव जीवन के समस्त क्रिया-कलापों को इन्होंने फोकलोर के अन्तर्गत स्वीकार किया है। लोकगीत तथा लोककथाओं को लेकर लोककला तथा शिल्प भी इसके अन्तर्गत आता है। किंबहुना, लोकविश्वास, उत्सव, संस्कार तथा जीवन के अन्य क्रिया-कलापों का समावेश इनके भीतर माना जाता है।''[15] पाश्चात्य विद्वान जनसाधारण के रीति-रिवाजों, परम्पराओं, अंधविश्वासों, लोक-गाथाओं, जादू, कहानी किस्से जिसकी परम्परा-प्रथा मौखिक ही हुआ करती है, को फोकलोर से सम्बन्धित मानते थे। ये लोग पढ़े-लिखे आभिजात्य वर्ग के शिष्ट लोगों से दूर रहते थे, और इनका खान-पान, रहन-सहन आदि भी अलग ढंग का ही हुआ करता था। ये सर्वथा औपचारिक बंधनों से दूर रहते थे। ये स्वनिर्मित अनुशासन में बंधे रहते थे और इनका रहन-सहन, खान-पान, भाषा-साहित्य एवं जीवनचर्या भी विशेष ढाँचे मे बंधी रहती थी।

(ब) संस्कृति :

शाब्दिक विवेचन : 'संस्कृत' भाषा के सम् उपसर्ग तथा 'कृ' धातु के संयोग से संस्कृति शब्द निष्पन्न हुआ है, जिसका अर्थ सामान्यतः परिष्करण या परिमार्जन की क्रिया अथवा सम्यक् रूपेण निर्माण से है। 'संस्कृति' की तरह ही संस्कृत एवं संस्कार शब्द भी निष्पन्न हुआ है।

संस्कृति व्याकरण के अनुसार, 'सम्' उपसर्ग के आगे कृति अथवा कार शब्द को जोड़ देने पर सम+कृति=संस्कृति तथा सम+कार=संस्कार शब्दों की निष्पत्ति का विधान होता है।''[16] संस्कृत का अर्थ है परिमार्जन किया हुआ, शुद्ध किया हुआ दोषरहित। डॉ. पी.के. के शब्दों में– इसमें परिमार्जन या परिष्कार के अतिरिक्त शिष्टता एवं सौजन्य के भावों का भी समावेश हो जाता है।[17] आज संस्कृति शब्द

का प्रयोग जिन अर्थों में किया जा रहा है प्राचीन काल में इसका अर्थ यह नहीं था। संस्कृत साहित्य में संस्कृति के स्थान पर संस्कार का प्रयोग पाया जाता है। बहुत से विद्वानों ने प्राचीन भारतीय साहित्य में इस शब्द को खोजने का अथक प्रयास किया परन्तु असमर्थ रहे, क्योंकि आज संस्कृति शब्द का प्रयोग जिन अर्थों में किया जा रहा है व अंग्रेजी के कल्चर (Culture) शब्द का समानार्थी है।

(क) संस्कृति शब्द का अर्थ : 'संस्कृत' शब्द 'सम' उपसर्ग 'कृ' धातु से निष्पन्न होता है। संस्कृत व्याकरण के अनुसार सम उपसर्ग के आगे कृति अथवा सम+कार= संस्कार आदि शब्दों की निष्पत्ति का विधान होता है। आप्टे के संस्कृत-अंग्रेजी कोश में संस्कृत-संस्कार, संस्कृति आदि शब्दों की उपलब्धि होती है। संस्कृत शब्द का अर्थ है संस्कार किया हुआ। दोष-त्रुटियों को निकाल कर शुद्ध किया हुआ। इसी प्राकर संस्कार शब्द का अर्थ किसी वस्तु का संशोधन करना उत्तम बना।ना उसका परिष्कार करना।''[18]

आप्टे के कोश में 'संस्कृत' शब्द उपलब्ध नहीं होता। इससे अनुमान किया जा सकता है कि वर्तमान समय में संस्कृत शब्द का प्रयोग जिन अर्थों में किया जा रहा है, प्राचीन काल में इस शब्द का अर्थ यह नहीं था। संस्कृत साहित्य में संस्कृति शब्द के स्थान पर संस्कार और संस्क्रिया शब्दों का ही प्रयोग पाया जाता है। प्रसिद्ध विद्वान पं. मोतीलाल के शब्दों में– संस्कृति शब्द के सम+स+कृति ये मुख्य पूर्व विभाग हैं। इन तीनों विभागों में भी मुख्य समकृति ये दो ही विभाग हैं। पाणिनी के व्याकरण के नियमानुसार 'सम' उपसर्ग के आगे रहने वाले कृति कारादि की अवस्था में सुर का आगम हो जाता है। फलतः संस्कृति और सम-कार आदि विभाग संस्कृति संस्कार आदि शब्दों में परिणित हो जाते हैं।''[19]

''संस्कृति एवं संस्कार सम्बन्धी उपरि निर्दिष्ट शाब्दिक विवेचन के आधार पर यह निश्चित रूप से कहा जा सकता है कि संस्कृत से तात्पर्य संस्कार सम्पन्नता, शुद्धि अथवा व्यक्ति की सुधारी हुई स्थिति से है।''[20] जिस व्यक्ति का जीवन शुद्ध हो, परिष्कृत हो, आचरण शुद्ध हो, जिस व्यक्ति का आचरण, व्यक्तित्व एवं सामाजिक दृष्टि से उपयुक्त हो, उसको सुसंस्कृत कहा जाएगा और किसी भी व्यक्ति में ये सारी विशेषताएँ संस्कारों के ही माध्यम से आती हैं। संस्कृति एवं संस्कार के सम्बन्ध में डॉ. भगवत शरण उपाध्याय का मत उल्लेखनीय है। उसके अनुसार, ''मनुष्य अपनी आदिम अवस्था में संस्कारहीन रहा है और धीरे-धीरे अपने ऊपर प्रतिबंध लगा कर अनुचित को दबाकर उचित को लेकर सुन्दर बना है। व्यक्तिगत रूप में शरीर-मन को शुद्ध कर एक ओर व्यक्तिगत विकास, दूसरी ओर उसका समूह में शिष्ट आचरण, समाज के प्रति उचित व्यवहार उसे संस्कृत बनाना है।''[21]

(ख) संस्कृति की परिभाषा के सम्बन्ध में सभी विद्वान एकमत नहीं हैं। सभी विद्वानों ने अपने-अपने ढंग से इसे परिभाषित करने का प्रयास किया है। संस्कृति को परिभाषित करने के लिए, उसे पूर्ण रूप से समझने के लिए संस्कृति की परम्परा को पूर्ण रूप से जानना अति आवश्यक है। बिना उसकी परम्परा को समझे संस्कृति को ठीक-ठीक समझ पाना आसान नहीं है। संस्कृति की पूरी व्यवस्था की जानकारी करना आवश्यक है।

वस्तुतः सभ्यता और संस्कृति का सम्बन्ध बहुत ही घनिष्ठ है। वैसे इन दोनों का प्रयोग भिन्न अर्थों में किया गया है। दोनों शब्द मनुष्य की उपलब्धियों की ओर इंगित करते हैं। इस सम्बन्ध में विद्वान एक मत नहीं हैं। कुछ विद्वान इन दोनों शब्दों को एक-दूसरे का पर्याय मानते हैं। सुप्रसिद्ध विद्वान नटविज्ञानी टायलर संस्कृति तथा सभ्यता को पर्यायवाची मानते हैं।[22] तो वालिसला मौलिनावस्की उनका अलग-अलग अस्तित्व स्वीकार करते हैं।[23] सुप्रसिद्ध विचारक मैकाइवर के मत से, सभ्यता और संस्कृति पृथक-पृथक हैं। उनके विचार से, यांत्रिक उपयोगिता का क्षेत्र है और सांस्कृतिक व्यवस्था मूल्यों का।''[24] मैकाइवर का यह भी कहना है कि, सभ्यता कई मायनों में संस्कृति के प्रतिकूल भी चली जाती है। जिस तरह से टाइलर ने सभ्यता और संस्कृति को एक-दूसरे का पर्याय माना है, उसी प्रकार हर्सकोटिव भी सभ्यता और संस्कृति को एक-दूसरे का पर्याय मानते हैं। उनका मत है कि संस्कृति के लिए एक शब्द है परम्परा और दूसरा सभ्यता।[25] सुप्रसिद्ध इतिहासकार ट्वायनवी संस्कृति शब्द का प्रयोग ही नहीं पसन्द करते, परन्तु उनका सभ्यता के विषय में जो मत है वह मैकाइवर के मत से सर्वथा विपरीत है। वे सभ्यता और संस्कृति में अन्तर मानते हैं। उनका मत है कि यांत्रिक प्रगति सभ्यता में अवरोध पैदा करती है। यांत्रिक तथा सभ्यता की प्रगति में सहचारिता का अभाव है। इतिहास में ऐसा अक्सर हुआ है कि यांत्रिक उन्नति हो रही है, लेकिन सभ्यता की उन्नतियाँ हो ही नहीं रही हैं, अथवा उसमें अवनति हो रही है।[26]

हम इस बात को निःसंकोच स्वीकार कर सकते हैं कि आज तक संस्कृति की परिभाषा जितने विद्वानों ने दी है, उनमें मैतक्य नहीं है। सभी विद्वानों ने अपने-अपने तरीके से संस्कृति को परिभाषित करने का प्रयास किया है।

(ग) नरविज्ञान का दृष्टिकोण : संस्कृति की परिभाषा के सम्बन्ध में नरविज्ञ ाान का दृष्टिकोण महत्त्वपूर्ण है और यह संस्कृति की सबसे प्राचीन परिभाषा है। टायलर महोदय के शब्दों में, वह (संस्कृति या सभ्यता) जटिल तत्त्व है, जिसमें ज्ञ ाान, नीति, कानून, रीति-रिवाजों तथा दूसरी उन योग्यताओं और आदतों का समावेश है, जिन्हें मनुष्य सामाजिक-प्राणी होने के नाते प्राप्त करता है।''[27] लिंटन ने संस्कृति

को सामाजिक विरासत कहा है।[28] लावी के अनुसार, संस्कृति समस्त सामाजिक परम्परा है।[29] प्रसिद्ध विद्वान हर्स लोटिव भी मनुष्य के सीखे हुए समस्त ज्ञान एवं व्यवहार को संस्कृति मानते हैं। अर्थात वे सब चीजें जो मनुष्य के पास हैं, वे चीजें जो वे करते हैं, और वह सब जो सोचते हैं, संस्कृति है।[30]

संस्कृति की उपर्युक्त परिभाषाएँ यथार्थ अनुभव की अपेक्षा कल्पनात्मक सृजनशीलता के अधिक निकट हैं। भले ही इसका महत्त्व इस सम्बन्ध में स्वीकार न किया जाय, लेकिन इसमें यथार्थ अनुभव के अभाव को घोषित किये बिना नहीं रहा जा सकता। वस्तुतः नरविज्ञान का स्वरूप भी इसके लिए उत्तरदायी नहीं कहा जा सकता। नर विज्ञान एक ऐसा शास्त्र है, जो आदमी और पशु के धरातल को अलग करके उसके सम्पूर्ण समग्रता के साथ समझने का प्रयत्न करता है तथा उसके अनुसार आदमी की सभी तरह की क्रियाओं को अध्ययन का विषय बनाता है। किन्हीं विशिष्ट कार्यों के चुनाव पर इसका बल नहीं है।[31]

क्रेवर ने नर विज्ञान की इसी प्रवृत्ति को देखकर समस्त संस्कृति, समस्त सामग्री, उसके सब विभाग तथा सभी पहलुओं का अध्ययन माना है।[32]

सभ्यता एवं संस्कृति के सम्बन्ध में नर विज्ञान का जो दृष्टिकोण है, नर विज्ञान ने जो अध्ययन प्रस्तुत किया है, वह पूर्ण नहीं है। इसमें सर्वथा यथार्थ अनुभव का अभाव है। नर विज्ञान ने समाजशास्त्री अध्ययन प्रस्तुत किया है, परन्तु उसकी दृष्टि वैज्ञानिक नहीं है। नर विज्ञान ने समाज के विभिन्न अवस्थाओं का इतिहास देकर अपने कर्तव्य की इतिश्री मान लिया। सभ्यता और संस्कृति में समयानुसार परिवर्तन होता रहता है। अतः नर विज्ञान ने संस्कृति एवं सभ्यता के संदर्भ में जो अध्ययन प्रस्तुत किया है, उसमें मूल्यपरक दृष्टि का अभाव है, उसे पूर्ण नहीं माना जा सकता।

संस्कृति को परिभाषित करने से पूर्व उसकी बहिर्मुखी व्याख्या को ध्यान में रखना अति आवश्यक है। संस्कृति के व्यापक स्वरूप के सम्बन्ध में एक प्रसिद्ध विद्वान लेखक का मत इस प्रकार है, संसार भर में जो सर्वोत्तम बातें जानी जाती या कही गयी हैं, उनसे अपने आपको परिचित करना संस्कृति है। एक विद्वान विचारक ने संस्कृति को शारीरिक मानसिकता का दृढ़ीकरण या विकास अथवा उससे उत्पन्न अवस्था कहा है तो किसी ने इसे दृढ़ीकरण या विकास अथवा इसे सभ्यता का भीतर से प्रकाशित हो उठना माना है।[33]

वासुदेव अग्रवाल के शब्द में—संस्कृति मनुष्य के भूत, वर्तमान और भावी जीवन का महत्त्वपूर्ण प्रकार रही है। हमारे जीवन का ढंग हमारी संस्कृति है। संस्कृति हवा में नहीं रहती। उसका मूर्ति+मान रूप रहता है। जीवन के नाना विधि रूपों का

समुदाय संस्कृति है। साहित्य, कला, दर्शन और धर्म से जो मूल्यवान सामग्री हमें मिल सकती है, उसे नये जीवन के लिए ग्रहण करना ही सांस्कृतिक कार्य की उचित दिशा और सच्ची उपयोगिता है।[34]

भगवत शरण उपाध्याय संस्कृति को सामाजिक संदर्भ प्रदान करते हुए लिखते हैं– "संस्कृति का सम्बन्ध सामाजिक जीवन से अधिक है। जब आदमियों का दल-समाज एक ही रीति से कुछ करता है, एक ही विश्वास रखता है, एक ही प्रकार के आदर्श सामने रखता है, अपने पुरखों के कामों को सामान्य रूप से आदर, गर्व और गौरव की चीज समझता है, तब संस्कृति का जन्म होता है। संस्कृति आदमी के सामाजिक जीवन का प्राण है।"[35] पंडित नेहरू के विचार से, संस्कृति का अर्थ मनुष्य का भीतरी विकास और उसकी नैतिक उन्नति है, एक-दूसरे के साथ सद्‌यवहार है और दूसरों को समझने की शक्ति है।"[36] संस्कृति को परिभाषित करने के संदर्भ में श्यामचरण दुबे ने लिखा है कि संस्कृति व्यक्ति सहित जन्म नहीं लेता। शारीरिक विशेषताओं की भाँति संस्कृति प्रजनन के माध्यम से व्यक्ति को नहीं मिलती। सामाजिक जीवन में अनिवार्य संस्कृतीकरण की प्रक्रिया से व्यक्ति उसे ग्रहण करता है। समाज की परम्परा संस्कृति को जीवित रखती है। संस्कृति के अन्तर्गत मानव के अविष्कार, निर्माण-कला, संस्थाएं, सामाजिक संगठन, कला-साहित्य, धर्म, विचार आदि विषय आते हैं। सामाजिक नेतृत्व का उद्‌देश्य अपनी विशिष्ट अध्ययन प्रणाली द्वारा मानव जाति के भिन्न शाखाओं और समूहों की इसी संस्कृति का अध्ययन है।[37] तात्पर्य यह है कि संस्कृति का निर्माण मनुष्य स्वयं करता है, और मनुष्य के अन्दर जन्म से ही ग्रहण करने की योग्यता रहती है। अर्थात् मनुष्य में संस्कृति को निर्मित एवं ग्रहण करने का गुण जन्मजात होता है। संस्कृति का क्षेत्र बहुत व्यापक है। वह सीमित क्षेत्र या किसी व्यक्ति विशेष की धरोहर नहीं है। संस्कृति मानव के उन कार्यों से सम्बन्धित है, जो कार्य व्यक्ति पूरे मानव समुदाय के लिए करता है। उससे उसको व्यक्तिगत हानि या लाभ से कोई विशेष सरोकार नहीं रहता है। सभ्यता समाज का बाह्य व्यवसाय है, तो संस्कृति मनुष्य का आंतरिक विकास है। संस्कृति का सम्बन्ध मनुष्य के उन कार्यों से है, जिनका उसके व्यक्तिगत हानि-लाभ से कम से कम सम्बन्ध है। इसकी जगह उन कार्यों का सम्बन्ध व्यापक से व्यापकतर क्षेत्र के लोगों के साथ होता है। तात्पर्प यह है कि जब आप अपने लिए कोई कार्य करते हैं, तो वह सांस्कृतिक कार्य के अन्तर्गत नहीं गिना जा सकता। सांस्कृतिक कार्य तो वह होगा जिसे आप अधिक लोगों के लिए करें।[38]

2. वाच्यार्थ तथा तत्सम्बन्धी प्राचीन निर्देश : 'सम' उपसर्ग तथा 'कृ' धातु के संयोग से संस्कृति शब्द की निष्पति हुई है। इस सम्बन्ध में और भी स्पष्ट

परिभाषा प्रसिद्ध विद्वान पं. मोतीलाल के शब्दों में– "संस्कृति शब्द के सम्-स-कृति ये मुख्य पूर्व विभाग हैं। इन तीन विभागों में भी मुख्य सम्-स-कृति ये दो ही विभाग हैं। पाणिनीय व्याकरण के नियमानुसार 'सम' उपसर्ग के आगे रहने वाले कृति कारादि की अवस्था में सुर का आगम हो जाता है। और समकार आदि विभाग संस्कृति संस्कार आदि शब्दों में परिणित हो जाते हैं।[39] आप्टे के संस्कृत इंग्लिश शब्द कोश में 'संस्कृत' धातु तथा उससे बने हुए संस्कार संस्कृति संखिया आदि शब्दों का उल्लेख है, किन्तु संस्कृति का उल्लेख न होने के कारण आचार्य बलदेव प्रसाद मिश्र का यह मत है कि 'संस्कृति' कल्चर के अर्थ का द्योतन करने के लिए आधुनिक काल में गढ़ लिया गया शब्द है।[40] डॉ. मिश्र का यह निष्कर्ष अब प्रामाणिक सामग्री की उपलब्धि के कारण सही प्रतीत होता है। यद्यपि यह अवश्य है कि संस्कृत साहित्य में उसका बहुत कम प्रयोग हुआ है। जहाँ तक इन पंक्तियों के लेखक को ज्ञात हो सका है, उसके अनुसार वाजसेनयि संहिता, ऐतरेय ब्राह्मण, ताण्डय् महाब्राह्मण, ऐतरेय आरण्यक, छांदोग्योपनिशद तथा प्रबंध-प्रकाश आदि प्राचीन संस्कृत ग्रन्थों में यह शब्द प्रयुक्त हुआ है।[41]

सर मोनियर विलियम्स (Sir Monier Williams) के संस्कृत अंग्रेजी शब्दकोश में उपयुक्त प्राचीन उल्लेखों के आधार पर संस्कृति का अर्थ है तैयार करना, रचना या कृति संस्कार द्वारा पवित्र करना, संकल्प तथा प्रयत्न द्वारा कार्य की सम्पन्नता।[42] डॉ. मंगलदेव शास्त्री ने 'छांदोग्योपनिषद' तथा प्रबन्ध 'प्रकाश' के जो उद्धरण 'भारतीय संस्कृति का विकास वैदिक धारा' शीर्षक ग्रन्थ में प्रस्तुत किया है, उसके अनुसार किसी देश या समाज के विभिन्न जीवन व्यापारों या सामाजिक संबंधों में मानवता की दृष्टि से प्रेरणा प्रदान करने वाले आदर्शों को ही संस्कृति कहते हैं तथा समस्त सामाजिक की समाप्ति संस्कृति में ही होती है। विभिन्न सभ्यताओं का उत्कर्ष भी संस्कृति द्वारा नापा जाता है तथा उसी के द्वारा लोगों को संगठित किया जाता है। इसीलिए संस्कृति के आधार पर ही विभिन्न धर्मों, संप्रदायों तथा आचारों का समन्वय किया जा सकता है। पं. मोतीलाल शर्मा के ग्रन्थ में वैदिक साहित्य के जो अवतरण प्रस्तुत किये गये हैं। उसके अनुसार, "संस्कृति से वैदिक देवताओं के रूप में दैवी कृतित्व के अर्थ का बोध होता है।"[43] संस्कृति के व्यावहारिक अर्थ को समझने के लिए उससे मिलते-जुलते शब्द संस्क्रिया, संस्कार तथा संस्कृत आदि पर विचार कर लेना अनिवार्य है। संस्कृति की ही भाँति 'सम' तथा 'कृ' धातु के संयोग से निष्पन्न उपर्युक्त शब्द वस्तुतः अपने व्यावहारिक अर्थों में एक-दूसरे के सन्निकट ही हैं। शब्दार्थ के अनुसार संस्कृति से संस्कृत की गयी, सुधारी हुई अथवा सुसंस्कार सम्पन्न अवस्था का संक्षेप में बोध होता है।[44] संस्क्रिया से तात्पर्य उक्त अवस्था की

क्रिया से है।''[45] अतः दोनों शब्दों में कार्य-कारण का सम्बन्ध है। कोई मूलभूत अन्तर नहीं है।

शब्दार्थ की दृष्टि से संस्कार का अर्थ संक्षेप में संशोधन करना, उत्तम बनाना, पवित्र तथा परिष्कार करना है।[46] इन्हीं संस्कारों की क्रिया द्वारा उत्तम या परिष्कृत की हुई कृति या संस्कृत शब्द के अर्थ का द्योतन करती है।[47] इस शब्द के दो अर्थ आज अत्यधिक प्रचलित है– एक तो संस्कृत भाषा तथा दूसरे सुसंस्कार सम्पन्न अवस्था। संस्कृत भाषा के उक्त नाम की सार्थकता इसी कारण है। वह वैयाकरणों अथवा भाषाशास्त्रियों द्वारा सुसंस्कृत की गयी थी। जिसका निश्चित रूप आज भी इतने दीर्घकाल से निरन्तर व्यवहृत होता आ रहा है।[48]

"भारतीय मनीषी के अनुसार सम्पूर्ण मानव-जीवन की सम्यक् व्यवस्था के लिए सोलह संस्कारों की योजना की गयी है।''[49] संस्कार उस तत्त्व का नाम है, जिससे मानव के दोषों का परिमार्जन होता है। दोष मार्जन के अनन्तर स्वच्छ, पवित्र, निर्मल बन जाने वाले मानवीय शरीर, मन, बुद्धि, भूतात्मा पर्वो में अमुक अतिशय वैशिष्ट्य का आधान होता है। सवन्ति में इसी संस्कार विशेष से मानव की क्षति की पूर्ति हो जाती है। जिसके बिना मानव अपूर्ण बना रहता है।[50] परिष्कृत करना, चाहे वह वनस्पति सम्बन्धी हो या धातु हो अपने आरम्भिक अवस्था में उतना शुद्ध नहीं रहती है। इस सम्बन्ध में भवगत शरण उपाध्याय का मत इस प्रकार है– "मनुष्य भी अपनी आदिम अवस्था में संस्कारहीन रहा है, और धीरे-धीरे अपने ऊपर प्रतिबंध लगाकर, अनुचित को दबाकर, उचित को लेकर ही सुन्दर बना है। व्यक्ति रूप में शरीर, मन को शुद्ध कर एक ओर व्यक्तिगत विकास तो दूसरी ओर उसका समूह में शिष्ट आचरण, समाज के प्रति उचित व्यवहार उसे संस्कृत बनाता है।''[51]

संस्कृत एवं संस्कार के सम्बन्ध में उपर्युक्त शाब्दिक विवेचन के आधार पर यह निष्कर्ष निकाला जा सकता है– संस्कृति से तात्पर्य है, संस्कार-शुद्धता मानव की सुधारी हुई स्थिति। अतः आचरण सम्बन्धी शुद्धता व्यक्तिगत तथा सामाजिक जीवन दोनों ही दृष्टियों से उपयुक्त हो, वही व्यक्ति संस्कृत कहा जा सकता है। व्यक्ति में यह सब गुण संस्कार के ही माध्यम से आते हैं परन्तु व्यक्ति की संस्कार सम्पन्नता यहीं तक सीमित नहीं है। इस सम्बन्ध में आचार्य बलदेव प्रसाद मिश्र का मत है– संस्कारों द्वारा संबलित संस्कृति में शोधन अथवा साधना की भावना प्रधान है और वह भी नैतिकता की किन्तु आध्यात्मिकता को आधारशिला मानती है।''[52] इसे पूर्ण रूप से समझने के लिए संस्कारों के व्यापक स्वरूप को जान लेना आवश्यक है। भारतीय विद्वानों एवं तत्ववेत्ताओं ने जीवन के प्रति आध्यात्मिक दृष्टि अपनाया है और संस्कारों को ही मानव जीवन का वास्तविक निर्माता माना है। इसी कारण प्राचीन

वाङ्मय में स्थान-स्थान पर उनकी ही महिमा का वर्णन किया है।[53] भारत की प्राचीन समाज व्यवस्था के वर्ण-धर्म के अनुसार, द्विज संस्कारों द्वारा ही अपने सही वर्ण में प्रवेश करता है। वह द्विज कहलाना भी इसी कारण था कि एक बार माता के उदर से जन्म लेकर, तदंतर संस्कारों द्वारा पवित्र होकर उसी प्रकार द्विजन्म होता था। अंडे से पक्षी बनकर विहंगगण द्विज कहलाते हैं। भारतीय दृष्टि कोण के अनुसार, वे भौतिक जीवन की लघु सीमा तक ही अवस्थित नहीं रहते अपितु मनुष्य के अन्तर्जीवन में प्रविष्ट होकर जन्म जन्मान्तर तक अपना अधिकार क्षेत्र बनाये हुए हैं। क्योंकि उन्हीं के आधार पर व्यक्ति के आचार-विचार तथा व्यवहार बनते हैं। समाज शास्त्र के आधुनिक दृष्टिकोण के अनुसार, मनुष्य जो कुछ है वह वंशानुक्रमण (Heriditary) तथा परिस्थिति (Environment) का ही परिणाम है।[54] अत: वंशपरम्परा में माता-पिता से शिशु को जो शारीरिक या मानसिक संस्कार जन्म से मिलता है और उसके ऊपर बाह्य वातावरण या परिस्थिति का जो संस्कार पड़ता है, दोनों के मिलने से मनुष्य बनता है।

संस्कृति तथा उससे मिलते-जुलते शब्द संस्कार आदि का जो शाब्दिक विवेचन किया गया है और साथ ही उसका व्यावहारिक अर्थ स्पष्ट करने का प्रयास किया गया है, उसके आधार पर संस्कारों की प्रक्रिया द्वारा संचालित में डॉ. बलदेव प्रसाद मिश्र की परिभाषा महत्त्वपूर्ण है। उनके शब्दों में–संस्कृति में मानव जीवन के विचार, उच्चार का संशुद्धिकरण अथवा परिमार्जन है। वह मानव समाज की परिमार्जित रुचि और प्रवृत्ति पुंज का नाम है।[55]

3. पाश्चात्य विद्वानों की संस्कृति विषयक अवधारणा (संस्कृति तथा कल्चर) : आज 'संस्कृति' शब्द के लिए अंग्रेजी के 'कल्चर' शब्द का प्रयोग हो रहा है। इस सम्बन्ध में पाश्चात्य विद्वानों ने जो परिभाषाएँ प्रस्तुत की है जो अवधारणाएँ हैं, उसका बहुत बड़ा संकलन ए. एल. क्रोकर द्वारा प्रकाश में लाया जा चुका है। इस सम्बन्ध में सबसे पहले तत्सम्बन्धी अवधारणाओं के ऐतिहासिक विकासक्रम का अध्ययन करना आवश्यक है।

'कल्चर' शब्द केवल कृषि-कार्य सम्बन्धी तात्पर्य का ही द्योतक था तथा मध्यकालीन यूरोपिय विचारधारा में उन्हीं तात्पर्यों के बोधक 'कल्टीवेशन' तथा 'एग्रिकल्चर जैसे शब्दों का पयार्य ही समझा जाता रहा है। सत्रहवीं सदी के प्रारम्भ में सुप्रसिद्ध विचारक वेकन द्वारा पहले-पहल यह नये अर्थ में प्रयुक्त हुआ तथा तदनुसार अपने व्यापक अर्थ में मानव के नैतिक जीवन, धार्मिक जीवन तथा बौद्धिक जीवन सभी से सम्बन्धित हुआ।[56] आगे चलकर अठारहवीं शताब्दी में वाउवे नार्ग्स (Vavvnargues) तथा वाल्तेयर (Valtaiser) नामक फ्रांस के दो विचारकों ने इसे उक्त अवस्था का

द्योतक माना जो मन:प्रवृत्तियों के शिक्षण तथा संशोधन के परिणाम से उत्पन्न होती है।[57] इस अवधारणा के कारण शीघ्र ही यह शब्द शिक्षित व्यक्ति के उपलब्धियों के अर्थ में प्रयुक्त होने लगा और उत्तम आचार, साहित्य, कलाएँ तथा विज्ञान आदि विषय 'कल्चर' कहे जाने लगे, जिनका आधार शिक्षा माना गया। इन विद्वानों द्वारा प्रस्तुत किया गया संस्कृति का उपर्युक्त तात्पर्य अनेक वर्षों पश्चात् सन् 1805 ई. के लगभग लोकप्रियता प्राप्त कर सका जिसका श्रेय प्रधानत: मैथ्यू आर्नल्ड को है।[58]

मैथ्यू आर्नल्ड ने अपनी संस्कृति विषयक अवधारणा को जिन दो शब्दों के माध्यम से प्रकट किया है, वे हैं– जीवनगत परिपूर्णता तथा उसका सौन्दर्य एवं प्रकाश।[59] उनका मत है कि "मानव प्रकृति की उपर्युक्त परिपूर्णता ही जीवनगत सौन्दर्य तथा प्रकाश है, तथा संस्कृति मशीनरी से परे दृष्टिकोण रखती एवं विद्वेषात्मक प्रवृत्तियों की विरोधनी बनकर उक्त सौन्दर्य तथा प्रकाश की ही उत्कंठा रखती है।"[60] इसके स्पष्टीकरण के लिए आर्नल्ड ने उसे धर्म की अनन्त शक्ति, विज्ञता तथा सौन्दर्य प्राप्त कराना आदि आदर्शों तक व्यक्ति को पहुँचाने का एकमात्र साधन माना है।[61] इस अवधारणा के अनुसार, व्यक्ति समाज से अलग रहकर उक्त परिपूर्णता को प्राप्त नहीं कर सकती। यदि वह अपने परिपूर्णता के अभियान में दूसरों को अपने साथ लेकर नहीं चलता, केवल निजी विकास में ही लगा रहता है, तो उसे उक्त परिपूर्णता की आंशिक उपलब्धि ही प्राप्त होगी। अत: यह एक सामाजिक भाव है तथा सांस्कृतिक मनुष्य समानता के सच्चे देवदूत हैं। संस्कृति के अनुसार, महान व्यक्ति वही है, जो कठिन, दुसाध्य, असाधारण, संस्कृति, आसाधरण ज्ञान, सर्वोत्तम को सर्व सुलभ बनाते हैं।

मैथ्यू आर्नल्ड की जो संस्कृति विषयक अवधारणा है, उसमें तीन तथ्य मुख्य है।[62] "वह मनुष्य को पाशव वृत्तियों से अलग करनेवाली है और पूर्ण की प्रतिष्ठा करती है।"[63] वह भौतिक विकास के साथ व्यक्ति का मानसिक विकास करती है तथा मानव प्रकृति को सुन्दरतम बनाती है।"[64] व्यक्ति के अन्दर सामाजिक भावना पैदा करके उसे लोक कल्याण के पथ पर अग्रसर करती है।

संस्कृति सम्बन्धी जो अवधारणा मैथ्यू आर्नल्ड की है, उसी से मिलती-जुलती लगभग उसी के समय जर्मनी में संस्कृति सम्बन्धी अवधारणा का विकास हुआ है। इस पर दृष्टि डाल लेना आवश्यक है।

यह उल्लेखनीय है कि मैथ्यू आर्नल्ड की संस्कृति विषयक अवधारणा अंग्रेजी साहित्य के लिए नवीन भले ही हो परन्तु जर्मनी में उक्त तात्पर्य की प्रतिष्ठा ई. सन की अठारहवीं शती के अंतिम चरण में ही हो चुकी थी। इस समय के जर्मन विद्वान हर्डन (Herden) ने जिस तात्पर्य की प्रतिष्ठा की थी, वह फिलिप बैग्बी (Phillip Bagby)

के विचार से आर्नल्ड की अपेक्षाकृत वर्तमान प्रयोग के अधिक निकटवर्ती है।[65] तो भी हर्डर (Herder) ने इसको व्यक्ति के मानसिक, औद्योगिक-विकास के द्योतन तक ही सीमित रखा था जो आगे चलकर (19वीं सदी तक) लगभग अग्राह्य सा हो गया।[66] यह उल्लेखनीय है कि उक्त जर्मन शब्द–कल्चर (Culture) जब सत्रहवीं शती के अन्तिम भाग में पहले-पहल प्रकाश में आया था तो उसका तात्पर्य अठारहवीं शती में प्रतिष्ठित हर्डर की अवधारणा से बिल्कुल भिन्न, व्यक्ति के मानसिक तथा मुख्यत: नैतिक आध्यात्मिक विकास अर्थों का द्योतक था।[67] आगे चलकर 18वीं शती के उतरार्द्ध में हर्डर ने जैसा कि पूर्ववर्ती विवेचन से प्रकट है, उसमें भौतिक तथा मानसिक दोनों पक्षों को सम्मिलित कर दिया। जर्मनी में कांट (Kant) तथा हीगेल (Hegal) के दार्शनिक विवेचनों ने एक ओर अठारहवीं शताब्दी के उत्तरार्द्ध में प्रतिष्ठित कल्चर सम्बन्धी अवधारणा को बिल्कुल छोड़ दिया।[68] इसे इस प्रकार कहा जा सकता है कि संस्कृति टाईलर द्वारा निर्दिष्ट सामाजिक उद्भूत न होकर प्रत्येक वस्तु का मूल स्रोत है, तथा मानवीय जीवन विज्ञान (Human-Biology) मनोविज्ञान अथवा मानवसमाज इसमें से एक भी शास्त्र स्वतंत्र रूप से उसकी यथार्थता की व्याख्या के लिए असमर्थ है।''[69]

2. टाइलर का मत है कि समाज के सदस्य के रूप में अवस्थित व्यक्ति ही उसे उपलब्ध करता है, तथा संस्कृति के समस्त उपादानों का एक शक्तिशाली स्रोत मानव, उसके उद्भव तथा विकास के दृष्टिकोण से इन प्राणियों की तुलना में अद्वितीय सामर्थ्य प्राणी है।[70] प्रोफेसर लेस्ली के मतानुसार, सत्-असत्, नैतिकता-अनैतिकता एवं उत्कृष्टता आदि कितनी ही बातों का विवेक, वस्तुओं तथा घटनाओं का मूल्यांकन, भौतिक जगत् से परे अदृश्य शक्तियों के प्रति विश्वास तथा उनकी सिद्धी के प्रयास आदि अनेक ऐसी बातें हैं, जिन्हें आज तक मानवेतर प्राणियों में सम्भवत: प्रमाणित नहीं किया जा सकता है। जिन्हें वह नितान्त समाज सापेक्ष प्राणी नहीं, प्रत्युत समाज-व्यवस्था का नियामक भी स्वीकृत कर चुका है।''[71] फिर भी व्यक्ति, संस्कृति तथा समाज की अभिन्नता के सम्बन्ध में लेस्ली के साथ ही क्लूकोहम काबेर तथा डॉ. पिंडिंगटन एकमत हैं।[72] अस्तित्व के साथ संस्कृति के अस्तित्व-ग्रहण का श्रीगणेश माना जाना चाहिए। इसके सम्बन्ध में कोबर (A.L. Kober) की यह मान्यता कि "मानव की सार्थकता संस्कृति के कारण ही है।''[73] इसे पूर्ण रूप से स्पष्ट प्रो. लेस्ली (Prof. Laslie A Urhite) द्वारा की गयी इस घोषणा से मिलती है कि "मनुष्य तथा संस्कृति का उद्गम साथ हुआ है।''[74]

3. टाइलर की उपर्युक्त अवधारणा के उत्तर में डॉ. मजूमदार ने अनेक दार्शनिकों तथा समाजशास्त्रियों का उल्लेख करते हुए उनकी तुलना के पश्चात् जो निष्कर्ष

प्रस्तुत किये हैं, उसके अनुसार संस्कृति सामाजिक उपलब्धि ही नहीं प्रत्युत नैतिक, आध्यात्मिक तथा मानसिक उपलब्धि भी है।''[75]

4. समाज के विश्व कोशकार के मत से, सामाजिक व्यवस्था को संस्कृति के अंग के रूप में रखे बिना नहीं जाना जा सकता, जबकि मानव के कार्य-कलाप, विचार तथा विश्वास मिल सकते हैं तथा उसके फलस्वरूप तुलनात्मक व्याख्या के साधन बनाये जा सकते हैं। अत: उपर्युक्त विवरण से ज्ञात होता है कि संस्कृति समाज के लिए बाह्य नहीं है

5. कोबर के अनुसार, ''समाज सहायक अंग के रूप में संस्कृति से सम्बन्धित रहता है तथा उसके साथ ही संस्कृति का वाहक भी है, किन्तु दूसरे प्राणियों के साथ मानव की तुलना करने से ज्ञात होता है कि उनमें से कुछ समाज में किसी न किसी रूप में अवस्थित होते हुए भी वे संस्कृतिविहीन हैं।''[76] उन्हीं के शब्दों में– अभिव्यक्तियों की तुलना में संस्कृत ही मानव वैशिष्ट्य के निर्धारण में अधिक समर्थ है।

पाश्चात्य विद्वानों ने संस्कृति के विषय में अपने जो विचार व्यक्त किये हैं अथवा जो परिभाषाएँ दी हैं संस्कृति के सम्बन्ध में उनकी जो अवधारणाएँ हैं, उसका क्षेत्र बहुत व्यापक है।

पाश्चात्य विद्वानों ने संस्कृति की तुलना अन्य विषयों से करते हुए इसका विस्तृत विवेचन किया है। इन विद्वानों के विचार एक-दूसरे विद्वानों से काफी हद तक मिलते हैं। प्राय: सभी विद्वानों ने जिन विषयों को तुलना का लक्ष्य बनाया उनमें सभ्यता एवं राष्ट्रीयता मुख्य है। इसके अतिरिक्त कुछ मनीषियों ने तुलना में धर्म को भी स्थान दिया।

प्राय: सभी मानव शास्त्रियों ने संस्कृति के उद्देश्य तथा कार्य का विस्तृत विवेचन प्रस्तुत किया तथा उसके व्यावहारिक स्वरूप का भी उद्घाटन किया, ''उन्होंने मानव में अन्तर्भूत उपरिनिर्दिष्ट संस्कृति के अर्जन से सम्बन्धित विलक्षण सामर्थ्य के संदर्भ में निजी अस्तित्व के रक्षणार्थ तथा उक्त वैशिष्ट्य के अनुसार उसके द्वारा अपनाये गये व्यवहार-समष्टि की व्याख्याएँ प्रस्तुत की हैं।''[77] भौतिक परिवेश के बीच मानव के तदनुरूप व्यवहारों का विकास तो टाइलर से लेकर आज तक के प्राय: सभी विद्वानों का प्रतिपाद्य रहा है। किन्तु नवीन अध्ययन के उपर्युक्त वैशिष्ट्य को पृष्ठभूमि में रखकर जहाँ उसे अधिक साधार एवं प्रमाण पुष्ट बनाया है, वहीं उनके कारण संस्कृति के स्थूल तथा सूक्ष्म दोनों ही प्रकार के उपादनों पर भी प्रकाश पड़ा है। इस तरह के अध्ययन को केन्द्र बनाकर जो विवेचन हुआ है, इस प्रकार है–

प्रो. लेस्ली ए. व्हाइट (Leslie A. White) के मत से– ''मानव के सामर्थ्य एवं योग्यता के प्रयोग ने संस्कृति को जन्म दे कर चिरस्थाई बनाया है तथा इस

अवधारणा को उन्हीं के शब्दों में इस स्पष्टीकरण द्वारा प्रमाणित किया जा सकता है कि संस्कृति अपने उपादानों के संयुक्त रूप द्वारा अभिव्यक्त हुई है।''[78] उन्होंने इन उपादानों को चार भागों में बाँटा है जिसके मतानुसार, मानव प्राणी के रूप में अवस्थित व्यक्ति की समस्त आस्थाएँ या विश्वास, ज्ञान तथा दर्शन प्रथम वर्ग में, सामाजिक जीवन के बीच स्थिति व्यक्ति के आचार-व्यवहार तथा कार्य अर्थात् रीति-रिवाज, प्रथाएँ, सामाजिक नियम, कानून तथा निर्वैयक्तिक व्यवहारों की समस्त प्रतिक्रिया आदि सामाजिक उपादान द्वितीय वर्ग में तथा मानव समाज की अनुभूतियों, रुचियों एवं उद्गारों की अभिव्यक्तियाँ तृतीय वर्ग के अन्तर्गत आती हैं। सांस्कृतिक उपादानों के चतुर्थ वर्ग में सभी साधन आ जाते हैं, जिनका निर्माण तथा प्रयोग मनुष्य अपने भौतिक जीवन को सुखी तथा समृद्ध बनाने के लिए करता है।

उपर्युक्त विवरण को आधार बनाकर कहा जा सकता है कि इन चारों उपकरणों के केन्द्र में मनुष्य है और संस्कृति संक्षेप में अन्तरभूत मानव क्षमताओं की अभिव्यक्ति है, परन्तु इस विवेचन मात्र से संस्कृति के स्वरूप का पूर्ण निरूपण नहीं होता। साथ ही साथ संस्कृति मानव जीवन को निरापद एवं चिरस्थाई बनाने के उद्देश्य से अभिव्यक्त होने वाली संस्कृति के मूल में तत्सम्बन्धी अभिव्यक्ति के कारण रूप में स्थिति अस्तित्व रक्षण की मूलभूत समस्या है, जो मानव के सामने प्रारम्भ से ही उपस्थिति है। इसको ध्यान में रखकर विचार करने वाले विद्वानों में कोबर, प्रो. लेस्ली, तथा डॉ. एडविन सेलिगमैन प्रभृति विद्वानों के नाम विशेषत: उल्लेखनीय हैं। इस विषय में दो मत नहीं हो सकता कि इस संसार के भौतिक परिवेश में जन्म लेनेवाला मनुष्य केवल अपने शारीरिक अवयव के आधार पर ही जीवित नहीं रह सकता है। इसे जिन्दा रहने के लिए अन्य वस्तुओं की आवश्यकता होती है, जिसके अभाव में न उसका जीवन सुखी एवं समृद्धशाली बन सकता और न ही जीवित रह सकता है। जिस तरह व्यक्ति के जीवन में भोजन एवं पौष्टिक पदार्थों की आवश्यकता होती है, उसी तरह एडविन सेलिगमन के शब्दों में– ''प्राकृतिक शक्तियों, इतर प्राणियों तथा उसी वर्ग के मानव प्राणियों की ओर से भी खतरे सम्भव है।''[79] इसके अतिरिक्त भी मनुष्य के जीवन में अनेकों कठिनाइयाँ आती हैं। सबसे पहले मनुष्य अपने शरीर के पोषण के लिए पौष्टिक आहार अथवा खाद्य-सामग्री की व्यवस्था तथा अपने रहने के लिए आवास की व्यवस्था करता है। गर्मी-सर्दी आदि से शरीर की सुरक्षा के लिए वस्त्र तथा हिंसक पशुओं से अपनी रक्षा करने के लिए अस्त्र-शस्त्र का निर्माण करता है। प्रो. लेस्ली के शब्दों में, यह व्यवहार समष्टि संस्कृति का ही प्रतिरूप है।

यह सत्य है कि मनुष्य को अपना जीवन सुखी बनाने के लिए सहयोग की आवश्यकता होती है। मनुष्य अपने को प्राकृतिक शक्तियों के बीच असहाय पाता

है। उसे अन्य सहयोगियों की आवश्यकता का अनुभव होता है। इसी से प्रेरित होकर मनुष्य सामूहिक जीवन व्यतीत करता है। इस सम्बन्ध में प्रो. लेस्ली के शब्दों में– "भौतिक परिवेश की प्राकृतिक शक्तियों के बीच मानव की समुचित व्यवस्था तथा उसके नियंत्रण के निमित्त मानव के प्रभावी व्यवहार को जाग्रत एवं रक्षित रखने के लिए भी सामाजिक व्यवस्था आवश्यक है।"[80] सामूहिक जीवन के बीच उक्त व्यवस्था के साथ-साथ सह अस्तित्व तथा सहयोग के लिए कुछ सामाजिक, नैतिक नियम तथा व्यवस्थाएँ स्वत: आविर्भूत होती हैं, जिनके फलस्वरूप परिवार, वंश-परम्परा, स्थानीय तथा औद्योगिक संगठन आदि विविध समाजिक संस्थाओं, संगठनों एवं साथ ही सामाजिक सिद्धांतों, जीवनगत मूल्यों, लोक विश्वासों, जीवन-दर्शन, रहन-सहन की पद्धतियों, अनेक प्रकार के ज्ञान-विज्ञान और इन सबकी अभिव्यक्ति के लिए भाषा इत्यादि कितने ही सांस्कृतिक उपादानों का विकास स्वभावत: क्रमश: होता जाता है।"[81] इससे ज्ञात होता है कि संस्कृति का कार्य उपर्युक्त आवश्यकता की पूर्ति के लिए मानव द्वारा अपनाये गये व्यक्तिगत तथा सामाजिक व्यवहारपुंजों का समायोजन है। कहना न होगा कि इस समायोजन में वह एक ओर मानव को भौतिक परिवेश से संबद्ध करती है तथा दूसरी ओर मनुष्य को मनुष्य से, और इस कारण ऐसे महत्त्वपूर्ण तत्वों को भी अपनी व्यापक परिधि में समाविष्ट करती जाती है, जो मानव के व्यक्तिगत जीवन को व्यवस्थित, उज्जवल तथा उत्कृष्ट बनाते हैं।

उपर्युक्त व्यवहार समष्टि को डॉ. पिंडिंगटन तथा एडविन सेलिगमैन ने, मानव द्वारा निर्मित कृत्रिम परिवेश की संज्ञा दी है, जिसके मतानुसार जीवन सत्यासत्य के लिए जन्म, समय प्राप्त भौतिक परिवेश के बीच एक नूतन तथा कृत्रिम परिवेश की सृष्टि द्वारा मानव प्राथमिक परिवेष्टन में परिवर्तन लाता है तथा यह नव-निर्माण बाह्य जगत, जिसमें भौतिक परिवेश अन्य मानव प्राणी सम्मिलित हैं, के साथ उसके सर्वविध सम्बन्धों के कारण होता है। जहाँ नये परिवेश से उनका तात्पर्य सांस्कृतिक उपादानों के विकास से है।

सांस्कृतिक उपादानों के अस्तित्व ग्रहण में व्यक्तिगत तथा सामाजिक दोनों ही प्रकार के जीवन का हाथ है। इस विवरण को प्रो. लेस्ली ने मानव जीवन के वैशिष्ट्य के आधार पर प्रकाशित करते हुए इस तरह प्रस्तुत किया है–"मानव-जीवन व्यक्तिगत तथा सामूहिक दोनों ही धाराओं में प्रवाहित रहता है तथा संस्कृति का कार्य है–मानव प्राणियों को उसके लिए समायोजित करना।

उपर्युक्त विवरण से स्पष्ट होता है कि विद्वानों ने संस्कृति का उद्देश्य एवं कार्य जीवन की आवश्यकताओं की पूर्ति के रूप में प्रस्तुत किया है। मुख्य रूप से इस सम्बन्ध में प्रो. लेस्ली एवं डॉ. पिंडिंगटन का विवेचन उल्लेखनीय है। ये

आवश्यकताएँ इस प्रकार हैं– (1) बाह्य तथा भौतिक जीवन से सम्बन्धित एवं (2) आंतिक तथा अन्र्तावृत्तियों से सम्बन्धित संस्कृति का कार्य तथा उद्‌देश्य इससे सम्बन्धित सभी आवश्यकताओं को संतुष्ट करना है, जिसके लिए वह उपर्युक्त प्रकार के समायोजन द्वारा व्यवहार समष्टि का निर्माण करती अथवा अपने घटकावयवों के माध्यम से अभिव्यक्त होती है।

4. संस्कारों द्वारा संस्कृति का अर्जन : कोई भी मनुष्य जन्म से वे सारे गुण लेकर उत्पन्न नहीं होता, जिसकी आवश्यकता उसे समाज में रहने के लिए होती है। वह जन्म से ही सुसंस्कृत नहीं होता है। जब वह समाज के संपर्क में आता है, तो उसमें मानवता के गुणों का विकास होता है तथा वह समाज से शिक्षा ग्रहण करता है और जन्म से लेकर मृत्यु तक सामाजिक सम्पर्क के साथ-साथ सांस्कृतिक गुणों का अर्जन करता है। मनुष्य के व्यक्तित्व के विकास में संस्कारों का अत्यंत महत्त्वपूर्ण स्थान है। प्रत्येक व्यक्ति का व्यवहार वैयक्तिक अनुभव तथा समाज से प्राप्त संस्कारों पर निर्भर करता है। जन्म के समय उसमें मानवता के गुणों का पूर्ण विकास नहीं होता किन्तु सामाजिक संपर्क के साथ-साथ वह संस्कृति के गुणों का अर्जन मृत्युपर्यन्त करता जाता है। संस्कारों के महत्त्व के विचार से, मनुष्य के व्यक्तित्व के विकास में संस्कारों का सर्वप्रथम स्थान है। ये मानव जीवन के प्रगति के पथ में सोपान के समान हैं और क्रम से उसे अधिक ऊँचा उठाते जाते हैं।''[82] आरम्भ में मनुष्य अपनी सुरक्षा के लिए परिवार पर आश्रित रहता था और संस्कारों का अर्जन समाज द्वारा करता था। व्यावहारिकता की शिक्षा मनुष्य समाज द्वारा ही प्राप्त करता था। मनुष्य व्यवहार सीखने के लिए समाज पर आधारित रहता है। परन्तु केवल समाज से ही संस्कार नहीं ग्रहण करता, समाज से ग्रहण करने के साथ ही वह अपने जीवनगत आदर्शों से प्रेरित होकर स्वयं भी व्यवहार बनाता है। प्रसिद्ध इतिहासकार गिबन ने इस सम्बन्ध में अपना मत व्यक्त किया। उनके मतानुसार– ''प्रत्येक व्यक्ति दो प्रकार से शिक्षा ग्रहण करता है। एक तो वह दूसरों से प्राप्त करता है और दूसरी जो उससे भी अधिक महत्त्वपूर्ण है, वह उसकी स्वानुभूति है।''[83] व्यक्ति के व्यक्तित्व के निर्माण में समाज का बहुत बड़ा हाथ होता है। व्यक्ति कुछ तो समाज से सीखता है और शेष तथा अपने अनुभव से सीखता है। ''व्यक्ति के निर्माण में समाज का बहुत बड़ा हाथ है, परन्तु यह भी देखा जाता है, कई बार व्यक्ति जिन आदर्शों तथा व्यवहारों से प्रेरित होता है, उन्हें स्वानुभूत कर आत्मसंस्कार की पद्धति द्वारा ऐसे व्यक्तित्व का स्वयं निर्माण कर लेता है, जिसका स्तर सम्बन्धित समाज अथवा उसकी सांस्कृतिक अवस्था का प्रतिष्ठापक होता है, भले ही उसने प्रारम्भ में जीवनगत व्यवहारों तथा आदर्शों को समाज से प्राप्त किया है।''[84] अत:

व्यक्ति के व्यक्तित्व के निर्माण में सामाजिक संस्कारों का महत्त्वपूर्ण योगदान होने के साथ-साथ उससे अधिक महत्त्वपूर्ण संस्कार है।[85] मनुष्य द्वारा संस्कार अर्जन को दो वर्गों में विभक्त किया जा सकता है–

1. वे संस्कार जिन्हें व्यक्ति अपने अनुभव से ग्रहण करता है और अपने जीवनगत आदर्शों से प्रेरित होकर वह समाज में अपना स्थान बनाता है।
2. वे संस्कार, जिन्हें मनुष्य समाज से अर्जित करता है। इन्हें सामाजिक संस्कार कहा जाएगा।

आत्मगत संस्कार : उपर्युक्त विवरण में आत्मगत संस्कारों के महत्त्व पर प्रकाश डाला गया है। चीन के महात्मा कन्फ्यूशियस के मतानुसार– "आत्म संस्कार में ही मनुष्य को सम्पूर्ण शक्ति लगाना चाहिए। यह विचार भी एक प्रकार से आत्मगत संस्कार की ही ओर हमें प्रेरित करता है। पुरातत्व शास्त्री प्रो. लेस्ली के साथ मानसिक, व्यावहारिक विकास की मान्यता में शारीरिक तथा मानसिक संस्कारों का स्वत: अर्जन किसी न किसी रूप में स्वीकार किया है।[86] आत्मगत संस्कारों को व्यक्ति के जीवन के दृष्टिकोण से 6 वर्गों में लिया जा सकता है– 1. कायिक, 2. मानसिक 3. भावगत 4. नैतिक, 5. परम्परागत और 6. आध्यात्मिक। परम्परागत संस्कार को सामाजिक संस्कारों की कोटि में रखा जा सकता है।

1. कायिक संस्कार या शरीर सम्बन्धी संस्कार : व्यक्ति शरीर के ही माध्यम से कोई भी कार्य सुगमता से कर सकता है। मानव का शरीर स्वस्थ रहना अति अनिवार्य है, क्योंकि स्वस्थ शरीर में ही स्वस्थ्य मन एवं ऊँचे विचार का होना स्वाभाविक है। यदि मनुष्य शरीर से स्वस्थ्य नहीं रहेगा तो उसका स्वभाव चिड़चिड़ा हो जाएगा, उसके मन में हमेशा भय, चिन्ता एवं निराशा की भावना बनी रहेगी। डॉ. मदन गोपाल गुप्त के शब्दों में– "शारीरिक स्वरूप एवं अस्वस्थता का प्रभाव व्यक्ति के मन पर भी पड़ता है। एक अस्वस्थ व्यक्ति का स्वभाव प्राय: चिड़िचिड़ा, निराश तथा भयातुर हो जाता है, जिसका जीवन पर भी स्थायी प्रभाव पड़ सकता है। इसके लिए स्वास्थ्य रक्षा के लिए समान नियम ही काम नहीं देते अपितु विशेष प्रकार का कायिक उपचार भी करना पड़ता है।"[87] आसन तथा प्राणायाम का कायिक संस्कारों के अन्तर्गत उल्लेखनीय महत्त्व है। इन्हें भारतीय संस्कृति के अन्तर्गत उच्चतर स्थान प्राप्त है, क्योंकि उसके अनुसार इनके द्वारा शारीरिक शुद्धता के अतिरिक्त उससे भी अधिक महत्त्वपूर्ण आध्यात्मिक साधना से सहायता मिलती है।"[88] अत: व्यक्ति के शारीरिक विकास एवं स्वास्थ के लिए उचित नियमों का पालन अनिवार्य है। केवल अच्छे एवं स्वादिष्ट भोजन से शरीर स्वस्थ नहीं रहता, उसके लिए व्यायाम एवं अन्य नियमों का भी पालन करना चाहिए। प्राचीन उल्लेखों के आधार पर प्रस्तुत किया गया

डॉ. राजवली पाण्डेय के इस कथन में क़ायिक संस्कारों का महत्त्व स्पष्ट किया गया है, "आत्मा के सुदृढ़ निवास स्थान के लिए शरीर को उत्तम बनाने के लिए (प्राचीन भारत में) सम्पूर्ण शारीरिक संस्कार भी आवश्यक समझा जाता था।"[89]

2. मनोगत संस्कार : मनुष्य ज्ञानेन्द्रियों के माध्यम से संस्कार ग्रहण करता है। हम लोग जो भी देखते हैं, सुनते हैं, उसका हमारे मन पर प्रभाव पड़ता है और उससे हम सीखते हैं, संस्कार ग्रहण करते हैं। संस्कृति के पाश्चात्य विद्वान प्रो. लेस्ली (Prof. Leslie A. White) ने जीवन संग्राम में भौतिक आवश्यकताओं के अतिरिक्त साहस, प्रेरणा, आशा, आकांक्षा जैसी मनोवृत्तियों की आंतरिक आवश्यकताएँ मानकर उनकी पूर्ति का साधन, पौराणिक आख्यान आदि को बतलाया है जो उनके अनुसार, सांस्कृतिक युक्तियों के रूप में मानव की सहायता करते हैं।"[90] प्राय: देखा जाता है, किसी देश या समाज के पतन तथा निराशा काल में अदम्य साहसी तथा अपने जीवनदर्शी से समाज को प्रेरित करने वाले व्यक्तियों के उदाहरण मिलते हैं। यह निर्विवाद है कि ऐसी स्थिति में उन्होंने उच्च वृत्तियों के असामान्य रूप की उपलब्धि में स्वमेव प्रयास किये होंगे। व्यक्ति के विकास के आधार मन-मस्तिष्क में होने के कारण उत्कृष्टता की प्राप्ति के लिए इनका संस्कार आवश्यक मान कर हमारे देश में ज्ञान को सर्वोपरि पवित्र माना गया था।"[91] बौद्धिक विकास तक ही व्यक्ति को सीमित न करके अध्ययन को ही नहीं, बल्कि स्वाध्याय अर्थात् उत्तम ग्रन्थों के पठन एवं मनन को कार्यक्रमों में विधेय ठहराया था।[92] इसके साथ ही उसमें प्रमाद न करने की चेतावनी दी थी।[93] मानसिक संस्कार से व्यक्ति के अन्दर बुद्धि का विकास होता है, उसे अपने कर्तव्य पालन का ज्ञान होता है।

3. भावगत-संस्कार : भावगत संस्कार के अन्तर्गत मन की वे सब प्रवृत्तियाँ आती हैं, जिसमें बुद्धि की प्रधानता नहीं रहती, व्यक्ति के अन्दर भावना की प्रधानता रहती है। हम कोई भी घटना या दृश्य देखते हैं, या कोई मार्मिक दृश्य– किसी का हँसना, रोना, गाना, संगीत या कोई कलाकृत देखते हैं, तो हमारे मन पर एक विशेष प्रकार का प्रभाव पड़ता है, और भावोद्वेग की स्थिति निर्मित हो जाती है। किसी को दुखी देखकर आँखों में आँसू आ जाना और खुशी देखकर प्रसन्न हो जाना, यह स्थिति भावगत संस्कार की निर्मात्री है। व्यावहारिक क्षेत्र में यह भावनात्मक प्रवृत्ति दिखाई पड़ती है। उदाहरण के लिए यदि हम किसी व्यक्ति को कष्टग्रस्त देखते हैं, जैसे पानी में डूबते हुए या आग से घिरे हुए तो अपने प्राणों की बाजी लगाकर उसकी रक्षा करने का प्रयत्न करते हैं। अत: भागवत संस्कार में बुद्धि का विशेष योग न होकर भावना की प्रधानता रहती है।

4. नैतिक-संस्कार : समाज विज्ञान कोश के अनुसार, जीवन मूल्यों तथा

आदर्शों की अनुभूतियों से सम्बन्धित नैतिक भावना व्यक्ति को समाज में वर्तमान सांस्कृतिक उपकरणों के माध्यम से मिलती है तथा वह व्यक्ति को यहाँ तक अनुप्राणित कर देती है कि उसके लिए सुख-दुख को ही नहीं, वरन मृत्यु तक की परवाह नहीं करता।[94] नैतिकता व्यक्ति को जन्म से मिलती है। इन्हीं संस्कारों के परिणाम स्वरूप व्यक्ति किसी अन्य के ऊपर होते हुए अत्याचार को नहीं देख पाता, यदि कोई व्यक्ति किसी सज्जन व्यक्ति के साथ नीच व्यवहार करता है, तो सह नही पाता।

5. आध्यात्मिक-संस्कार : प्रो. लेस्ली के शब्दों में, ''मानव के भोजन तथा अन्य रक्षात्मक साधन, जीवनगत आवश्यकताओं की दृष्टिकोण से जितने सत्य हैं, उतनी आध्यात्मिक आवश्यकताओं की सत्यता भी असंदिग्ध है और जीवन संग्राम में सफलता प्राप्त करने के लिए इन आवश्यकताओं की पूर्ति आवश्यक है।''[95] इसके साथ ही उन्होंने अपना मत व्यक्त किया है कि– ''सांस्कृतिक युक्तियाँ इसके लिए व्यक्ति को दिव्य शक्तियों का साहचर्य उसी प्रकार प्राप्त करती हैं जिस प्रकार वह समाज के अन्य व्यक्तियों के साथ।'' प्रसिद्ध दार्शनिक डॉ. राधा कृष्णन के शब्दों में, ''सर्वोच्च चिंतक वे हैं, जिन्होंने जीवनगत रहस्य को स्वीकार कर यह संतोष कर लिया है कि मानव सर्वज्ञ नहीं है। विश्व विविध रूपों में भासमान है, वह अपने में पूर्ण नहीं है। वह किसी दूसरी चीज पर निर्भर है और वह है ब्रह्म। विश्व प्रकृति का मार्ग लोगों के मन में छाई भावना व संस्कार द्वारा नहीं, बल्कि शाश्वत नियमों द्वारा निर्धारित होता है। सूर्य दिन में आकाश को प्राप्त करता है और चंद्रमा रात में। ऋतुएँ, धूप और छाया रूप में पृथ्वी पर चुपचाप क्रम से आती हैं। यह सब इसलिए होता है क्योंकि उससे बड़ी कोई शक्ति उनका पथ-प्रदर्शन करती है।''[96] भारतीय तत्वचिन्ता के सर्वोत्कृष्ट प्रतीक उपनिषदों ने आत्मा को ईश्वर का अंश घोषित करके उसके साक्षात्कार अथवा अपने आपको पहचानने पर बल दिया है।[97] प्राय: सभी दार्शनिकों एवं विश्व के सभी आध्यात्मिक विभूतियों ने अपने जीवन का उद्‌देश्य भौतिक सुखों की उपलब्धि नहीं माना। उन्होंने ईश्वर की प्राप्ति तथा शाश्वत व्यक्ति के सामीप्य-लाभ को ही जीवन का परम उद्‌देश्य माना है।

अत: व्यक्ति समाज से संस्कारों को ग्रहण करता है। बालक पहले माता-पिता का अनुकरण करता है, फिर जब उसका सम्बन्ध इस विशाल समुदाय से होता है, तो उससे संस्कारों का अर्जन करता है, वह जन्म से लेकर मृत्यु तक सीखता रहता है।

6. संस्कृति के स्तर : व्यक्ति जिस स्तर तक पशुओं के जीवन तथा व्यवहार से अपना जीवन तथा व्यवहार विकसित करता है, उस स्तर तक वह संस्कृत कहा जाता है।[98] इस विशाल मानव समाज में अलग-अलग तरह के लोग हैं और उनके सांस्कृतिक स्तर भी भिन्न-भिन्न हैं। ''एक व्यक्ति का सांस्कृति स्तर वही हो सकता है

या होता है, जहाँ तक वह निर्वैक्तिक होकर सृजन प्रवृत्त होता हुआ जीवन निर्वाह की दिशा में प्रयत्नशील होता है। इस प्रकार सांस्कृतिक स्तरों में प्रौढ़ता के निर्णय में प्रमुखत: निर्वेयक्तिकता की मात्रा पर ही विचार अपेक्षित है।''[99] इसके साथ ही साथ उन बातों पर विचार करना अनिवार्य है, जो व्यक्ति की चेतना को प्रभावित करती हैं। उसके सृजनात्मक होने का अर्थ यह नहीं है कि व्यक्ति सत्य से टूट ही जाय। संस्कृत व्यक्ति असंस्कृत व्यक्ति की अपेक्षा अधिक सत्य से जुड़ा रहता है। कवि या कलाकार की मुक्त भावाभिव्यक्ति उसकी कल्पना असत्य से नहीं है, बल्कि कलाकार के कल्पना या मुक्त भावाभिव्यक्ति का आशय यथार्थ के किसी क्षण के उद्घाटन से जुड़ा होता है। यथार्थ का क्षेत्र अपने आप में बड़ा विशाल होता है और इसका चिंतन बड़े-बड़े वैज्ञानिकों में ही पाया जाता है। प्राय: व्यक्ति यथार्थ का पूर्ण अनुभव नहीं कर पाता, उसके कुछ ही अंशों का अनुभव कर पाता है– परन्तु वह सम्पूर्ण यथार्थ नहीं है। यथार्थ का अंग मात्र है, इसलिए उसकी अनुभूति को काल्पनिक नहीं कहा जा सकता। एक कलाकार की रचना प्रक्रिया यथार्थ बोध से ही होती है। वह यथार्थ में रहकर ही अपनी रचना का निर्माण करता है। एक कलाकार के लिए आवश्यक है कि वह अपनी दृष्टि यथार्थ पर केन्द्रित रखे। यदि कलाकार ऐसा नहीं करता तो उसकी रचना में वह गहराई नहीं आ पाती है, वह स्तरहीन और छिछले रूप में सामने आती है। कवि या कलाकार यथार्थ से जितनी गहराई के साथ जुड़ा होगा, उसकी सृजन शक्ति उतनी ही पौढ़ होगी।

इसे हिन्दी एवं विश्व उपन्यास साहित्य के विकास-प्रक्रिया से समझ सकते हैं। इस साहित्य विधा के विकास की दिशा अधिक अयथार्थ की ओर रही। अविश्वसनीय तथा काल्पनिक कथाएँ, जैसे अलिफलैला, कादम्बरी, दस कुमार चरित आदि। नितान्त यथार्थ घटनाओं से जुड़ा है जैसे माँ (गोर्की) गोदान (प्रेमचंद)। प्रारम्भ में उपन्यासों में नितांत अलौकिक एवं अविश्वसनीय तत्वों का जैसे जादू, टोना आदि खुलकर उपन्यासकारों ने प्रयोग किया। इनका मुख्य उद्देश्य था– पाठक की उत्सुकता जगाने एवं चमत्कृत करना जो काव्य का विशिष्ट गुण है। परन्तु आधुनिक उपन्यासों में यथार्थ लौकिक एवं विश्वसनीय घटनाओं का वर्णन हुआ है, आरम्भिक उपन्यासों में चामत्कारिक एवं अलौकिक घटनाओं का समावेश हुआ है। इसका उद्देश्य सिर्फ मनोरंजन एवं पाठक की उत्सुकता जगाने के लिए है। ''लेकिन क्या इतने विविध स्तरों पर सृजनशील और परिवर्तनशील जीवन में उत्सुकता के लिए कोई बात नहीं है। क्या जीवन की इस रहस्यमयता में कम उत्सुकता है कि अलौकिक संदर्भों द्वारा हम उसकी पूर्ति करें। वस्तुत: देखा जाए तो जीवन अक्षय भंडार है। अत: जीवन की यथार्थता से बढ़कर औत्सुक्य पूर्ण विषय की हम कल्पना नहीं कर सकते।''[100]

आज का युग भौतिकवादी, बुद्धिवादी युग है। पहले जैसा अंधविश्वास अब नहीं रहा। आज का युग हर वस्तु के लिए प्रामाणिकता की माँग करता है। आज के युग में हर वस्तु की परीक्षा की जाती है, तर्क की कसौटी पर वह कसी जाती है, और जिस वस्तु की परीक्षा न की जा सके उसे आज का युग स्वीकार नहीं करता। आज के युग में बौद्धिकता की प्रधानता है, जो बात तर्क की कसौटी पर खरी नहीं उतरती, उसे स्वीकार नहीं किया जाता। "यही तार्किक बौद्धिकता की कसौटी सांस्कृतिक प्रौढ़ता की प्रतिमान कही जा सकती है। सांस्कृतिक चेतना का प्रसार यथार्थ के अन्तर्गत ही होता है। वह यथार्थ से भागकर कल्पना को ग्रहण नहीं करती। सांस्कृतिक क्रियाओं में कल्पना के जिन रूपों को ग्रहण किया जाता है, उसका उद्देश्य यथार्थ की वास्तविक रचना का उद्घाटन ही है, यथार्थ को नकारना या विकृत करना नहीं है।"[101]

विभिन्न सांस्कृतिक स्तरों के निर्धारण में एक बात और महत्त्वपूर्ण है, वह है मनुष्य का अपने ऐतिहासिक संदर्भों से पूर्णतः परिचित होना। एक सुसंस्कृत व्यक्ति के आदर्श-विचार बहुत कुछ उसकी ऐतिहासिक चेतना द्वारा ही निर्मित होते हैं। एक संस्कृत व्यक्ति समस्त अनुभूतियों को जो सम्पूर्ण मानव जाति ने अपनी विचारात्मक एवं कलात्मक सृष्टियों में सजों रखा है, उसे पूर्णरूप से आत्मसात् कर लेना चाहता है। वह कोई भी अनुभव छोड़ना नहीं चाहता। उसके अनुभव का मुख्य विषय ऐतिहासिक यथार्थ होता है, परन्तु वह धार्मिक या दार्शनिक तत्त्व को बहिष्कृत नहीं करता। "मनुष्य के पारस्परिक सम्बन्धों को प्रभावित करने वाली शक्तियों से इतिहास न केवल हमारा परिचय कराता है, बल्कि हमारे सम्मुख मानवता के चरम लक्ष्य की समस्या भी प्रस्तुत करता है। विभिन्न कालों में विभिन्न युगों में आदमी की उपलब्धियाँ क्या रही हैं, वह अपने व्यक्ति को कहाँ तक, किस ऊँचाई तक उठा सका है– इन सबकी जानकारी हमें इतिहास के अध्ययन से ही प्राप्त होती है।

संस्कृति की विशेषताएँ : भारतीय संस्कृति अत्यन्त प्राचीन है। विश्व संस्कृति में भारतीय संस्कृति का अत्यन्त महत्त्वपूर्ण स्थान है। हमारे ऋषियों-मुनियों एवं विद्वानों द्वारा स्थापित भारतीय संस्कृति की विशालता मात्र पुस्तकों की शोभा बनकर रह गयी। हमारे देश की संस्कृति ने पूरे विश्व को प्रभावित किया है। हमारे देश की संस्कृति का सबसे बड़ा गुण है– समन्वय की भावना। उसने अन्य संस्कृतियों के उन तत्वों को ग्रहण किया जो ग्रहण करने योग्य थीं। संस्कृति का सबसे बड़ा गुण है विश्व कल्याण की भावना, जो भारतीय संस्कृति की सबसे बड़ी विशेषता है। डॉ. बलदेव प्रसाद मिश्र के शब्दों में, "राष्ट्रीयता सामूहिकता की एक भावना है, जिसका निर्माण विशेषतः राजनैतिक कारणों से हुआ करता है। इसके निर्माण में कुछ भौगोलिक

इकाइयाँ काम करती हैं और कुछ ऐतिहासिक इकाइयी। संस्कृति भी सामूहिकता की एक भावना लेकर चलती है, परन्तु उसका निर्माण राजनैतिक कारणों से नहीं किन्तु उस समूह अथवा लोक या समाज के कल्याण के हेतु व्यक्ति के आन्तरिक उन्नयन का भाव लेकर होता है। इसलिए वह राष्ट्रीयता की सीमा लाँघ कर अन्तरराष्ट्रीय भी हो जाया करती है। संस्कृति विश्व मानव कल्याण की वस्तु है, अतएव उसमें राष्ट्रीयता की संकीर्णता नहीं हो सकती है।''[102]

संस्कृति की सबसे बड़ी विशेषता समन्वयात्मकता है। जब अलग-अलग देशों की संस्कृतियाँ एक दूसरे के समीप आती हैं, तो वे एक-दूसरे की अच्छाइयों को आत्मसात करती हैं, न कि संघर्ष करती हैं। इतिहास से पन्नों पर ज्ञात होता है, कि एक देश दूसरे देश से पारस्परिक सम्बन्ध स्थापित करके, एक दूसरे से ज्ञान-विज्ञान, कला, दर्शन, साहित्य आदि से लाभ उठाया। भारत में दूसरे देश के निवासी आये और अपनी संस्कृति की छाप छोड़ गये विदेशों के दार्शनिकों ने भी इस देश के ज्ञान-विज्ञान को ग्रहण किया और भारतीय भी विदेशी सभ्यता, रहन-सहन, खान-पान एवं वेशभूषा को अपनाये। अंग्रेजों के सम्पर्क में आने के पश्चात् भारतीयों ने अंग्रेजी संस्कृति एवं सभ्यता को अपनाया। संस्कृति में संकीर्णता जैसी भावना नहीं होती। संस्कृति ने हमेशा संकीर्णता की भावना से ऊपर उठकर मानवता का विकास किया है। वह विश्व कल्याण एवं लोक मंगल की भावना से पूरित रहती है। संस्कृति के सम्बन्ध में प्रसिद्ध विद्वान स्वामी राघवाचार्य के शब्दों में, ''संस्कृति ही मानव-जीवन की शक्ति, प्रगतिशील साधनाओं की विमल-विभूति, राष्ट्रीय आदर्शों की गौरवमयी मर्यादा और स्वतंत्रता की वास्तविक प्रतिष्ठा है।''[103]

भारतीय संस्कृति जिन मूलभूत तत्वों एवं जिन आदर्शों पर आधारित है, वे तत्त्व हैं– अध्यात्मिकता, लोकमंगल की भावना, जीवन का लक्ष्य है– मोक्ष, आदर्श समाज-व्यवस्था, चारित्रिक शुद्धता, पवित्रता एवं अमृत्व। प्रसिद्ध विचारक श्री अरविन्द के मतानुसार, ''अन्य संस्कृतियों से इसकी भिन्नता का मूलभूत कारण भारतीय संस्कृति का आध्यात्मिक उद्‌देश्य है, जो उसमें बाहर से दिखनेवाली जीवनगत बाह्य भिन्नताओं में मौलिक एकता प्रदान करती है।''[104]

हमारे देश की संस्कृति ने बाहर के अस्थाई तत्त्वों को नहीं ग्रहण किया, समयानुसार इसमें परिवर्तन एवं विकास होता रहा। हमारे देश की संस्कृति विश्व संस्कृति में अद्वितीय है। हमारे धर्मशास्त्रियों, दार्शनिकों एवं ऋषियों-मुनियों ने जिन आदर्शों एवं नियमों की प्रतिष्ठा की, वे आज भी अक्षुण्य हैं।

भारतीय संस्कृति की मुख्य विशेषता अध्यात्मिकता है। हमारे यहाँ के ऋषियों-मुनियों ने आध्यात्मिकता को विशेष महत्त्व दिया, परन्तु साथ ही साथ भौतिकता को भी महत्त्व दिया। इस सम्बन्ध में महान विचारक महर्षि अरविन्द के शब्दों में, ''भारत

सदैव भौतिक नियमों तथा शक्तियों की महत्ता की ओर सचेष्ट रहकर भौतिक विज्ञानों के विकास की ओर उत्कट दृष्टिकोण अपनाता रहा एवं सामान्य व्यवस्था के जीवन की कला से भली-भाँति परिचित रहा है, परन्तु उसके साथ ही उसने यह भी साक्षात्कृत किया है कि अधि भौतिक शक्ति पर अधिष्ठित हुए बिना भौतिक यथार्थता की परिपूर्णता सम्भव नहीं है। उसके पीछे प्रक्षिप्त तथा मानव के अन्तर्गत भी अन्य ऐसी शक्तियाँ वर्तमान हैं जिससे प्राय: अपरिचित आत्मशक्ति के बहुत छोटे से अंश से ही परिचित है तथा उसके सहित यह समस्त दृश्यमान एवं शान्त जगत उक्त अदृश्य एवं अनन्त शक्ति द्वारा आबद्ध है। मनुष्य के जीवन में आध्यात्मिकता का महत्त्वपूर्ण स्थान है, जब तक उसे आत्मज्ञान नहीं हो जाता, तब तक उसका जीवन एवं उसके जीवन का चरम उद्देश्य पूर्ण नहीं होता। हमारे मनीषियों ने मानव जीवन का चरम लक्ष्य माना है– मोक्ष यानी मुक्ति। और मोक्ष बिना के आत्मज्ञान सम्भव नहीं है। भौतिक जीवन व्यतीत करते हुए और जन कल्याण करते हुए व्यक्ति के जीवन का चरम लक्ष्य मोक्ष है। हमारे देश में ऐसे महापुरुष उत्पन्न हुए हैं, जिन्होंने मोक्ष प्राप्ति के लिए आध्यात्मिक जीवन को अधिक महत्त्व दिया और उस सर्वशक्तिमान को जानने उस और ज्योति पुंज के दर्शन के लिए सारा राज्य, धन दौलत छोड़कर जन-जीवन से बहुत दूर एकान्त में जाकर आत्म ज्ञान प्राप्त किया तथा जनता को उपदेश दिया। आज भी उनकी अमृतवाणी की मधुर धारा जन-जीवन में प्रवाहित हो रही है। उनके दिए हुए उपदेश जन-जन में गूँज रहे हैं। ऐसे महापुरुषों में कबीर, तुलसी, नानक, रामदास, स्वामी विवेकानन्द, रामकृष्ण परमहंस, और महात्मा गाँधी का नाम लिया जा सकता है। इन महापुरुषों ने अध्यात्म साधना द्वारा अनन्त की सत्ता के साक्षात्कार के कारण भारतीय संस्कृति में अनेकता में एकता तथा बाह्य विभिन्नता में अन्तर्वर्णी अभिन्नता का दर्शन किया और इस कारण उनका यह विश्वास रहा है कि एक ही सत्य को मनीषियों ने विविध प्रकार से व्यक्त किया है।

लोक-संस्कृति : प्राचीन भारतीय साहित्य का अध्ययन करने पर ज्ञात होता है कि प्राचीन काल से भारतीय संस्कृति की पृथक-पृथक दो धाराएँ रही हैं–

1. शिष्ट संस्कृति और 2. लोक संस्कृति।

1. शिष्ट-संस्कृति : शिष्ट संस्कृति का अभिप्राय उस वर्ग की संस्कृति से है जो ज्ञान के स्तर पर जनसामान्य से ऊँचे रहते थे। इनका बौद्धिक विकास अपनी चरम सीमा पर पहुँचा हुआ था।

2. लोक संस्कृति से अभिप्राय जनसामान्य से है, जिसकी संस्कृति का स्रोत जन से निकली हुई थी। वे लोक ज्ञान के स्तर पर शिष्ट जनों से निम्न और कृत्रिमता से सर्वथा दूर रहते थे। इस सम्बन्ध में डॉ. बलदेव प्रसाद मिश्र का कथन द्रष्टव्य है–

"लोक संस्कृति शिष्ट संस्कृति की सहायक होती है, किसी देश के धार्मिक विश्वासों, अनुष्ठानों तथा क्रिया-कलापों के पूर्ण परिचय के लिए दोनों संस्कृतियों में परस्पर सहयोग अपेक्षित रहता है। इस दृष्टि से अथर्ववेद, ऋग्वेद का पूरक है। ये दोनों संहिताएँ दो विभिन्न संस्कृतियों के स्वरूप की परिचारिकाएँ हैं। यदि अथर्ववेद लोक-संस्कृति का परिचायक है तो ऋग्वेद शिष्ट संस्कृति का दर्पण है। अथर्ववेद के विचारों का धरातल सामान्य जन-जीवन है तो ऋगवेद का विशिष्ट जन-जीवन है।

फोकलोर की अवधारणा और लोक संस्कृति : फोकलोर दो शब्दों से मिलकर बना है- 1. फोक और 2. लोर। फोक (Folk) शब्द की व्युतपत्ति रेंग्लो ऐक्सन शब्द फोल्क (Folc) से मानी जाती है। डॉ. बार्कर ने 'फोक' शब्द की व्याख्या की है। उन्होंने लिखा है– 'फोक' शब्द से सभ्यता से दूर रहने वाली किसी पूरी जाति का बोध होता है। परन्तु यदि इसको विस्तृत अर्थ में लिया जाए तो किसी सुसंस्कृत राष्ट्र के सभी लोग इस नाम से पुकारे जा सकते हैं। लेकिन 'फोकलोर' के संदर्भ में 'फोक' शब्द का अर्थ 'असंस्कृत' लोग हैं। अंग्रेजी के फोक शब्द के लिए इसी अर्थ में हिन्दी में 'लोक' शब्द का प्रयोग किया जा सकता है।

लोर शब्द ऐंग्लो सैक्सन 'लर' (Laur) शब्द से बना है। लोर शब्द का अर्थ 'नालेज' ज्ञान अथवा लर्निंग (विद्या) है। अत: फोक लोर का अर्थ है– सामान्य जनता का ज्ञान। अर्थात् सर्वसाधारण का ज्ञान फोकलोर है। इस तरह साधारण जनता के ज्ञान, रीति-रिवाज विधि-विधान, विश्वास, प्रथा, परम्परा, क्रिया-कलाप और लोक साहित्य, गीत, कथा, नाट्य सभी विषय 'फोकलोर' के अन्तर्गत आते हैं।

सर्व साधारण जनता के रहन-सहन, रीति-रिवाज, प्रथा परम्परा आदि के अध्ययन की ओर सर्वप्रथम यूरोपीय विद्वानों का ध्यान आकृष्ट हुआ। सर्वप्रथम जान आब्रे ने आज से तीन सौ वर्ष पूर्व सन् 1687 में 'रिमेन्स ऑफ जेंटिलिज्म ऐंड जुडाइज्म' नामक पुस्तक लिखी थी। इसके लगभग दो सौ वर्ष पश्चात जे. ब्रैंड ने पुस्तक लिखी 'आब्जर्वेशन' आन पापुलर ऐंटीक्विटीज'। इसका प्रकाशन सन् 1877 ई. में हुआ। यह उनकी प्रसिद्ध पुस्तक है। 19वीं शताब्दी के पूर्वार्द्ध तक जन-जीवन का अनुशीलन करनेवाले शास्त्र को पापुलर ऐंटीक्विटीज के नाम से पुकारा जाता था। सन् 1946 ई. में इंग्लैंड के प्रसिद्ध पुरातत्ववेत्ता विलियम जान यामत ने 'फोकलोर' शब्द का निर्माण किया।"[105] यह शब्द काफी लोकप्रिय हुआ। यूरोप में प्राय: सभी भाषाओं में इसका प्रयोग किया जाने लगा और इसका अध्ययन प्रारम्भ हो गया है।

पं. रामनरेश त्रिपाठी ने 'फोक' शब्द के लिए 'ग्राम' शब्द पर अधिक जोर दिया है।"[106] इसी आधार पर उन्होंने 'फोक सांग' का हिन्दी में ग्राम गीत स्वीकार किया है। परन्तु 'ग्राम' शब्द 'लोक' के भाव को व्यक्त करने में नितान्त असमर्थ है। 'ग्राम'

शब्द 'लोक' शब्द की विशालता को संकुचित कर देता है, क्योंकि ग्राम शब्द से सिर्फ गाँव का बोध होता है। चूँकि लोकसत्ता नगर एवं ग्राम दोनों में समान रूप से विद्यमान है। आज गाँव के कितने सारे लोग महानगरों में निवास कर रहे हैं। वे लोकगीत गाकर अपना मनोरंजन करते हैं। उनके गीतों को 'ग्राम गीत' नहीं कहा जा सकता है।

'जन' शब्द में सभी प्राणियों का समावेश किया जा सकता है। वेदों में सामान्य जनता के लिए इस शब्द का प्रयोग उपलब्ध होता है। इससे सम्बन्धित 'जनपद' 'जनप्रवाह' आदि शब्द प्रचलित हैं। परन्तु 'लोक' शब्द की एक परम्परा है, इसका विशेष अर्थ है। अन्य दोनों शब्दों की अपेक्षा यह 'फोक' के अधिक समीप भी है। अत: 'लोक' शब्द का ग्रहण ही समीचीन है।''[107]

डॉ. वासुदेवशरण अग्रवाल ने 'फोकलोर' शब्द के लिए हिन्दी शब्द 'लोकवार्ता' का प्रयोग किया है। उन्होंने यह शब्द सम्प्रदाय में प्रचलित 'चौरासी वैष्णवों को वार्ता' तथा 'दो सौ बावन वैष्णवों की वार्ता' आदि ग्रन्थों के 'वार्ता' शब्द के आधार पर किया है।''[140] परन्तु इस शब्द को ग्रहण करने में अनेक आपत्तियाँ दिखाई पड़ती हैं। प्रथम तो यह शब्द पर्याप्त नहीं प्रतीत होता। 'लोकवार्ता' शब्द में अधिक से अधिक लोककथा या लोकचर्चा का भाव वहन करने की क्षमता है। इसके अतिरिक्त लोकवार्ता शब्द संस्कृत में एक अन्य अर्थ में भी प्रयुक्त हुआ है। संस्कृत के कोशों में इसका अर्थ प्रवाद, अफवाह या किंवदंती दिया गया है।''[109] संस्कृत के सुप्रसिद्ध कोशकार वामन शिवराम आप्टे ने अपने कोश में 'लोकवार्ता' का अर्थ लोकप्रिय सूचना (पापुलर रिपोर्ट) या सार्वजनिक अफवाह (पब्लिक ट्यूगइ) दिया है। सर मोनियर विलियम्स की संस्कृत डिक्शनरी में भी 'वार्ता' शब्द का अर्थ आप्टे के समान ही मिलता है। इस प्रकार संस्कृत के कोशों में 'वार्ता' शब्द का प्रयोग कहीं भी 'ज्ञान' या 'लोर' के अर्थ में नहीं किया गया है। अत: डॉ. अग्रवाल के लोक वार्ता शब्द में आप्त दोष होने के कारण इसे ग्रहण नहीं किया जा सकता।''[110]

डॉ. सुनीत कुमार चटर्जी ने 'फोकलोर' के लिए 'लोकायन' शब्द प्रयुक्त करने का सुझाव दिया है।''[111]

इन्होंने इस शब्द का निर्माण हीन या महायान शब्दों के अनुकरण पर किया है। उपर्युक्त शब्द बौद्ध धर्म के एक विशिष्ट सम्प्रदाय का द्योतक है और धार्मिक जगत से सम्बन्ध रखता है। हीनयान तथा वज्रयान शब्द धर्म से सम्बन्धित होने के कारण इसी अर्थ में रुढ़ बन गये हैं। अत: इनके अनुकरण पर ज्यों ही 'लोकयान' शब्द बनाया जाएगा। जन साधारण के धर्म का तो बोध हो सकता है, परन्तु उसके रहन-सहन, रीति-रिवाज, अंधविश्वास, परम्परा तथा प्रथाओं का बोध नहीं हो सकता।

अतः अव्याप्ति दोष से युक्त होने के कारण इस शब्द को भी स्वीकार करना अक्षम है। कुछ विद्वानों ने 'लोकायन' शब्द की ओर भी संकेत किया है।"[112] इस शब्द की व्युत्पत्ति सभ्य अर्थ 'लोक' की गति है। परन्तु यह फोकलोर के विस्तृत तथा व्यापक अर्थ को घोषित करने में समर्थ नहीं है। अतः इस शब्द को पूर्ण रूप से ग्रहण नहीं किया जा सकता।

'फोकलोर' के सम्बन्ध में सभी विद्वानों ने अपने-अपने ढंग से अपने मत व्यक्त किये हैं। अनेक विद्वानों ने अलग-अलग रूप बतलाए हैं। कुछ विद्वानों ने संस्कृति के अध्ययन को ही 'फोकलोर' का क्षेत्र माना है। येरिया लीच ने 'डिक्शनरी ऑफ फोकलोर : गाइथोलोजी एण्ड लीजेण्ड' नामक एक अत्यंत उपयोगी पुस्तक की रचना की तथा उस पुस्तक का संपादन दो वृहद भागों में किया। इस प्रसिद्ध पुस्तक में विश्व के महान फोकलोर के विद्वानों के मतों का विवरण है। इन विद्वानों की संख्या लगभग बीस से अधिक है। कुछ प्रसिद्ध विद्वानों के मत निम्नलिखित हैं–

1. 'फोकलोर' शब्द के निर्माण करने वाले विद्वान विलियम टाइम्स अपना मत व्यक्त करते हुए लिखते हैं– यह जनता के रीति-रिवाज, प्रथा, विधि-विधान, अंध विश्वास, लोकगाथा और लोकोक्ति आदि से सम्बन्धित है।

2. विलयम वास्कम ने लिखा है–"'फोकलोर' का सम्बन्ध पुराण गाथाअवदान, लोककथा के अनुसार फोकलोर का अध्ययन क्षेत्र प्रथाएँ, अंधविश्वास, कला-शिल्प, वेशभूषा, गृह के प्रकार और भोजन की सामग्री आदि से है।"[113]

3. रूरेलियो एस्पनोजा के अनुसार फोकलोर की सामग्री अधिकांश रूप में सामाजिक मानव विज्ञान शास्त्र की सामग्री के समान है। विशिष्ट रूप में फोकलोर के अर्न्तगत लोक विश्वास, प्रथाएँ, अंधविश्वास, लोकोक्तियाँ, पहेलियाँ, गति-पुराण, कथा, अवदान, लोक कथा, धार्मिक संस्कार, जादू, डायन, विद्या तथा आदिवासियों एवं अशिक्षित लोगों के क्रिया-कलाप आते हैं। फोकलोर किसी सभ्यता की पद्धति अथवा प्रकार को स्थायित्व प्रदान करता है तथा इसके अध्ययन से हम किसी सभ्यता के अभिप्राय तथा उसके वास्तविक अर्थ को समझ सकते हैं।"[114]

4. प्रसिद्ध विद्वान जार्ज फास्टर के मतानुसार, "फोकलोर के अध्ययन का क्षेत्र गीतों, पहेलियों, लोकोक्तियों, अंधविश्वासों, लोकविश्वासों तक फैला है। इसके अलावा बच्चों का खेल, पालने के गीत, संस्कार, विविध-विधि-विधान और जादू आदि भी इसमें आता है।"

प्रसिद्ध विद्वान आर.डी. जेमसन ने फोकलोर को सांस्कृतिक जाति विज्ञान (Culture Ethnology) का अंग माना है। जिसके अन्तर्गत पुराण कथा, अवदान परम्परा, लोककथाएँ, अंधविश्वास, धार्मिक, विधि-विधान, प्रथाएँ, नृत्य तथा प्रकृति

और मानव की विशेषताएँ आती हैं। परन्तु आधुनिक 'वैज्ञानिक' फोकलोरिष्ट उषा की कथा टोटेमिज्म (टोटेमवाद) और विस्तारवाद के अध्ययन में लोग रहते हैं।''[115]

5. जेरटूड कुरथ का मत है कि, "फोकलोर वह विज्ञान है, जिसमें पारम्परिक, लोकविश्वास, अंधविश्वास, युक्ति-सूक्ति, संस्कार, प्रथा, खेल, गीत तथा नृत्य का वर्णन किया गया है।''[116]

6. मारिस वारण्यू ने लोक-जीवन के समस्त क्रिया-कलापों में बढ़ई, लोहार, सोनार और मोची का ही कार्य-व्यापार क्यों न हो, उसमें फोकलोर का दर्शन किया है। इस प्रकार मानव जीवन की क्रियाओं के जितने क्षेत्र हैं, वे सभी फोकलोर के अन्तर्गत आते हैं।''[117]

7. फोकलोर के विद्वान जानमिश का कथन है कि, "फोकलोर के अन्तर्गत समस्त प्राचीन लोकप्रिय विश्वासों, प्रथाओं और परम्पराओं का समावेश होता है, जो अशिक्षित जनता के बीच आज भी अवशेष रूप में सुरक्षित है। इसके अलावा फोकलोर का क्षेत्र परी कथाओं, पुराण कथाओं, अवदानों, अंधविश्वासों, व्रतों, विधानों, परम्परागत खेलों, लोकगीतों, जनप्रिय सूक्तियों, कला, शिल्प, लोक नृत्य तथा अन्य ऐसी वस्तुओं तक फैला है।''

इन विद्वानों के अनुसार, फोकलोर शासन का क्षेत्र अनन्त है। मानव जीवन के समस्त कार्य-व्यापारों को इन्होंने फोकलोर के अन्तर्गत स्वीकार किया है। लोकगीत, लोककथाओं से लेकर लोक और कला, शिल्प भी इसके अन्तर्गत आते हैं। लोकविश्वास, उत्सव संस्कार तथा जीवन के अन्य क्रियाकलापों का समावेश इसके भीतर माना जाता है।

प्रायः सभी विद्वानों ने फोकलोर के अन्तर्गत लोकगीत, लोककथा, लोकगाथा, कला-शिल्प, अंधविश्वास, दंतकथाओं को माना है। थोड़े-बहुत अन्तर के साथ भारतीय विद्वानों ने भी फोकलोर के अन्तर्गत लोकगीतों, लोककथाओं, परम्पराओं, प्रथाओं, रीति-रिवाजों, धर्म-संस्कारों को माना है। सर्वसाधारण जनता से जुड़े सभी क्रिया-कलापों का समावेश इसके अन्तर्गत आता है।

लोक संस्कृति का क्षेत्र अत्यन्त व्यापक है। यह गाँवों से नगरों तक फैला हुआ है। "लोक जीवन का कोई भी ऐसा अंग नहीं है जो लोक संस्कृति के भीतर अन्तर्युक्त न हो।''[118] विद्वानों ने लोक संस्कृति की विभिन्न परिभाषाएँ दी हैं उनकी परिभाषाओं पर विचार करने पर ज्ञात होता है कि लोक संस्कृति का क्षेत्र अत्यंत व्यापक है। लोक-संस्कृति के अन्तर्गत पिछड़ी जातियों एवं असंस्कृत लोगों में प्रचलित रीति-रिवाज, खान-पान, संस्कार-प्रथा, रहन-सहन एवं आचार-विचार आते हैं। प्रकृति के जड़ तथा चेतन जगत् के सम्बन्ध भूतों-प्रेतों की दुनिया तथा मनुष्यों से उनका

सम्बन्ध जादू-टोना, वशीकरण, सम्मोहन, ताबीज, शकुन, भाग्य, रोग तथा मृत्यु के सम्बन्ध में आदिम तथा असभ्य जातियों की अंध परम्पराएँ, अंधविश्वास इसके अन्तर्गत आते हैं। लोक-जीवन में प्रचलित व्रत, त्योहार, युद्ध, आखेट, पशुपालन, मत्स्य-व्यवसाय आदि विधि-विधान इसमें सम्मिलित है। अर्थात् लोक-जीवन से सम्बन्धित जो वस्तुएँ हैं, वे सब लोक संस्कृति क्षेत्र के अन्तर्गत आती हैं। इसके अतिरिक्त लोकोत्तियाँ, पहेलियाँ, मुहावरे तथा सूक्तियाँ आदि भी लोक-संस्कृति के अध्ययन के विषय हैं।

"लोक संस्कृति देश की सभ्यता का दर्पण है। किसी देश के निवासियों की लोक संस्कृति तभी भलीभाँति जानी जा सकती है, जब उनकी सभ्यता का पूरा ज्ञान हो। सभ्यता के माध्यम से लोक-संस्कृति का पूर्ण परिज्ञान हो सकता है। इस प्रकार लोक संस्कृति (फोकलोर) और सभ्यता (फोकलोर कल्चर) में अन्योन्याश्रय सम्बन्ध है। एक की पूर्ण जानकारी के लिए दूसरे का अध्ययन आवश्यक है।"[119]

लोक संस्कृति का क्षेत्र अत्यन्त व्यापक है। प्राचीन समय में मनुष्य कृत्रिमता से दूर एवं प्रकृति के करीब था। उनका रहन-सहन सामान्य एवं सहज था। वह किसी प्रकार के अंधविश्वास एवं रूढ़ि में जकड़ा नहीं था। वह लोक आडंबर से सर्वथा दूर था। उसके सभी क्रिया-कलाप स्वाभाविक एवं सहज थे। उस युग का साहित्य भी सहज एवं स्वाभाविक था। आज के युग के साहित्य की भाँति अलंकारों के बोझ से लदा हुआ नहीं था। आज का साहित्य बंधनों में बंधकर व्यक्त हो रहा है, परन्तु उस युग में ऐसा नहीं था। जैसे-जैसे सभ्यता का प्रभाव बढ़ता गया वैसे-वैसे सहजता एवं स्वाभाविकता नष्ट होती गयी। आज मनुष्य प्रकृति के उतने करीब नहीं है, जितना पहले था। आज सभ्यता के प्रभाव से लोक-संस्कृति का ह्रास हो रहा है। पढ़े-लिखे लोग पाश्चात्य सभ्यता को अधिक अपना रहे हैं।

संस्कृति और लोक संस्कृति : मानव जीवन की सम्पूर्ण गतिविधियों का संचालन अन्तर्वृत्तियों की जिस समष्टि द्वारा होता है तथा जिसके अपनाने से वह सच्चे अर्थों में मनुष्य बनने की दिशा में अग्रसर होता है, उसे संस्कृति कहते हैं। यह मानव जीवन की विशिष्ट पद्धति तथा विकास की दिशा में सतत् गतिशील किन्तु स्थायी जीवन व्यवस्था है, जिसे मानव जीवन का सौन्दर्य एवं वैचारिक केन्द्र-बिन्दु से संयुक्त सामूहिक दृष्टिकोण कहा जा सकता है।[120]

संस्कृति एवं सभ्यता का सम्बन्ध बहुत ही घनिष्ट है। संस्कृति पर विचार करते समय सभ्यता पर भी विचार करना अत्यन्त आवश्यक है। दोनों एक-दूसरे के पर्याय हैं, परन्तु विद्वानों में इस सम्बन्ध में मतभेद है। नरविज्ञान शास्त्री टायलर संस्कृति तथा सभ्यता को पर्यायवाची मानते हैं।[121] तो व्रानिजला मैलिनवस्की उनका अलग-

अलग अस्तित्व स्वीकार करते हैं, क्योंकि उनका मत है कि "ऊँची संस्कृति के पहलू को सभ्यता कहते हैं।"[122]

मैकाइवर ने भी यांत्रिक व्यवस्था तथा सांस्कृतिक व्यवस्था में अन्तर करते हुए सभ्यता और संस्कृति को पृथक स्वीकार किया है। उनके मत से, "यांत्रिक व्यवस्था उपयोगिता का क्षेत्र है और संस्कृति मूल्यों का।"[123]

संस्कृति किसी समाज के सुदीर्घ प्रयासों का इतिहास होती है। संस्कृति की रचना दस-बीस या सौ वर्षों में नहीं हो सकती है। शताब्दियों तक एक समाज के लोग जिस ढंग से खाते-पीते और रहते-सहते हैं, उनके सभी कार्य में उनकी संस्कृति के अंग होते हैं। कोई एक कार्य उसका पर्याय नहीं बन सकता। इस तरह से संस्कृति वह वस्तु है, जो हमारे सम्पूर्ण जीवन में परिव्याप्त है, जिसकी रचना और विकास में अनेक सदियों के अनुभवों का हाथ होता है। जन्म-जन्मान्तर तक संस्कृति हमारे साथ रहती है। प्राचीन काल में हमारे पूर्वजों ने जो साहित्य सृजन किया यानी शिल्प-कला, काव्य दर्शन, युद्ध शास्त्र आदि सभी हमारे संस्कृति के अंग हैं। संस्कृति का परस्पर आदान-प्रदान होना आवश्यक है, तभी संस्कृति का विकास होता है। जो संस्कृति दूसरों की संस्कृति ग्रहण नहीं करती, बल्कि केवल देती रहती है, एक दिन उस संस्कृति का ह्रास हो जाता है। वह प्रायः नष्ट हो जाती है। यदि संस्कृति का आदान-प्रदान होते रहता है तो उसका बराबर विकास होता रहता है।

संस्कृति के व्यापक स्वरूप के संदर्भ में नेहरुजी ने लिखा है, "संसार भर में जो भी सर्वोत्तम बातें जानी या कही गयी हैं, उनसे अपने आपको परिचित कराना संस्कृति है।"[124] वासुदेवशरण अग्रवाल संस्कृति के सम्बन्ध में लिखते हैं– "संस्कृति मनुष्य के भूत, वर्तमान और भावी जीवन की महत्त्वपूर्ण प्रकार रही है। हमारे जीवन का ढंग हमारी संस्कृति है। संस्कृति हवा में नहीं रहती उसका मूर्तिमान रूप होता है। जीवन के नाना विधि रूपों का समुदाय संस्कृति है। साहित्य, कला, दर्शन और धर्म जो मूल्यवान सामग्री हमें मिल सकती है, उस नये जीवन के लिए ग्रहण करना ही सांस्कृतिक कार्य की उचित दिशा और सच्ची उपयोगिता है।"[125] संस्कृति के संदर्भ में श्यामचरण दूबे का मत है– "संस्कृति सामाजिक आवश्यकताओं द्वारा जनित मानव आविष्कार है। मनुष्य संस्कृति में जन्म लेता है। संस्कृति सहित जन्म नहीं लेता। शारीरिक विशेषताओं की भाँति संस्कृति प्रजनन के माध्यम से व्यक्ति को नहीं मिलती, सामाजिक जीवन में अनिवार्य संस्कृतिकरण की प्रक्रिया से व्यक्ति उसे ग्रहण करता है। समाज ही परम्परा संस्कृति को जीवित रखता है। संस्कृति के अन्तर्गत मानव के आविष्कार, निमार्ण-कला, संस्थाएँ, सामाजिक संगठन, कला, साहित्य, धर्म, विचार आदि विषय आते हैं। सामाजिक नेतृत्व का उद्देश्य अपनी विशिष्ट

अध्ययन प्रणाली द्वारा मानव-जाति की भिन्न-भिन्न शाखाओं और समूहों की इसी संस्कृति का अध्ययन है।''[126]

संस्कृति का निर्माण मनुष्य स्वयं करता है। मनुष्य के जन्म के साथ उसमें यह योग्यता रहती है। मानव इस योग्यता के साथ पैदा होता है कि वह संस्कृति का निर्माण करके उसे ग्रहण कर सके। मानव समूह, जहाँ बहुत से लोग एक साथ रहते हैं, वे उसे अपनाते हैं, एक परम्परा में बँधकर रहते हैं, उनमें एक स्थिरता बनी रहती है।

संस्कृति का सम्बन्ध किसी एक व्यक्ति से नहीं होता, वरन उसका सम्बन्ध सम्पूर्ण मानव समाज से होता है। संस्कृति का सम्बन्ध मनुष्य के उन कार्यों से है, जिनका उनके व्यक्तिगत हानि-लाभ से कम-से-कम सम्बन्ध हो। इसकी जगह उन कार्यों का सम्बन्ध व्यापक से व्यापकतर क्षेत्र के लोगों के साथ होता है। तात्पर्य यह कि जब आप अपने लिए कार्य करते हैं तो वह सांस्कृतिक कार्य के अन्तर्गत नहीं गिना जा सकता। सांस्कृतिक कार्य तो वह होगा, जिसे आप अधिक-से-अधिक लोगों के लिए करें।''[127] संस्कृति का क्षेत्र बहुत विशाल है। जो कार्य जितने अधिक लोगों के लिए किया जाता है, समाज तथा जनता के जितने अधिक हित का कार्य होता है, वह उतना ही बड़ा एवं महत्त्वपूर्ण सांस्कृतिक कार्य होता है। यदि हम कोई कार्य व्यक्तिगत लाभ के लिए करते हैं तो वह सांस्कृतिक कार्य नहीं कहलाएगा। जिस व्यक्ति के विचार उच्च और आदर्श होते हैं, वे सदैव ऐसे कार्य करते रहते हैं, जो बहुत उपयोगी न होने पर भी सबके हित में होता है। उससे सम्पूर्ण समाज को लाभ होता है। इस प्रकार के कार्य को सांस्कृतिक कार्य कहते हैं।

''संस्कृति का सम्बन्ध मनुष्य के संस्कारों से अनिवार्य रूप में जुड़ा होता है। इन संस्कारों का परिष्करण ही मानव-विकास का इतिहास रहा है। परिष्करण की तीन अवस्थाएँ दृष्टिगत होती हैं– शारीरिक, मानसिक और आत्मिक। आत्मिक विकास पूर्णतम् स्थिति है। भौतिकता का संस्कृति में गौण स्थान है, पर इसीलिए उसकी उपेक्षा नहीं की जा सकती। संस्कृतियों के उन्नयन और उनके परिष्करण के लिए योग्यतम अवसर प्रदान करने में भौतिक स्थिति अत्यन्त महत्त्वपूर्ण है। ताकि मनुष्य अपनी भौतिक आवश्यकताओं की ओर से आश्वस्त तथा निश्चिन्त होकर सांस्कृतिक कार्य में रुचि ले सके।[128]

मनुष्य अपने जीवन में जो कार्य करता है, वह सब संस्कृति के अन्तर्गत आता है। उसके समाज में प्रचलित रीति-रिवाज, कला-शिल्प तथा अन्य कौशल आदि इसके अन्तर्गत आते हैं। मनुष्य के अन्दर जो मानवता की भावना विकसित, पुष्पित, पल्लवित होती है, जो कार्य वह सामाजिक हित के लिए करता है, वह सब संस्कृति के अन्तर्गत आते हैं।

लोकसंस्कृति का सम्बन्ध समाज के उस वर्ग से है, जो सभ्यता से दूर हो, जिसका प्रकृति से घनिष्ठ सम्बन्ध हो। समाज के ऐसे वर्ग के लोगों में प्रचलित रीति-रिवाज, खान-पान, वेशभूषा, जादू-टोने, धर्म, पूजा-पाठ आदि लोकसंस्कृति के अन्तर्गत आते हैं। इनका रहन-सहन शिष्ट एवं अभिजात्य वर्ग के लोगों से सर्वथा भिन्न होता है। जहाँ शिष्ट समाज के लोग स्वनिर्मित अनुशासन में बँधे रहते हैं, वहीं इस वर्ग के सारे क्रिया-कलाप नैसर्गिक होते हैं। सुसंस्कृत वर्ग के लोग समाज में अपने रहन-सहन, विचार, संस्कार एवं औपचारिक बंधनों के कारण अलग दिखते हैं। विद्वानों की परिभाषाओं का अवलोकन करने के पश्चात् ज्ञात होता है कि लोक संस्कृति के अन्तर्गत असभ्य अर्थात् पिछड़ी जातियों के रीति-रिवाजों, खान-पान संस्कार, प्रथाएँ, रहन-सहन आदि आते हैं। इन लोगों में जो विश्वास प्रचलित हैं, वे लोक संस्कृति के अन्तर्गत आते हैं। जनता के इस सामान्य वर्ग में जो गीत, बच्चों के खेल, कहावतें, मुहावरें प्रचलित हैं, वे सब इसके अन्तर्गत आते हैं। लोक-संस्कृति का क्षेत्र अत्यन्त व्यापक है। लोकजीवन का कोई भी अंग नहीं है, जो लोक-संस्कृति के भीतर अन्तर्भुक्त न हो।[129]

लोक-संस्कृति की स्वायत्तता : वैदिक साहित्य का अवलोकन करने से ज्ञात होता है कि प्राचीन काल में ही इस देश में संस्कृति की अलग-अलग दो धाराएँ प्रवाहित हो रही थीं– 1. शिष्ट संस्कृति 2. लोक संस्कृति।

1. शिष्ट संस्कृति : इसका सम्बन्ध सुसंकृत एवं समाज के शिक्षित वर्ग से था, जो सभ्यता एवं बौद्धिकता की चरम सीमा पर पहँच गये थे। इन लोगों के ज्ञान एवं संस्कृति का स्रोत वेद या शास्त्र थे। लोक-संस्कृति से हमारा तात्पर्य जन-सामान्य की संस्कृति है, जो अपनी प्रेरणा लोक से प्राप्त करती है, इनकी उत्स भूमि जनता थी। समाज का यह वर्ग बौद्धिकता के निम्न धरातल पर था। इन दोनों का अन्तर ऋग्वेद एवं अथर्ववेद के अध्ययन से स्पष्ट होता है। संस्कृति के सम्बन्ध में एक प्रसिद्ध विद्वान ने अपना मत इस प्रकार प्रस्तुत किया है–

"लोक संस्कृति शिष्ट संस्कृति की सहायक होती है। किसी देश के धार्मिक विश्वासों, अनुष्ठानों तथा क्रिया-कलापों के पूर्ण परिचय के लिए दोनों संस्कृतियों में परस्पर सहयोग अपेक्षित रहता है। इस दृष्टि से अथर्ववेद ऋग्वेद का पूरक है। ये दोनों संहिताएं दो विभिन्न संस्कृतियों के स्वरूप की परिचायिकाएँ हैं। अथर्वेद यदि लोक-संस्कृति की परिचायक है तो ऋग्वेद शिष्ट संस्कृति का। अर्थर्वेद के विचारों का धरातल सामान्य जन-जीवन है, ऋग्वेद का विशिष्ट जन-जीवन है।"[130]

ऋग्वेद में यज्ञ-आदि के विधि का वर्णन है, तो अथर्ववेद में अंध-विश्वास, टोना, टोटका, जादू, मंत्र आदि का वर्णन मिलता है। ऋग्वेद शिष्ट तथा सभ्य लोगों

के जीवन की झाँकी प्रस्तुत करता है और अथर्ववेद में लोक संस्कृति का चित्रण किया गया है। अत: दोनों वेद दो संस्कृतियों के प्रतीक हैं।

उपनिषद काल में ये दोनों संस्कृतियाँ पृथक रूप में दृष्टिगोचर होती हैं। वृहदारण्यक, कठोपनिषद् तथा अन्य उपनिषदों में जहाँ आत्मा-परमात्मा, जीव आदि का वर्णन है, वे अभिजात संस्कृति के ग्रन्थ हैं। परन्तु जिनमें लोक-जीवन का वर्णन है, जिनमें लोक-विश्वास, लोक रीति-रिवाज का उल्लेख है, उनका सम्बन्ध निश्चय ही लोक-संस्कृति से है।

"पालि जातकों में लोक संस्कृति का बड़ा ही सजीव चित्रण मिलता है। 'नच्च' जातक में विवाह का उल्लेख किया गया है तथा वर के आवश्यक गुणों का संकेत मिलता है।"[131] वावेरू जातक के अध्ययन से उस समय के व्यापार का पता चलता है, 'पालि सुत नियात' में धनित गोप का जो कथन है, उसमें ग्रामीण जीवन की बड़ी सुन्दर झांकी मिलती है। यह लोक-जीवन का बड़ ही सजीव चित्रण है। धनित गोप इन्द्र से कहता है– मेरे घर में गाय है, बैल है, मेरा घर सुन्दर है, मेरी स्त्री सुन्दर तथा पतिव्रता है। मैं उसकी कोई बुराई नहीं जानता। मेरे घर में भात पकाया गया है। दूध भी घर में रखा है। नदी के तीर पर मैं सुखपूर्वक निवास करता हूँ। मेरे घर में सदा आग जलती रहती है। अत: ए भगवान यदि तुम वर्षा करना चाहते हो तो करो।

पक्कोदनो युद्ध खोरोडहमस्मि्
अनुतीरे महिया समान वासो।
घन्ना कुटि, आहितोगिनी,
अथ चे पत्थयसि पवस्स देव।।"1
अंधक मकसा न विज्जिरे
कच्छे रुलह तिणे चरन्ति गावो।
लुटिंटुपि सहेत्यु मागतं,
अथ चे पत्थयसी पवस्य देव।।"2
गोपी मम अस्सवा अलोला,
दीररतं समवासिया मनापा।
तस्सा न सुवामि किंचि पापं:
अथ चे पत्थयसि यवस्स देव।"3
वेतन भत्तो उहमस्मि,
पुताय में समानिया अरोणा।
तेस न सुणाणि किंचि पापं,
अथ चे पत्थ यक्षि पवस्स देव।"4

अत्थिवसा, अत्थि धेनु पा,
गोधरणियो पवेनियो पि आर्त्थ,
अथ चे पत्थयसी पवस्स देव।।''5[132]

उपर्युक्त पाँच गाथाओं का अनुशीलन करने से ज्ञात होता है कि बौद्ध युग में ग्रामीण जीवन कितना सुखी एवं समृद्धिशाली था, कितना खुशहाली एवं सम्पन्नता थी, किसान का जीवन कितना सुखी था। ग्रामीण संस्कृति की इतना सुन्दर झाँकी अन्यत्र मिलना असम्भव है। ठीक इसी प्रकार अन्य जातकों से भी उस समय की साधारण जनता के रहन-सहन, खान-पान, रीति-रिवाज का पता चलाता है। यदि कवि वाल्मीकि के आदि काव्य में वर्णित सुग्रीव और जामवन्त, जो बंदरों और भालुओं के राजा थे, उन आदिम जनो का प्रतिनिधित्व करते हैं, जो आज भी इस विशाल देश में लाखों की संख्या में हैं। उस समय सुसंस्कृत एवं पढ़े-लिखे सभ्य लोगों तथा जन-साधारण की भाषा में भी अन्तर था। हनुमान जब लंका में अशोक वाटिका में सीता से मिलने के लिए गये, तब वे सोचने लगे कि यदि मैं ये शिष्ट लोगों की भाषा का प्रयोग करूँगा तो सीता मुझे रावण समझकार डर जाएँगी।''[133]

यदि वाचं प्रदास्यामि द्विजातिरिव संस्कृताम्।
रावण मन्यमाना मां सीता भीता भविष्यति।।

उपर्युक्त विवरण से ज्ञात होता है कि संस्कृत वाक् को विद्वान लोग बोलते थे और साधारण लोग लोकभाषा का प्रयोग करते थे।

महाभारत में युद्ध की ही प्रधानता है, परन्तु उसमें भी लोक संस्कृति की सुन्दर झाँकी देखने को मिलती है। महाभारत में सभा-पर्व के अन्तर्गत धूत-पर्व में युधिष्ठिर तथा शकुनि के जुआ खेलने का वर्णन मिलता है।[134] मांस बेचने वाले अधर्मी व्याध के साथ युधिष्ठिर तथा शकुनि के जुआ खेलने का वर्णन उपलब्ध होता है। व्यासजी के जन्म की कथा राजा शान्तनु का धीवर कन्या से विवाह, द्रोपदी का बहु पतित्व तथा सैकड़ों प्रथाओं का उल्लेख महाभारत में मिलता है, जिससे उस समय की लोक संस्कृति का पूर्ण परिचय मिलता है। स्वयं भगवान श्री कृष्ण ने वेद से पृथक लोक की सत्ता को स्वीकार किया है। वे कहते हैं– ''मैं लोक और वेद में भी पुरुषोत्तम नाम से प्रसिद्ध हूँ।''[135]

अतोऽस्मि लोके वेदेच प्रथितः पुरुषोत्तम।

संस्कृत के कवियों, साहित्यकारों तथा नाटककारों की कृतियों में लोक-संस्कृति के जिस विराट स्वरूप का वर्णन मिलता है, वह अन्यत्र मिलना कठिन है। आदि कवि कालिदास ने लोक-संस्कृति एवं शिष्ट-संस्कृति का समान रूप से वर्णन किया है। उनके काल में भी शिष्ट जनों तथा जन सामान्य की भाषा अलग थी। महाकवि ने लिखा है– शिव और पार्वती के विवाह में सरस्वती ने दो प्रकार की भाषा– 'द्विधा

विभक्तेन च वाङ्ग्मयेन' में वर और वधू की प्रशंसा की है। संस्कार से पवित्र भाषा-संस्कृत में वर शिव की स्तुति की है तथा सरलता से समझने योग्य भाषा-प्राकृत में पार्वती की प्रशंसा की है।''[136]

द्विधा विभक्तेन च वाङ्ग्मयेन,
सरस्वती तान्मथुनं नु नाव।
संस्कार पूतेन गिरा वरेण्य,
वधूं सुख ग्राह्य निवन्धनेन।।

संस्कृत के नाटकों में श्रेष्ठ पात्रों के लिए संस्कृत भाषा का व्यवहार किया गया है, जबकि दासी, चेरी आदि पात्रों के लिए प्राकृत भाषा का इससे पता चलता है कि जन सामान्य एवं शिष्ट जनों की भाषा पृथक-पृथक थी।

संस्कृत के कवियों तथा नाटककारों की कृतियों में विराट-स्वरूप का वर्णन किया गया है। उनके साहित्य में लोक-संस्कृति का जो भव्य एवं विराट स्वरूप का दर्शन होता है, उसका वर्णन करना कठिन है। इस प्रकार वैदिक काल से लेकर मध्यकाल तक लोक-संस्कृति की पृथक धारा प्रवाहित एवं दृष्टिगोचर होती है। कहने का तात्पर्य यह कि आदिकाल से ही लोक संस्कृति एवं आभिजात्य संस्कृति अलग-अलग थीं।

लोक-साहित्य : लोक-साहित्य लोक-संस्कृति का एक अभिन्न अंग है। इसके अभाव में लोक-संस्कृति का अध्ययन अपूर्ण ही माना जाता है। यहाँ इसकी संक्षिप्त चर्चा प्रस्तुत है।

लोक-साहित्य : यह जनता के हृदय का उद्गार है। सर्व साधारण लोग जो कुछ सोचते हैं और जिस विषय का अनुभव करते हैं, उसी का प्रकाशन उनके साहित्य में पाया जाता है। उनके साहित्य में उन्हीं भावनाओं की अभिव्यक्ति पायी जाती है। ग्रामीण जनता विभिन्न संस्कारों एवं विभिन्न ऋतुओं में गीत-गा-गा कर अपना मनोरंजन करती है, विभिन्न प्रकार की कथा-कहानियों से अपना मनोरंजन करती है। ग्रामीण जनता लोकोक्तियों एवं मुहावरों द्वारा अपने हृदयगत् विचारों एवं भावों की अभिव्यक्ति करती है। कुछ ऐसी सूक्तियों का निर्माण ग्रामीण जनता ने किया है, जिसमें उनके जीवन के वास्तविक अनुभव हैं, जिसे अन्यत्र पाना दुर्लभ है।

लोक साहित्य के क्षेत्र में लोक-कथाओं का विशेष महत्त्वपूर्ण स्थान है। इन कथाओं के माध्यम से साधारण जनता अपना मनोरंजन करती है। यही उनके मनोरंजन का मुख्य साधन है। उनके पास इससे अधिक सहज साधन और कुछ नहीं है।

लोक-साहित्य के अन्तर्गत लोक-कथा, लोक गीत एवं जन मानस में प्रचलित परम्पराएँ आदि लोक-साहित्य के अन्तर्गत आते हैं।

वैदिक काल में मनुष्य प्राकृतिक जीवन व्यतीत करता था। वह प्रकृति देवी की उपासना करता था। लोग कृत्रिमता एवं आडंबर से दूर सरल एवं सामान्य जीवन व्यतीत करते थे। उनका उठना, बैठना, रोना, हँसना सारे क्रिया-कलाप स्वाभाविक थे। उस समय भी साहित्य सृजन हो रहा था, परन्तु आज के साहित्य एवं उस समय के साहित्य में जमीन-आसमान का अन्तर है। आज का साहित्य तरह-तरह की रूढ़ियों एवं वादों से घिरा है, कविता अलंकार के भार से दबी है और कहानियों में शिल्प-विधान का मुख्य रूप से ध्यान रखना पड़ता है, नाटकों में भी कुछ विशेष नियमों का पालन करना पड़ता है, परन्तु उस युग के साहित्य में स्वच्छन्दता, सरलता, सहजता, स्वाभाविकता उसके मुख्य गुण थे। उस युग का साहित्य उतना ही स्वाभाविक एवं स्वच्छन्द था, जितना जंगल में खिलने वाला फूल; उतना ही स्वच्छन्द जैसे आकाश में उड़ने वाली चिड़ियाँ और उतना ही सरलता एवं पवित्रता, निर्मलता थी, जितना गंगा की धारा। उस समय के साहित्य का जो अंश आज सुरक्षित है, वही लोक-साहित्य है।

सभ्यता के प्रभाव से दूर रहने वाली अपनी सहजावस्था में वर्तमान, जो निरक्षर जनता है, उसकी आशा, निराशा, हर्ष-विषाद, जीवन-मरण, लाभ-हानि, सुख-दुख आदि की अभिव्यंजना जिसमें प्रधान होती है, उसे लोक-साहित्य कहते हैं। इस प्रकार लोक साहित्य जनता का वह साहित्य है, जो जनता द्वारा जनता के लिए लिखा गया है।

लोकगीत : लोकगीत सामान्य जनता के बीच गाया जानेवाला वह गीत है, जिस गाने की परम्परा जन-सामान्य में प्राचीन काल से है, जिसमें जनमानस के हृदय का उद्‌गार, हर्ष, विषाद, सुख-दुख रहते हैं। लोकगीत स्त्री-पुरुष समान रूप से गाते हैं, परन्तु कुछ गीत ऐसे हैं जो सिर्फ स्त्रियाँ गाती हैं। कुछ गीत ऐसे भी हैं, जिसे केवल पुरुष गाते हैं, जैसे होली के गीत एवं लोक गाथाएँ केवल पुरुष ही गाते हैं। इस दृष्टि से लोकगीतों को दो भागों में विभक्त किया जा सकता है– 1. एकल और 2. सामूहिक। वह गीत जिसे सिर्फ एक व्यक्ति गाता है, उसे एकल गीत कहा जाता है। उसे केवल एक ही व्यक्ति गाता है, जैसे–शीतला माता के गीत। इस देवी गीत को शिशु की माँ गाती है, जिसका पुत्र चेचक रोग से पीड़ित हो। इसी तरह आल्हा, लोरकी, लोकगाथा आदि एक ही व्यक्ति गाता है। आल्हा गानेवाले को अल्हैत कहते हैं।

इसके अलावा कुछ लोक-गीत ऐसे भी होते हैं, जिसे सामूहिक रूप से गाया ज़ाता है, जैसे–झूमर। इस गीत को कई स्त्रियाँ मिलकर गाती हैं। इसी प्रकार होली के कई गीत कई पुरुष एक साथ मिलकर गाते हैं। इसे सामूहिक गीत करते हैं।

लोक-गीतों का वर्गीकरण : लोक-गीतों को छ: श्रेणियों में विभाजित किया जा सकता है– 1. संस्कार सम्बन्धी गीत, 2. ऋतु सम्बन्धी गीत, 3. व्रत सम्बन्धी गीत, 4. जाति सम्बन्धी गीत, 5. श्रम सम्बन्धी गीत, 6. विविध गीत। यहाँ इन सभी वर्गों का वर्णन संक्षिप्त रूप में निम्नलिखित है–

संस्कार-सम्बन्धी गीत

1. सोहर : संस्कार सम्बन्धी गीतों में सोहर का मुख्य स्थान है। यह गीत पुत्र जन्म के समय पर गाया जाता है। भोजपुरी समाज में पुत्री जन्म के समय सोहर नहीं गाया जाता।

सोहर का वर्ण्य विषय : पूर्व पीठिका में पुत्र के उत्पन्न होने के पूर्व की दशा का वर्णन किया जाता है। उत्तर पीठिका में पुत्र के होने के पश्चात उछाह और उल्लास का वर्णन पाया जाता है। इसमें माता-पिता के हृदय की खुशी, पिता का धन लुटाना तथा माँ का दान-दक्षिणा देने का वर्णन मिलता है। परन्तु पुत्र जन्म के समय घर-परिवार में जितना उछाह एवं उल्लास मनाया जाता है, उतना पुत्री के जन्म के समय उत्सव मनाने का प्रश्न ही नहीं उठता और विषाद छा जाता है।

मैथिल सोहरों की परम्परा बड़ी प्राचीन है। इनमें भी भोजपुरी सोहरों की भाँति प्रसव-पीड़ा, आनन्द और उछाह का वर्णन उपलब्ध होता है। परन्तु शृंगार रस की अपेक्षा इनमें करुणा की मात्रा का पुट अधिक होता है। मैथिल सोहर तुकान्त और भिन्न तुकान्त दोनों प्रकार के मिलते हैं। सोहर सुखांत होता है, और इसमें आशा की निर्झरणी टेढ़ी नागिन सी बलखाती बिजली सी दौड़ती चली जाती है।''[137]

''ब्रज में इन गीतों को सोभर, सोहर या सोहिलो कहा जाता है। सोभर वह घर है जिसमें नव प्रसूता स्त्री रहती है। भोजपुरी में इसे 'सउरि' कहा जाता है। अत: प्रसूतिका-गृह के उपलक्ष्य में गाये जाने वाले गीत सोभर के नाम से प्रसिद्ध हैं। ब्रज प्रदेश में पुत्र जन्म के समय विभिन्न अवसरों पर गाने के लिए भिन्न-भिन्न गीत प्रचलित हैं, जिन्हें प्रधानतया चार भागों में विभक्त किया जा सकता है- 1. जन्ति के गीत 2. छठी के गीत 3. जगमोहन लुगत गीत और 4. तगा। जन्ति और छठी के गीतों के भी अनेक भेद पाये जाते हैं।''[138]

2. मुंडन : शिशु जब बड़ा हो जाता है, तब उसका मुंडन-संस्कार किया जाता है। संस्कृत में इसे 'जात-कर्म' कहते हैं। महाकवि कालिदास ने राजा रघु के 'जातक कर्म' संस्कार का वर्णन किया है, जिसे उन्होंने 'गोपन-विधि' कहा है।

किसी पवित्र स्थान, मन्दिर या नदी के किनारे या देव स्थान पर यह संस्कार सम्पन्न किया जाता है। मुंडन के समय बालक की बहन अथवा बुआ आँचल में कटे

हुए बालों को एकत्र करती है तथा अपना नेग माँगती है।

ऋतु सम्बन्धी गीत : ऋतु सम्बन्धी गीतों में अनेक प्रकार के गीत गाये जाते हैं। एक साल में बारह महीने होते हैं और छँः ऋतुएँ होती हैं। हर ऋतु के अलग-अलग गीत गाने की परम्परा जन सामान्य में प्राचीन काल से ही प्रचलित है– 1. शिशिर 2. वसन्त 3. ग्रीष्म 4. वर्षा 5. शरद और 6. हेमंत। इन ऋतुओं में अलग-अलग प्रकार के गीत गाये जात हैं, जिनमें कजली, बारहमासा, होली या फगुआ और चैता आदि प्रसिद्ध हैं।

1. कजली : यह लोकगीत सावन के महीनों में (कजली) गाये जाने की परम्परा है। प्रायः सभी गाँवों में कजली गायी जाती है। इस महीने में गाँव के बाहर बगीचे में झूले पड़ते हैं और स्त्रियाँ उन पर बैठकर झूलती हैं, आनन्द से कजली के गीत गाती हैं।

2. होली : फाल्गुन के महीने में यह गीत गाया जाता है। इस कारण इसे 'फगुआ' भी कहते हैं। इस त्यौहार में लोग अबीर और गुलाल लेकर होली खेलते हैं तथा होली गाते हैं। वे खूब उछाह-उल्लास के साथ यह त्यौहार मनाते हैं। चारों तरफ प्रसन्नता छायी रहती है। होली के गीतों में प्रायः राधा-कृष्ण का एक-दूसरे पर पिचकारी से रंग डालने और राम-सीता होली खेलते दिखाई पड़ते हैं। कहीं शिव-पार्वती होली खेलते दिखाई पड़ते हैं। इस तरह देवी-देवता भी होली में उत्सव मनाते दिखाई पड़ते हैं।

उत्तर प्रदेश में ढोल बजा कर गायी जाती है, परन्तु राजस्थान में डफ बजाकर यह गीत गाया जाता है। राजस्थान में जो स्त्रियाँ आभूषण एवं वस्त्र से सज-धज कर नृत्य करती हैं, उस नृत्य को 'लूट' कहते हैं। इसमें कई स्त्रियाँ मिल कर एक-दूसरे का हाथ पकड़ कर नाचती हैं। इसको 'लूवर' या 'घूमर' भी कहते हैं। मैथिली के गीतों में संयोग श्रृंगार का चित्रण सुन्दर रीति से किया जाता है।

3. चैता : यह लोकगीत चैत महीने में गाया जाता है। यह बहुत मधुर एवं कर्णप्रिय होता है। यह संयोग श्रृंगार का गीत है। इसमें लोक-जीवन की बाकी झाँकी देखने को मिलती है। इन गीतों में पति-पत्नी के प्रणय-कलह की झाँकी देखने को मिलती है, तो कहीं पनघट पर किसी मनचले युवक द्वारा किसी रमणी को छेड़ने के दृश्य दिखाई पड़ते हैं, कहीं कृष्ण द्वारा ग्वालिनों को छेड़ने, उनकी सिर पर धरी मटकी फोड़ने एवं गोरस मँगाने के चित्र देखने को मिलते हैं। इस लोकगीत में बहुत मधुरता और मनोरमता पायी जाती है।

4. बारहमासा : यह गीत 'पावस-ऋतु' में गाया जाता है। इन गीतों में प्रायः विरहणी पत्नी के विरह का उल्लेख पाया जाता है। इसमें बारहों महीनों का वर्णन

होता है, इसलिए इसे बारहमासा कहते हैं। इसी तरह छह मासा एवं चौमासा भी है। जिनमें छह महीनों का वर्णन रहता है, उसे छह मासा तथा जिस गीत में चार महीने का वर्णन रहता है, उसे चौमासा कहते हैं। संस्कृत में षट-ऋतु वर्णन की परम्परा है, जिसमें विरहणी के विरह एवं कष्टों का हृदयस्पर्शी वर्णन देखने को मिलता है। बारहमासा एवं षट-ऋतु में इतना ही अन्तर होता है। षट-ऋतु में विरहणी के दु:खों का वर्णन पाया जाता है जबकि बारहमासा में वर्ष के प्रत्येक मास में होनेवाले कष्टों का उल्लेख पाया जाता है।

बारहमासा लिखने की परम्परा अत्यन्त प्राचीन है। प्रसिद्ध सूफी कवि जायसी ने अपने प्रेमाख्यानक काव्य 'पद्मावत' में बारहमासा का अत्यन्त मनोरम ढंग से चित्रण किया है। हिन्दी कवियों ने अपनी रचनाओं में बारहमासे की रचना की है। जैन कवियों ने भी बारहमासे का वर्णन किया है।

मैथिली लोकगीतों में बारहमासा लिखने की परम्परा है। बंगला में इस प्रकार के गीतों को 'मटमासी' कहा जाता है। बाँगला साहित्य में पल्लीगान में और विजय गुप्त में 'मनसा मंगल' और बेहुला की मटमाशी का वर्णन पाया जाता है। भारत चंद्र के 'अन्न' या मंगल में भी बारहमाशा मिलता है। बाँगला 'बारामाशी' की यह विशेषता है कि इसमें वर्ष भर के व्रतों का उल्लेख मिलता है। बारहमासा उत्तर-भारत में लोकगीतों में सभी जगह मिलता है।

लक्षण : लोक-साहित्य का क्षेत्र अत्यन्त व्यापक है। लोककथा, लोकगाथा आदि सब लोक-साहित्य के अन्तर्गत आते हैं। लोक-साहित्य में कथाओं एवं लोकगाथाओं का महत्त्वपूर्ण स्थान है। लोक-साहित्य के लक्षण निम्नलिखित हैं—

1. प्रेम का अभिन्न पुट : प्राय: लोक-कथाओं एवं कहानियों में प्रेम का अभिन्न पुट देखने को मिलता है। कहीं भाई-बहन का विशुद्ध प्रेम मिलता है, तो कहीं माता और पुत्री का वात्सल्य पूर्ण प्रेम। माँ अपनी गरीबी में अपने पुत्र को किसी प्रकार का कष्ट नहीं होने देती। वह सारे दुख स्वयं सहन करती है, परन्तु अपने बच्चों को किसी प्रकार का कष्ट नहीं होने देती। माँ के अप्रतिम प्रेम एवं वात्सल्य का दर्शन लोक-साहित्य में मिलता है। पति-पत्नी का पवित्र प्रेम एवं दिव्य प्रेम लोक-कथाओं में देखने को मिलता है। सभी प्रेम-मार्गीय कवियों ने प्रेमाख्यानों की रचना प्रेम को लेकर ही किया है।

अश्लीलता का अभाव : शृंगार रस से प्रेम पूरित होने पर भी इसमें अश्लीलता कहीं भी देखने को नहीं मिलती। आज की कहानियों में सर्वत्र अश्लीलता देखने को मिलती है। परन्तु लोक-कथाओं में कहीं भी कामवासना एवं कुत्सित प्रेम नहीं मिलता।

3. मूल प्रवृत्तियों में निरन्तर साहचर्य : प्राय: लोक कहानियों की रचना

किसी घटना विशेष को लेकर की जाती है। उनमें जीवन की सच्ची घटनाओं का वर्णन रहता है। जीवन की मूल-प्रवृत्तियों को लेकर इसकी रचना की जाती है।

4. मंगल कामना की भावना : लोक-साहित्य में लोक मंगल कामना की भावना पायी जाती है। कथाकार पूरे विश्व का कल्याण चाहता है, किसी का अहित नहीं चाहता। वह पूरे संसार में शान्ति और समृद्धि चाहता है, सबकी भलाई चाहता है ताकि कोई भी कष्ट में न रहे।

5. सुख और संयोग में कथाओं का अन्त : प्रायः ऐसी कहानियों का अन्त सुखद होता है और नायक को कष्ट झेलते दिखाया जाता है, परन्तु कथा का अन्त दुखद नहीं, सुखद होता है।

6. अलौकिकता की प्रधानता : कुछ कहानियों एवं कथाओं में अलौकिकता के अंश मिलते हैं। इसमें काल्पनिकता अधिक रहती है। परी लोक की कथा, जादू, भूत, प्रेत आदि इसके वर्ण्य विषय होते हैं। इसमें अद्‌भुत रस की प्रधानता रहती है।

7. उत्सुकता की भावना : इस प्रकार की कहानियों में उत्सुकता बनी रहती है। ऐसी कहानियों में एक प्रकार का आकर्षण रहता है, जिससे श्रोता में आगे की घटना जानने के लिए उत्सुकता बनी रहती है। गाँव की साधारण जनता इस प्रकार की कथाओं को मन लगाकर सुनती थी।

8. वर्णन की स्वाभाविकता : इस तरह की कहानियों में स्वाभाविकता की प्रधानता रहती है। कहीं भी अतिशयोक्तिपूर्ण वर्णन नहीं मिलता। आज की कहानियों में अतिशयोक्तिपूर्ण घटनाओं का समावेश अधिक रहता है, परन्तु लोक साहित्य में भारतीय संस्कृति की सच्ची झाँकी मिलती है।

विस्तार : लोक-साहित्य का क्षेत्र अत्यन्त व्यापक है। साधारण जनता की सारी गतिविधियों, क्रिया-कलापों जैसे उनका हँसना, रोना, गाना, खेलना और उनके बीच प्रचलित संस्कारों को लोक साहित्य के अन्तर्गत रखा जा सकता है। पुत्र के जन्म से लेकर वर्ण संस्कारों का विधान हमारे प्राचीन ऋषियों ने किया है। प्रायः उन सभी संस्कारों के अवसर पर गीत गाये जाते हैं। प्रिय व्यक्ति के मृत्यु के अवसर पर गीत गाने की प्रथा का प्रचलन है। विभिन्न ऋतुओं में ग्रामीण जनता में गीत-गाने की परम्परा है, जिसमें उनके हृदय का उद्‌गार प्रकट होता है। बाह्य जगत् में परिवर्तन देखकर उनका हृदय आनन्द-उल्लास से भर जाता है और उनकी आनन्दानुभूति गीतों के रूप में मुखरित होती है। खेतों की बुआई, निराई एवं ऐसे अन्य अवसरों पर गीत गाये जाते हैं। लोक गायक अपने पूर्वजों की वीरतापूर्ण कार्यों को गा-गाकर आनन्द प्रदान करता है। उनका यशोगान कर श्रोताओं के हृदय में वीर रस का संचार करता है।

गाँव में सर्दी के दिनों में कई लोग आग के किनारे बैठते हैं, जिनमें बूढ़े लोग

कहानियाँ सुनाया करते हैं। बूढ़ी दादी एवं माँएँ अपने शिशुओं को सुलाने के लिए तरह-तरह की लोरियाँ एवं कहानियाँ सुनाया करती हैं, जिसमें राजा-रानी की कहानियाँ, परियों की कहानियाँ मुख्य है। गाँवों में जनता अपने मनोरंजन के लिए स्वाँग एवं नाट्य का प्रदर्शन करती है। यह उनके मनोरंजन का मुख्य साधन है। ग्रामीण जनता प्रतिदिन अपनी बातचीत में अनेकों मुहावरों एवं कहावतों का प्रयोग करती है। छोटे बच्चे जब एक साथ खेलते हैं, तो अनेक प्रकार के हास्य-गीतों का प्रयोग करते हैं। जन साधारण के बीच विशालता एवं विस्तार को मनुष्य के जन्म से लेकर मृत्यु तक तथा स्त्री, पुरुष, जवान तथा बूढ़े सभी लोग इनकी सम्मिलित संपत्ति है।

(घ) सामाजिक संस्थाएँ : हमारे प्राचीन धर्म शास्त्रियों ने समाज की व्यवस्था को ठीक ढंग से चलाने के लिए अनेक सामाजिक संस्थाओं का निर्माण किया था। इन संस्थाओं में वर्ण और आश्रम की स्थापना की प्रधानता है। हिन्दू समाज की स्थापना वर्णाश्रम धर्म के आधार पर किया गया है। इसी आधारशिला पर हिन्दू समाज की भव्य इमारत खड़ी है।

(क) वर्ण : हमारे प्राचीन धर्माधिकारियों ने मनुष्यगण को कर्म के आधार पर चार वर्गों में विभाजित किया है। समाज को सुसंगत, सुव्यवस्थित रूप से चलाने के लिए वर्ण व्यवस्था को जन्म दिया गया व वर्ण-व्यवस्था का निर्माण किया गया और व्यक्ति की योग्यता के अनुसार उसे कार्य सौंपा गया, जिससे वह व्यक्ति उस कार्य को सुचार रूप से कर सके।

ब्राह्मण : मनु ने ब्राह्मण के छह कर्तव्यों का वर्णन किया है– 1. अध्ययन 2. अध्यापन 3. यज्ञ करना 4. यज्ञ कराना 5. दान लेना और 6. दान देना। ब्राह्मण पहले स्वयं ज्ञान का अर्जन करता था, तथा बाद में अध्ययन द्वारा अर्जित ज्ञान साधारण जनता में दान करता था। ब्राह्मण स्वयं भी यज्ञ करता था तथा समाज के लोगों से यज्ञ कराता था। यज्ञादि के अवसर पर उसे जो दान मिलता था वह सार्वजनिक कार्यों में लगा देता है तथा अपना त्यागमय जीवन व्यतीत करता था। ऋषि अपने आश्रमों में हजारों की संख्या में शिष्यों को शिक्षा दिया करते थे और उनके रहने की व्यवस्था, भोजन एवं शिक्षा निःशुल्क देते थे। इसलिए ब्राह्मण त्याग का प्रतीक माना जाता है। राजाओं के दरबार में इन्हें सम्मान प्राप्त था। वे शासन व्यवस्था को सुचार रूप से चलाने के लिए इनकी मंत्रणा लिया करते थे। ब्राह्मण अपनी दूरदर्शिता एवं बुद्धिमत्ता के कारण समाज का नेता तथा अगुआ था। किसी कार्य को सम्पन्न होने से पहले ब्राह्मण से मंत्रणा ली जाती थी। उसे समाज के हर वर्ग के लोग उचित आदर एवं सम्मान देते थे।

क्षत्रिय : क्षत्रिय का कर्तव्य था, अपने देश की रक्षा करना। ये अपनी शक्ति

के बल पर बाहरी विपत्तियों से अपने देश एवं राज्य की रक्षा करते थे और शासन व्यवस्था सुचारू रूप से चलाते थे। अत: क्षत्रिय लोग राजा हुआ करते थे। अपनी प्रजा की रक्षा करना इनका पहला कर्तव्य था। महाकवि कालिदास ने लिखा है– "जो क्षति या आपत्ति से रक्षा करता था, वही क्षत्रिय कहलाता है। अत: क्षत्रिय का मुख्य काम था– राज्य करना तथा प्रजा की सुख-सुविधा की सुरक्षा करना।

वैश्य : समाज का सबसे धनी एवं समृद्धिशाली वर्ग यही था। इनका मुख्य काम वाणिज्य था। मनु ने लिखा है– कृषि, गौरक्षा और व्यापार करना वैश्य का स्वाभाविक कर्म है।"[140] गौरक्षा करने से समाज में घी-दूध की समृद्धि होगी और लोग पुष्ट, स्वस्थ्य तथा बलवान बनेंगे। कृषि कर्म से सत्य संपदा की अधिकता होगी और व्यापार करने से समाज धनी बनेगा। इस प्रकार वैश्य समाज को सुखी-समृद्ध तथा वैभव-सम्पन्न बनाये रखते थे।"[141]

शूद्र : इस वर्ण का काम था ब्राह्मण, क्षत्रिय और वैश्य तीनों वर्णों की सेवा करना। समाज में आज इस वर्ण को निम्न वर्ग कहा जाता है। उच्च वर्ग के लोग इन्हें घृणा की दृष्टि से देखते हैं, परन्तु यह वर्ग समाज का अत्यन्त आवश्यक अंग था और वह भी सम्मान का अधिकारी था।

आश्रम : प्राचीन धर्मशास्त्रकारों ने मनुष्य की आयु को चार भागों में विभक्त किया था और प्रत्येक विभाग में उनका कर्म विधान निर्धारित किया था। प्रत्येक मनुष्य की उम्र सौ वर्ष मानी जाती थी। इसलिए मनुष्य के उम्र के सौ वर्षों को चार भागों में विभक्त किया गया– 1. ब्रह्मचर्य 2. गृहस्थाश्रम 3. वानप्रस्थाश्रम 4. संन्यासाश्रम।

ब्रह्मचर्याश्रम : ब्रह्मचर्याश्रम में बालक उपनयन-संस्कार होने के पश्चात् गुरु के साथ गुरुकुल चला जाता था और पच्चीस वर्षों तक एकान्त भाव से विद्या अध्ययन करते हुए, वहाँ के नियमों का पालन करते हुए तपोमय जीवन व्यतीत करता था और अध्ययन यानी शिक्षा पूरी होने पर गुरु को दक्षिणा देकर गृहस्थ आश्रम में प्रवेश करता था।

गृहस्थाश्रम : गुरु से शिक्षा प्राप्त करने के लिए ब्रह्मचर्याश्रम में पच्चीस वर्ष व्यतीत कर वह गुरु की आज्ञा लेकर गृहस्थ आश्रम में प्रवेश करता था। मनु ने लिखा है– "गृहस्थाश्रम ही सबसे प्रधान आश्रम है, क्योंकि शेष तीनों आश्रमों के भरण-पोषण का दायित्व इसी पर आश्ररित है।"[142] मनुष्य के जीवन में तीन ऋणों का वर्णन किया गया है– 1. देव ऋण 2. पितृ ऋण 3. ऋषि ऋण। मनुष्य यज्ञादि करके देव ऋण, पुत्र उत्पन्न करके पितृ ऋण तथा अध्यापन करके ऋषि ऋण चुकाते थे। इन तीनों ऋणों को चुकाना आवश्यक माना जाता था। मनुष्य इस आश्रम में सभी की सेवा करते थे। अत: गृहस्थाश्रम सबसे महत्त्वपूर्ण आश्रम था।

वानप्रस्थाश्रम : इस आश्रम में मनुष्य 50 वर्ष की उम्र पूरी करने के पश्चात प्रवेश करता था। अपने सारे अधिकार, धन सम्पत्ति अपने पुत्रों को सौंप देता था और जीवन का शेष समय पूजा-पाठ, समाज-सेवा एवं धार्मिक कार्यों में व्यतीत करता था। यह जीवन का तीसरा आश्रम था।

संन्यासाश्रम : वानप्रस्थाश्रम 75 वर्षों में पूरी करके मनुष्य संन्यासाश्रम में प्रवेश करता था। यह अंतिम एवं चौथा आश्रम था। संन्यासी अपने घर को त्याग देता था। वह सभी सामाजिक बंधनों से मुक्त होकर तपस्या के लिए गृहत्याग देता था और दूर तपस्या करने चला जाता था। ब्राह्मण के लिए उपदेश देना, तीर्थ करना और पूजा पाठ में समय व्यतीत करना आवश्यक काम था।

जातिप्रथा : भारत में सामाजिक संस्थाओं में जाति का मुख्य स्थान है। हमारे देश में जाति-प्रथा का जो स्वरूप है, वह संसार में कहीं और नहीं है। वेदों में भी चार वर्णों का वर्णन किया गया है। पहले मनुष्य के गुण एवं कर्म के अनुसार उसका चयन कर लिया जाता था। अपनी विद्वता एवं त्यागमय जीवन के कारण तथा समाज को ज्ञान एवं शिक्षा देनेवाले को ब्राह्मण का स्थान मिला। देश समाज एवं राज्य की रक्षा करने वाले तथा बलशाली होने के कारण जनता तथा समाज की सुरक्षा करने वाले को क्षत्रिय नाम से अभिहित किया गया। परन्तु समय बीतने के पश्चात् कर्म पर आधारित न होकर यह जाति-वाचक बन गया, और जिस जाति में जो व्यक्ति उत्पन्न होता था, उसका वही कर्म बन गया।

समय के साथ-साथ इन जातियों में भी स्थान भेद के कारण उपजातियाँ बन गयीं। स्थान विशेष के आधार पर जो सरस्वती नदी के तट पर निवास करते थे, सारस्वत ब्राह्मण कहलाए। सरयू के कछार में रहने वाले 'सरयू पारिणी' ब्राह्मण कहलाए, गौड़ देश के निवासी गौड़ ब्राह्मण तथा कान्यकुब्ज प्रदेश में रहनेवाले कनौजिया कहलाते हैं। क्षत्रिय लोग अपनी उत्पत्ति सूर्य एवं चंद्र से बताकर सूर्यवंशी तथा चंद्रवंशी होने का दावा करने लगे। और वैश्य में भी लोहार और सोनार आदि अन्य जातियाँ उत्पन्न हो गयीं।

जाति-प्रथा से लाभ : जाति प्रथा से सबसे बड़ा लाभ यह हुआ कि सभी जाति के लोग अपने कार्य सुचारु रूप से करने लगे। प्राचीन समय में सिर्फ ब्राह्मण ही विद्या अध्ययन का अधिकार था, परन्तु अब सभी जाति के लोग अध्ययन-अध्यापन कर रहे हैं।

जाति प्रथा से हानि : जहाँ जाति प्रथा से लाभ था, वहीं हानि भी थी। जाति प्रथा के कारण ही ऊँच, नीच, छुआ-छूत का भेदभाव स्थापित हुआ। अत: जाति-व्यवस्था में कालांतर में विकृति आ गयी।

संयुक्त परिवार : भारत में सामाजिक संस्थाओं में वर्ण और आश्रम के पश्चात संयुक्त परिवार का सबसे महत्त्वपूर्ण स्थान है। संयुक्त परिवार में कई सदस्य एक साथ मिलकर रहते थे, और घर के सभी सदस्यों को एक व्यक्ति के अनुशासन में रहना पड़ता था। घर का सबसे बड़ा व्यक्ति घर का मुखिया होता था और पूरा परिवार संगठित रूप से रहता था। प्राचीन काल में भी भाई, बहन, सास, बहू तथा अन्य सदस्य प्रेमपूर्वक रहते थे। घर के प्रधान सदस्यों का दायित्व निम्नलिखित था–

गृह प्रमुख : घर का सबसे प्रधान व्यक्ति गृह प्रमुख होता था। यह घर का सबसे वृद्ध व्यक्ति होता था। इस पद पर प्रायः पिता सुशोभित होते थे, जो पूरे परिवार के सुख-दुख का पूरा ध्यान रखते थे। सबके भरण-पोषण एवं बच्चों के शिक्षा-दीक्षा की व्यवस्था करना इन्हीं का दायित्व रहता था। घर में किसी भी कार्य का सम्पादन बिना उसकी आज्ञा के नहीं होता था। वह व्यक्ति न्यायप्रिय होता था और सबकी आवश्यकताएँ पूरी करता था। वह पक्षपात नहीं करता था।

गृह प्रमुख की पत्नी : घर की सभी स्त्रियों में गृह प्रमुख की पत्नी का मुख्य स्थान होता है, जिस तरह घर का स्वामी घर की सभी आवश्यकताओं की पूर्ति करता था, उसी प्रकार गृहस्वामिनी भी घर की आन्तरिक समस्याओं को सुलझाती थी और आन्तरिक व्यवस्था का भार उसी के ऊपर रहता था।

ज्येष्ठ पुत्र : घर में पिता के पश्चात ज्येष्ठ पुत्र को उत्तराधिकार में वही स्थान प्राप्त होता था। वह सारी संपत्ति का मालिक होता था। घर में ज्येष्ठ पुत्र का बड़ा महत्त्व होता था। पिता की मृत्यु के पश्चात् गृह प्रमुख का स्थान उसे प्राप्त होता था और अपने दायित्व का निर्वाह करता था।

संयुक्त परिवार का महत्त्व : हमारे देश में प्राचीन काल में संयुक्त परिवार का महत्त्वपूर्ण स्थान था। जिस घर में जितने अधिक सदस्य होते थे वह परिवार उतना ही समृद्धिशाली माना जाता था। सारे लोग एक साथ मिलकर धनोपार्जन करते थे। हिन्दू संयुक्त परिवार को एक छोटा समाजवादी राज्य कहा जा सकता है। जिस प्रकार एक राज्य अपने सुरक्षा, संगठन, एकता, सामाजिक विकास और आर्थिक उन्नति के लिए प्रयासरत रहता है, उसी प्रकार संयुक्त परिवार का प्रमुख या घर का अगुआ या घर की उन्नति एवं समृद्धि के लिए सुन्दर प्रबंध करता था।

हानियाँ : संयुक्त परिवार का भारतीय समाज में बहुत महत्त्व था। इससे अनेक लाभ थे। परन्तु इससे कई हानियाँ भी थीं। इसमें सामाजिक एवं आर्थिक दृष्टि से लाभ ही लाभ दिखाई पड़ता था, परन्तु बाद में इस संस्था में अनेक दोष आ गये जो निम्नलिखित हैं–

1. गृह प्रमुख का पक्षपात करना,

2. स्वार्थपरता और

3. अकर्मण्यता।

कालान्तर में गृह प्रमुख में पक्षपात की भावना आ गयी। वह अपने पुत्र-पुत्रियों को अधिक मानते लगा था। उनकी शिक्षा का उचित ध्यान देता था। वह सबके प्रति समान व्यवहार नहीं करता था। अत: परिवार में फूट पड़ने लगी और बिखराव आ गया।

संयुक्त परिवार की सबसे बड़ी बुराई थी कि घर के अन्य सदस्य अकर्मण्य हो गये। परिवार का एक व्यक्ति धनोपार्जन करता और अन्य सदस्य बैठ कर खाते। सारा कार्य-भार एक ही व्यक्ति के ऊपर रहता था। घर के अन्य सदस्य आलसी एवं निष्क्रिय और अकर्मण्य होने लगे। इस तरह से धीरे-धीरे संयुक्त परिवार की विशाल इमारत ढह गयी।

सन्दर्भ

1. मेरिया वीच : डिक्शेनरी ऑफ फोकलोर, भाग-1, पृ. 403
2. लोक साहित्य की भूमिका; डॉ. कृष्णदेव उपाध्याय, पृ. 18
3. ऋग्वेद 3/53/12/4 ऋग्वेद (पुरुष सूक्त)
4. ऋग्वेद (पुरुष सूक्त) 10/90/24
5. लोक सर्व लोकाट्ष्म 5/1/44
6. बहुलछन्दसि 2/4/39/2/473 सूत्रों की व्याख्या।
7. अभ्यन्तरोडह लोके न त्वंह लोक: आ. 1, पृ. 20
8. महाभाष्य प्रथम आष्टिक।
9. गीता 3/20
10. 'आदि पर्व'- महाभारत 1/101-2
11. सिद्धान्त कौमुदी, पृ. 417
12. लोक संस्कृति की रूपरेखा; डॉ. कृष्णदेव उपाध्याय, पृ. 8
13. 'जनपद' वर्ष : 1, अंक-1, पृ. 65; डॉ. हजारी प्रसाद द्विवेदी
14. लोक साहित्य की भूमिका, पृ. 16; डॉ. कृष्णदेव उपाध्याय
15. मेरिया बीच डिक्शनरी; भाग-1, पृ. 401
16. डॉ. कृष्णदेव उपाध्याय; लोक संस्कृत की रूपरेखा, पृ. 10
17. मेरिया वीच डिक्शनरी; भाग-1, पृ. 401
18. मध्यकालीन हिन्दी काव्य में भारतीय संस्कृति; डॉ. मदन गोपाल गुप्त, पृ. 1
19. भारतीय संस्कृति एक सभ्यता, संस्करण सं. 2014, डॉ. प्रसन्न कुमार आचार्य
20. लोक संस्कृत की रूपरेखा; डॉ. कृष्णदेव उपाध्याय, पृ. 21
21. सत्ता निरपेक्ष संस्कृति शब्द, एवं सत्ता सापेक्ष सभ्यता शब्द का चिरंतन तथा भारतीय संस्कृति आयोजकों की रूपरेखा; संस्करण सं. 2015 वि. पृ. 6 शीर्षक-संस्कृति शब्द के सम-स कृति रूप पूर्व विभाग; पंडित मोतीलाल शर्मा

22. सांस्कृतिक भारत; डॉ. भगवत शरण उपाध्याय, प्रथम संस्करण, पृ. 8- शीर्षक संस्कृति का स्वरूप
23. प्रिमिटिव कल्चर; भाग-1, ई. टायलर, चतुर्थ संस्करण (लंदन 1903) पृ. 1
24. एन्साइक्लोपिडिया ऑफ द सोशल सायन्सेज; भाग 3-4, पन्द्रहवाँ प्रकाशन (मैकमिलन कम्पनी; 1962) पृ. 929
25. मैकाइवर : सोशल कनेक्शन, प्रथम संस्करण, आर.एम मैकाइवर तथा ली. आर. पेज कृत सोसायटी, एन इंट्रोडक्टरी ऐनेलिसिस, मैकमिलन कंपनी, 1949, पृ. 498-499
26. कोटिव मैन एंड वह्डेज वर्क्स एम.जे. हर्ष (अल्फेड ए. ना. 1949) पृ. 171
27. ए स्टडी ऑफ हिस्ट्री; डी.सी. समावेल कृत, बार्वल जे स्वायनवी, तीसरा संस्करण, लंदन
28. ई. टाइलर : प्रिमिटिव कल्चर; भाग-1, चतुर्थ संस्करण (लंदन 1903) पृ. 1
29. ई. क्रोबर : एन्थ्रापालॉजी; नवीन संस्करण (लंदन 1942) पृ. 252
30. ई. क्रोबर : एन्थ्रापालॉजी; नवीन संस्करण (लंदन 1948) पृ. 252
31. हर्सको विट्स : मैन एंड हिज वर्क्स (अल्फ्रेड ए नाफ 1949) पृ.
32. हिन्दी उपन्यास; साहित्य का सांस्कृतिक अध्ययन; डॉ. रमेश तिवारी, पृ. 6
33. एन्साइक्लोपिडिया ऑफ सोशल सायनसेज; भाग- 3-4, पन्द्रहवाँ (मैकमिलन कम्पनी 1963, पृ. 11)
34. पंडित जवाहरलाल नेहरू : संस्कृति के चार अध्याय, दिनकर की पुस्तक उदयाचल प्रकाशन, पटना (चतुर्थ संस्करण 1966) की प्रस्तावना, पृ. 11
35. वासुदेव अग्रवाल : कला और संस्कृति; प्रथम संस्करण (साहित्य भवन प्रा. लि., इलाहाबाद, 1952), पृ. 1
36. भगवतशरण उपाध्याय : भारतीय-संस्कृति की कहानी; प्रथमावृत्ति (राजपाल एंड संस दिल्ली 1955) पृ. 56
37. भगवानदास द्वारा उद्धृत, मानव संस्कृति; प्रथम संस्करण, (राजकमल प्रकाशन, दिल्ली, 1960, पृ. 13
38. भगवानदास द्वारा उद्धृत : मानव संस्कृति; प्रथम संस्करण, (राजकमल प्रकाशन, दिल्ली, 1960, पृ. 13
39. श्यामचरण दुबे : मानव और संस्कृति; प्रथम संस्करण, (राजकमल प्रकाशन, दिल्ली, 1960, पृ. 17
40. डॉ. रमेश तिवारी : हिन्दी उपन्यास साहित्य का सांस्कृतिक अध्ययन; पृ. 13
41. डॉ. मंगलदेव शास्त्री : भारतीय संस्कृति का विकास : वैदिक धारा; संस्करण 1956, प्रथम परिच्छेद, पृ. 3, 'शीर्षक' शब्द का अर्थ
42. Making ready, Preparation, fomation, allowing Causcretion, deternation, effort
43. डॉ. मंगलदेव शास्त्री; भारतीय संस्कृति का विकास : वैदिक धारा संस्करण 1956, प्रथम परिच्छेद, पृ. 3 'शीर्षक' शब्द का अर्थ
44. सत्ता निरपेक्ष संस्कृति-शब्द : संस्करण 2015, पृ. 1 शीर्षक शाश्वत संस्कृति का मांगलिक संस्करण- पं. मोतीलाल शास्त्री

45. हिन्दी विश्वकोष; डॉ. नगेन्द्रनाथ बसु, संस्करण 1930 ई. त्रयोनिश, भाग-444, डॉ. श्यामसुन्दर दास : हिन्दी शब्द सागर, संस्करण 1927 ई. छठा खंड, पृ. 3415 शीर्षक संस्कृति
46. Sir Marier Williarns; A Sanskrit- English dictionary, Ed. 1899, page-1121
47. डॉ. श्यामसुन्दर दास; हिन्दी शब्दसागर, संस्करण-1927 ई., पृ. 3414 शीर्षक- संस्कार। डॉ. नगेन्द्र बसु हिन्दी विश्वकोष, त्रयोविंश भाग, पृ. 436-37
48. Sir Marier Williarns; A Sanskrit- English dictionary, Ed. 1899, page-920
49. मध्यकालीन हिन्दी काव्य में भारतीय संस्कृति; डॉ. मदनगोपाल गुप्त
50. उद्धृत पराशर स्मृति; अध्याय-6, श्लोक 989 से 183 तक तथा 202 से 203 तक
51. पं. मोतीलाल शर्मा; निरपेक्ष-रूपरेखा; संस्करण सं. 2015, वि. पृ. 20,
52. डॉ. भगवतशरण उपाध्याय; सांस्कृतिक भारत, प्रथम संस्करण, पृ. 8
53. डॉ. बलदेव प्रसाद मिश्र; भारतीय संस्कृति को गोस्वामी तुलसीदास का योगदान, संस्करण 1953 ई., अध्याय 1, पृ. 6
54. जन्मना जायते शुद्र : संस्करातहिन उच्यते।
55. डॉ. सत्यव्रत सिद्धांतालंकार; आर्य संस्कृति के मूल सिद्धान्त, संस्करण 1952 ई. पृ. 172 से 177 तक
56. डॉ. बलदेव प्रसाद मिश्र; भारतीय संस्कृति को गोस्वामी तुलसीदास का योगदान; संस्करण 1953 ई., अध्याय 1, पृ. 6
57. डॉ. बलदेव प्रसाद मिश्र; भारतीय संस्कृति को गोस्वामी तुलसीदास का योगदान; संस्करण 1953 ई., अध्याय 1, पृ. 6 शीर्षक
58. डॉ. बलदेव प्रसाद मिश्र; भारतीय संस्कृति को गोस्वामी तुलसीदास का योगदान, संस्करण 1953 ई., अध्याय 1, पृ. 6
59. द्रष्टव्य Philip- Beg by; Culture & History, Ed. 1951, page-72-73
60. द्रष्टव्य वही, पृ. 73
61. द्रष्टव्य वही, पृ. 74
62. Maltnure Arnold; Culture & Anarchy, Ed. 1950 chapter 1 Sweetness & Light, page 44-47
63. Maltnure Arnold; Culture & Anarchy, Ed. 1950 chapter 1 Sweetness & Light, page 47
64. Maltnure Arnold; Culture & Anarchy, Ed. 1950, chapter 1, Sweetness & Light page 48
65. Beg by Culture & History, Ed. 1951, chapter 4, page 73 ; Heading the Concept of Culture.
66. द्रष्टव्य Philip- Beg by : Culture & History, Ed. 1951, page-74, Heading the Concept of Culture.
67. For header culture is still a melionst nation it means the improvement of the

individual or the skills techiniques & learing which the individual acquires in improving himself but such attainments. How include the technical as well as the intellectual side of life it was not unitil the middle of 19th century. However that converation of Improvement began to dropout.)

68. द्रष्टव्य A. L. Kroeber & Cyice klucn culture, Ed. 1952, page 34, heading dictinary & definition.

69. द्रष्टव्य Dr., D.N. Majumdar & T.N. Madani An Introduction to Social Anthropology, Ed-1960, chapter II, page-17, Heading- Altributes of Culture

70. A.L. Kroeber Anthropology today, Ed. 1948, chapter VII, page-602.

71. Professor Leslie A. Whete; The Evolution of Culture, Ed. 1959, chapter, page-3405

72. Professor Leslie A. Whete; The Evolution of Culture, Ed. 1959, chapter, page-5

73. Professor Leslie A. Whete; The Evolution of Culture, Ed. 1959, chapter, page-6

74. They are human being precisely because they are animal plus culture same; chapter I, what Anthropology is about, page-8, Heading Society & Culture.

75. Prof. Laslie A. Write; The Evolution of Culture, Ed. 1959, chapter-I, man & culture, page-5 Heading man is unique.

76. Dr. D. N. Majumdar & T.N. Madani An Introduction to Society Anthropology, Ed. 1960, chapter II.

77. A.L. Kroeper; Anthropology, Reviesed Ed. 1948, chapter VII, page-252-53

78. डॉ. मदन गोपाल गुप्त; मध्यकालीन हिन्दी काव्य में भारतीय संस्कृति, पृ. 217

79. Prof. Leslie A. Whete; The Evolution of Culture, Ed. 1959

80. Edivin R.A. Seligman; Encyclopaedia of the Social Sciences, Ed. 1954, Volume IV, page 672

81. Prof. Leslie A. White; The Evolution of Culture, Ed. 1959, chapter I, Man & Culture, page-9

82. Prof. Leslie A White; The Evolution of Culture, Ed. 1959, chapter I, Man & Culture, page-9

83. डॉ. रामजी उपाध्याय ; भारतीय संस्कृति का उत्थान, प्रथम संस्करण, पृ. 38

84. Every person has two education : One which he Receives from others & one more important which he gives to himself Gubban-quoted from the Book, Realities and ideals, page-36, Edited by B.P. Mathure.

85. डॉ. मदनगोपाल गुप्त; मध्यकालीन हिन्दी काव्य में भारतीय संस्कृति, पृ. 26

86. Quated from the Book-Cuiture, first Ed. by Majar B.P. Basu, page-8

87. द्रष्टव्य, Prof. Leslie A. while; The Evolute.

88. डॉ. मदनगोपाल गुप्त; मध्यकालीन हिन्दी काव्य में भारतीय संस्कृति, पृ. 28

89. डॉ. मदनगोपाल गुप्त; मध्यकालीन हिन्दी काव्य में भारतीय संस्कृति, पृ. 28

90. डॉ. राजबली पांडेय; हिन्दू संस्कार, संस्करण सं. 2014, तृतीय अध्याय, पृ. 33-34

91. Prof. Leslie A. White; The Evolution of Culture, chapter I. Man and Culture, page-9
92. भगवद्गीता; अध्याय-4, श्लोक-38
93. मनुस्मृति; अध्याय-4, श्लोक-195 तथा 107
94. स्वाध्यायान्मा; तैतरीयोनिषद।
95. Prof. Leslie A. White; The Evolution of Culture chapter I. Man and Culture, page-9
96. द्रष्टव्य, वही
97. डॉ राधाकृष्णन्; हिन्दुओं का जीवन दर्शन, अनुवाद : कृष्ण किंकर सिंह, पृ.64-शीर्षक, द्वितीय व्याख्या।
98. कल्याण का उपनिषद् अंक; पृ. 175 के उपनिषद मंत्र तथा उसकी व्याख्या।
99. डॉ. रमेश तिवारी; हिन्दी उपन्यास साहित्य का सांस्कृतिक अध्ययन, पृ. 17
100. डॉ. रमेश तिवारी; हिन्दी उपन्यास साहित्य का सांस्कृतिक अध्ययन, पृ. 17
101. डॉ. रमेश तिवारी; हिन्दी साहित्य का सांस्कृतिक अध्ययन, पृ. 18
102. डॉ. रमेश तिवारी; हिन्दी साहित्य का सांस्कृतिक अध्ययन, पृ. 19
103. डॉ. बलदेव प्रसाद मिश्र; भारतीय संस्कृति को गोस्वामी तुलसीदास का योगदान।
104. कल्याण; हिन्दू संस्कृति विशेषांक, पृ. 40, स्वामी राघवाचार्य की सांस्कृतिक परम्परा।
105. Aurindo; Foundation of Indian Culture, published by Aurbindo Librery New York, Ed. 1952, chapter, A Hindnu of Indian Culture, page-137-38 Heading Spiritual Aim of Indian Culture.
106. मेरिया वीच; डिक्शनरी ऑफ फोकलोर भाग-1, पृ. 403
107. त्रिपाठी ए.; जनपद, खंड-1, पृ. 5-16
108. लोक साहित्य की भूमिका; डॉ. कृष्णदेव उपाध्याय, पृ. 18
109. सत्येन्द्र; ब्र. लोक साहित्य उ.प्र. 1
110. द्वारका प्रसाद शर्मा; 'संस्कृत शब्दार्थ-कौतुभ'।
111. डॉ. कृष्णदेव उपाध्याय; लोक साहित्य की भूमिका, पृ. 19
112. राजस्थानी कहावतें; भाग-1, कलकत्ता; भूमिका, पृ. 11
113. जनपद; खंड-1, अंक-1, पृ. 66
114. The ten folklore has came to mean mythas, begerds, balkfales.
115. मेरिया वीच; डिक्शनरी, भाग-1, पृ. 399
116. मेरिया वीच; डिक्शनरी, भाग-1, पृ. 401
117. मेरिया वीच; डिक्शनरी, भाग-1, पृ. 398
118. रघुवंश; सर्ग-4, श्लोक-20
119. रघुवंश; सर्ग-4, श्लोक-20
120. The extent to which folklore is a mirror of culture has been mainly the concern of the anthroplogist, but when stated conversely it becomes the concern of all folklorists. The folk are of a people can be fully understood only through

a knowlegde of their culture. डॉ. एलेन डण्डी; दि स्टडी ऑफ फोकलोर, पृ. 281-286

121. K.M. Munshi; 'Our Greatest Need' First Ed., page-58-60, heading the meaning of culture.

122. ई. टायलर; प्रीमिटिव कल्चर, भाग-1, चतुर्थ संस्कारण (लंदन 1903), पृ. 9

123. एन्साइक्लोपिडिया ऑफ द सोशल सायन्सेज, भाग-3-4, पन्द्रहवाँ प्रकाशन (मैकमिलन कम्पनी) 1863, पृ. 621

124. मैकाइवर; सोशल काजेशन, प्रथम संस्करण, अध्याय-10, आर.एम. मैकाइवर तथा सी. आर. पेज कृत सोसायटी : ऐन इण्ट्रोडक्टरी एवं लिसिज (मैकमिलन कम्पनी 1949, पृ. 498)

125. पंडित जवाहरलाल नेहरू; 'संस्कृति के चार अध्याय' : दिनकर की पुस्तक, उदयाचल प्रकाशन (चतुर्थ संस्कारण-1966) की प्रस्तावना, पृ. 11

126. बासुदेव शरण अग्रवाल; कला और संस्कृति, प्रथम संस्करण (साहित्य भवन, प्रा. लि. इलाहाबाद-1960. श्यामाचरण दुबे; मानव और संस्कृति, प्रथम संस्करण (राजकमल प्रकाशन, दिल्ली-1960, पृ. 17

127. डॉ. रमेश तिवारी, हिन्दी उपन्यास में साहित्य का सांस्कृतिक अध्ययन, पृ. 13

128. डॉ. रमेश तिवारी, हिन्दी उपन्यास में साहित्य का सांस्कृतिक अध्ययन, पृ. 13

129. रघुवंश; सर्ग-4, श्लोक-20

130. 'समाज पत्रिका' (काशी विद्यापीठ); वर्ष-4, अंक-3 (1958) पृ. 446

131. प्रो. बटुकनाथ शर्मा; पालि जातकावली।

132. वाल्मीकि रामायण; सुन्दर कांड।

133. महाभारत; सभा पर्व (धूतपर्व), पृ. 845-914, (गीता प्रेस संस्करण)

134. गीता 15/18

135. कालिदास; कुमार सम्भव, श्लोक-7/90

136. राकेश; मै. क. गीत, पृ. 50

137. डॉ. सत्येन्द्र; व्रज लोक साहित्य का अध्ययन, पृ. 142-153

138. कृषि, गौरक्षा, वाणिज्य, वैश्य, कर्म, स्वभाव, मनु स्मृत्ति।

139. पशूनां रक्षणं दान मिथ्याध्ययन मेव च।
वाणिज्यमघकंसीदंचवेश्यस्य कृषिमेव च। मनु स्मृति-19

140. मनु स्मृति।

141. हिन्दी भक्ति साहित्य में लोक; तत्व; डॉ. रवीन्द्र भ्रमर, पृ. 19

142. हिन्दी साहित्य का इतिहास; आचार्य रामचन्द्र शुक्ल, पृ. 724-725

निराला के काव्य में लोक-विश्वास, अंधपरम्पराएँ एवं रूढ़ियाँ

काल के चिंतन प्रवाह में कविता में लोक तत्वों का समावेश प्राचीन काल से होता आ रहा है। परामानवीय शक्तियों के साथ ही शकुन-अपशकुन, जादू-टोना, मूढ़ाग्रह आदि इसमें सम्मिलित किये जा सकते हैं। इनका जुड़ाव सामाजिकता से भी हो सकता है। इसी कारण एक बार जन्म लेने के बाद लम्बे समय तक ये निरन्तर चलते रहते हैं और जन-मन का रंजन एवं हित साधते रहते हैं। डॉ. रवीन्द्र भ्रमर कहते हैं– "किसी साहित्यकार को जब कभी जनता के निकट जाने की आवश्यकता पड़ी है, जब उसने लोक-जीवन को किसी प्रकार का धार्मिक, सामाजिक अथवा अन्य कोई उपदेश देना चाहा है, तो उसने अपने साहित्य को लोक-वार्ता के तत्वों से अभिमंडित करके उसे लोकप्रिय बनाने का प्रयास किया है।"[1] समय के साथ अपनी अनिवार्यता के लिए यह अधिक उपयोगी सिद्ध हुई। इसके तत्त्व कभी लिखित तो कभी मौखिक रूप में समाज से लिए गये हैं। इसका प्रयोग ग्रन्थों, रामायण, महाभारत से लेकर आज तक होता आ रहा है। संस्कृत, पालि, प्राकृत, अपभ्रंश आदि रचनाओं में लोक-प्रचलित साहित्य रूपों में लोक-तत्त्वों का उपयोग किया गया। जातक, पंचतन्त्र, हितोपदेश सिंहासन बत्तीसी, वासवदत्ता, कादम्बरी, दशकुमारचरितम्, बेताल पच्चीसी रचनाएँ इनसे भरी पड़ी हैं। इनमें विभिन्न प्रकार की परम्पराएँ, लौकिक मान्यताएँ पायी जाती हैं। इनमें लोक कथाओं, और इसमें गीतों लघुवार्ताओं का भी उपयोग होता आया है। "भारतीय हिन्दी काव्य-ग्रन्थ अपनी समकालीन लोक-प्रचलित कथाओं से अत्यधिक प्रभावित जान पड़ता है। इसमें भूत-प्रेत, देवी-देवता, राक्षस और किन्नर एवं गंधर्व आदि अति मानवीय शक्तियों द्वारा लोक-कथाओं और लोक प्रचलित कथाओं में अलौकिक कार्य सम्पन्न कराये जाते हैं। इस रूप में जहाँ कहीं संयोग हुआ है, इन्हें लोक-तत्त्व के रूप में स्वीकार किया जाएगा।"[2] इसी प्रकार का कार्य निराला की लम्बी कविता 'राम की शक्ति-पूजा' के भीतर हनुमान द्वारा किया जाता है। लोक-विश्वास, अंध-परम्परा और रूढ़ाग्रहों द्वारा कथा को इच्छित मोड़ भी दिया

जाता है, जिसका अच्छा उदाहरण 'राम की शक्ति-पूजा' में मिलता है जहाँ हनुमान से जुड़ी अवान्तर कथा इस बात का प्रमाण रही है। इस सन्दर्भ में जे. जी. फ्रेजर का मत है– "सभ्यता के आदिम युगों में असभ्य और बर्बर मनुष्य की कल्पना द्वारा उपजनित अंध-विश्वासों एवं मूदा-ग्रन्थों ने सभ्य मनुष्य को पुराण और धर्म गाथाओं के निर्माण में योग दिया था। वैदिक पुराण गाथाओं की नींव अब भी सुदूर अतीत में प्रचलित रहनेवाले वे विश्वास ही हैं, जिनके अनुसार मनुष्य को चारों ओर से घेर रखनेवाली प्रकृति के विभिन्न उपादान और उसकी विभिन्न घटनाएँ दैवी आदि आह्लादकारी मानी गयी थी।"[3]

निराला के काव्य में लोक-तत्त्व का महत्त्व अत्यधिक है। वहाँ लौक मानस के बीच प्रचलित प्रथाओं और विश्वासों का उपयोग हुआ है, जिससे कविता बलशाली हुई है। इस सन्दर्भ में डॉ. नामवर सिंह का विचार है– "कविता में जब नया मार्ग नहीं सूझता, नयी द्विशाएँ मेघाच्छन्न दिखाई देती हैं और पुरानी चारदीवारी से निकलने का मार्ग नहीं मिलता तो लोक-शक्ति ही मशाल लेकर आगे बढ़ती है। नया कवि इस प्राणदायिनी लोक-शक्ति के ऋण को स्वीकार करने के गौरव का अनुभव करता है और इस स्वीकृति से उसे बार-बार पुनर्जीवन मिलता है।"[4]

निराला की कविताओं में लोक-शक्ति जीवन्त हो उठा है। इस कारण पग-पग पर लोकतत्वों की अनुगूँज सुनाई देती है। इसके माध्यम से उनकी सार्वजनिक भावना का विस्तार होता है और मानव की मंगलाशा से उनकी संवेदना के तार जुड़ते हैं। यहाँ पर लोक-कथाओं और लोक-विश्वास का कवि सहृदयता से उपयोग करता है तो जनता में व्याप्त अंधविश्वासों, रूढ़ियों, सड़ी-गली रुचियों पर जम कर प्रहार भी करता है। जनमानस का स्वभाव है कि वह परम्परागत रूढ़ियों व अंधविश्वासों में भी आस्थावान होता है। एक प्रकार से जीवन का अधिकांश भाग इसमें ही व्यतीत हो जाता है। लोककथाओं में वह इनके महत्त्व को जानकर उनके प्रति अंध श्रद्धावनत हो जाता है। जिस प्रकार लोक कथाओं में यह आम बात है कि सत्य की विजय होगी और असत्य की पराजय। इस सूत्र से वह सत्य का अनुकर्ता हो जाता है और झूठ से नफरत करना उसके स्वभाव का एक हिस्सा बन जाता है। इस प्रकार की कथाओं द्वारा मानवीयता की रक्षा भी की जाती रही है। लोक-तत्त्व की काव्योपयोगिता के संदर्भ में आई.एफ. कैम्पवेल का अभिमत है– "लोक-कथाएँ उन लोगों के वास्तविक दैनिक जीवन का सटीक चित्रण करती हैं, जो उन कथाओं को सच्चाई के साथ कहते हैं। अनन्त काल से वे ऐसा करती आ रही है। वर्तमान युग के विषय में यह बात भले ही सच्ची न हो, किन्तु अतीत के सम्बन्ध में तो बिल्कुल ठीक है। भूत की विस्मृत जीवन-यात्रा के विषय में इनसे बहुत कुछ सीखा जा सकता है।"

The takes represent the actual everyday life of those who tell them with great fidelly. They have done the same in all likehood time out of mind & that which is nature of the present is in all probality true of the past & therefore something must be learned a forgotten ways a life (I.F. Campbell–Highland Talk)

निराला के काव्य में लोक-जीवन की धड़कन सुनाई पड़ती है। मानवता की रक्षा एवं आनन्द की स्थापना हेतु वे इनका उपयोग करते हैं। कविता को प्रभावोत्पादक बनाने एवं जन-जीवन के नजदीक लाने में इनका बड़ा हाथ होता है, चाहे लोक कथाएँ हों, मुहावरें हों, लोकोक्तियाँ, पहेलियाँ या सूक्तियाँ ही क्यों न हों। इनके माध्यम से काव्य में प्रभावोत्पादकता के अतिरिक्त चारुता में वृद्धि होती है और जन सामान्य उनसे नैतिक मूल्यों की सीख भी प्राप्त करता है। इनमें वे कभी-कभी अपने वैयक्तिक जीवन से जुड़े प्रसंगों, घटनाओं का समावेश करते हैं तो कभी समाज के अनुभव में बोलते दिखाई पड़ते हैं। जातीय-जीवन की उथल-पुथल, हर्ष, विषाद, संयोग-वियोग, आशा-निराशा, उमंग-उत्साह के अनेकों चित्र इसमें आते ही रहते हैं। ये हमारी संस्कृति की अमूल्य धरोहर बन जाते हैं। यदि कवि यहीं असफल हो जाय तो आगे आनेवाली पीढ़ी अपनी जातीयता की पहचान नहीं कर पायेगी। वह देश के सच्चे यथार्थ से अनभिज्ञ रह जाएगी। लोक-तत्वों की शक्ति ने निराला के काव्य को जन चेतना से जोड़कर उसे चिरजीवी बना दिया है। इनसे हमारे ज्ञान-चक्षुओं को नया आलोक प्राप्त होता है तथा धार्मिक, आर्थिक, सामाजिक, सांस्कृतिक परिवेश के निर्धारण में सहायता भी प्राप्त होती है। इनका प्रयोग पात्रों, घटनाओं और स्थितियों के अनुकूल करके निराला ने अपनी लोक संयुक्तता का परिचय भी दिया तथा नया मार्ग भी बताया है। ये लोकतत्व भारतीय संस्कृति का सच्चा यथार्थ प्रस्तुत करते हुए युग-दैनन्दिन के जीवन को भी रूपायित करने का कार्य करते हैं। निराला की कविताओं में लोक-विश्वासों, अंधविश्वासों, अंधपरम्पराओं और रूढ़ियों का दर्शन होता है। अंधविश्वासों, परम्पराओं और जर्जरित रूढ़ियों के साथ ही लोकरीति, लोकाचार, लोकजीवन, लोकानुभव, लोकापवाद और लोककथाओं आदि का पता चलता है। वे रूढ़ियों, वाह्याडम्बरों का मात्र वर्णन ही नहीं करते, उनके नाश का स्वप्न भी देखते हैं। लोक-विश्वासों का आधार लोक-कथाएँ, पौराणिक कथाएँ आदि हैं। इसके लिए वे मिथकीय प्रसंगों का भी उपयोग करते हैं। परीकथाओं, भूत-प्रेत, जादू-टोना, लोकमान्यताओं, सगुन-विचारों को भी इन रचनाओं में ढूँढ़ा जा सकता है।

पौराणिक कथाएँ : लोक-विश्वासों का एक जबरदस्त आधार पौराणिक, मिथकीय कथाएँ होती हैं। इसके लिए उन्होंने ध्रुवतारा, काली-अवतार, शिव के विषपायी स्वरूप,

राधा-कृष्ण प्रसंग, समुद्रमंथन-प्रसंग, महिषासुर-मर्दन, उर्वशी के मिथ, प्रह्लाद की कथा, शेषनाग पर विष्णु के शयन, मीरा के विष का प्याला, काशी मुक्ति, शिव के त्रिशूल पर अवस्थित काशी, यक्ष-संदेश, भीष्म की शर शैय्या आदि का आश्रय ग्रहण किया है। निराला की कविताओं में ध्रुवतारा का संकेत भरा पड़ा है। 'विधवा' शीर्षक कविता में वे लिखते हैं–

अबला हाथों का एक सहारा
लक्ष्य जीवन का प्यारा वह ध्रुवतारा
दूर हुआ वह बहा रहा है
उस अनन्त पथ से करुणा की धारा।[5]

यहाँ विधवा का पति ध्रुवतारा है। ध्रुवतारा अटल और शाश्वत माना गया है। उत्तानपाद के पुत्र ने घोर तपस्या द्वारा नक्षत्रों के बीच अपना स्थान बनाया था, ऐसी मान्यता है। विधवा का पति भी आकाश में उसकी दशा से करुणा से विगलित होकर आँसू बहा रहा है। अन्य काव्य-पंक्तियों में भी कवि ध्रुवतारा को आदर्श मानकर कहता है–

1. **अन्त में/ मेरी ध्रुवतारा तुम प्रसरित दिगंत से।**[6]
2. **हाँ मेरे नभ की तारा**
   रहना प्रिय, प्रति निशी रहना
   मेरे पथ की ध्रुवतारा।[7]
3. **फिर भी तुम्हीं एक ध्रुवतारा**
   नैश पथिक की पिक अभया हो।[8]

निराला की कविताओं में काली-अवतार, उनके स्वरूप चित्रण, महिषासुर- मर्दन का प्रसंग भी कई स्थानों पर आया है। निराला बंगाल में अपने जीवन के अनेक वर्ष व्यतीत किये थे। बंगाल में काली की मान्यता एवं उनकी उपासना सर्वाधिक है। बंगाल-समाज का यह प्रभाव कवि की रचनाओं में बोलता है। उसके स्वरूप का चित्रण करते हुए एक स्थान पर वह लिखते हैं–

काँपते थर-थर उपत्य खण्ड, नरमुण्ड
मालिनी कहते उसे कालिका
लट इधर-उधर लटकी है
श्याम वक्ष पर खेल रही है
स्वर्ण किरण रेखाएँ
एक पर दृष्टि जरा अटकी है।[9]

यह काली कहीं श्यामा बन जाती है और असुर नरमुंडों की माला गले में धारण

करती है। लोक में ऐसी ही मान्यता है। शत्रुओं का संहार करने वाली श्यामा बंगाल की धरती में दुर्गा बन जाती है। आज भी बंगाल में दुर्गा का यही रूप व्यापक धरातल पर स्वीकृत है। निराला पर भी इसका गहरा प्रभाव पड़ा था। इसी कारण वे कहते हैं–

एक बार बस और नाच तू श्यामा
सामान सभी तैयार कितने ही हैं
असुर चाहिए कितने तुझको हार?
कर मेखला-मुण्ड-मालाओं से वन मन अभिरामा
एक बार और नाच तू श्यामा।[10]

काली के बारे में लोकविश्वास यह है कि एक हाथ की तलवार से वह राक्षसों का गला काटती है और दूसरे हाथ में खप्पर धारण कर वह उनका खून पीती है। निराला ने श्यामा के उसी रूप का आह्वान अपनी रचनाओं में किया है। महिषासुर नामक राक्षस का वध उसने इसी प्रकार किया था। निराला जी लिखते हैं–

भैरवी/ तेरी झंझा/ तभी बजेगी
मृत्यु लड़ाएगी जब तुझसे पंजा
लेगी खड्ग और तू खप्पर
उसमें रुधिर भरूँगा माँ
मैं अपनी अंजलि भर-भर
उंगली के पोरों में दिन गिनता ही जाऊँ क्या माँ
एक बार बस और नाच तू श्यामा।[11]

गाँव, देहात का साधारण आदमी दिनों की गणना अपनी अँगुलियों के पोरों पर ही करता है, इसका कैसा सच्चा अनुभव इस पंक्ति में बोलता है। निराला की कविताओं में प्रह्लाद भी उपस्थित है, जिनके बारे में लोक विश्वास है कि उनके पिता हिरण्या कश्यप ने उन्हें भगवान की भक्ति से रोका था। किन्तु पिता की बात न मानने पर उन्हें अनेक प्रकार से मारने का प्रयास किया गया। उनकी बहन होलिका ने उन्हें अपनी गोद में धारण कर अग्नि में जलाने का प्रयास किया, किन्तु वे बच गये। उन्हें खम्भे में बाँधकर पिता ने जब तलवार से उनका वध करना चाहा तो भगवान खम्भे के बीच से प्रकट हुए और हिरण्या कश्यप को मारकर प्रह्लाद की रक्षा की थी।

बदल शिक्षा-क्रम, बना इतिहास सच्चा, दम न ले,
सज्ज्नों को प्रगति पथ, प्रहलाद तू जब तक न कर।[12]

निराला ने उर्वशी के उस मिथ का भी प्रयोग किया है जो अनादि काल से हमारी संस्कृति का अंग रहा है। उर्वशी भरत के शापवश पति-पुत्र में से एक साथ एक ही को प्राप्त कर सकती थी। उसे इसका भय निरन्तर सताया करता था। जब उसको दोनों मिल जाएँगे तो उसे मर्त्यलोक छोड़कर इन्द्रलोक जाना पड़ता था। इसी आशंका से वह निरन्तर ग्रस्त थी। वे लिखते हैं–

कटी हुई उर्वशी सी कंपित प्रतनु भार
विस्तृत दिगन्त के पार प्रिय बद्ध-दृष्टि
निश्चय अरूप मैं हुआ रूप-दर्श।[13]

पुराणों का आख्यान यह भी है कि मानवता की रक्षा हेतु शिव ने समुद्र-मंथन से निकले विष को पी लिया था और कालक्रूर से सृष्टि की रक्षा की थी। इस विष को धारण करने के उपरान्त ही शिव कल्याणकारी माने गये। उसी प्रकार निराला ने भी समाज के विष का पान किया और आजीवन उसके कल्याणार्थ लड़ते रहे। वे लिखते हैं–

"दुख के सुख जिओ, पियो ज्वाला
शंकर की समर शर की हाला
शशि के लांछन हो सुन्दरतर।"[14]

भारती-संस्कृति में शिव और पार्वती का सम्बन्ध शाश्वत माना गया है। कवि कालिदास और भक्त शिरोमणि तुलसीदास ने अपने मंगलाचरण में इस बात का संकेत लिया है। 'रघुवंश महाकाव्यम्' में प्रथम श्लोक में कालिदास लिखते हैं–

वागर्थाविव संपृक्तौः वागर्था प्रति प्रत्तये
जगतः पितरौ बन्दे पार्वती परमेश्वरौ।

रामचरित मानस में गोस्वामी तुलसीदास जब कहते हैं–

वर्णानाम् च अर्थसंघानाम्, रसानाम् छन्दसामऽपि।
मंगलानामचकर्तारौ बन्दे वाणी विनायकौ।

निराला भी शिव को उसकी शक्ति से अलग करके नहीं देखते। शिव चाहे जिस काल में, जिस रूप में आये शक्ति उनके साथ अवश्य जुड़ी होंगी। यह उनके अद्वैत भाव का प्रतिफलन भी है। निराला की इस चेतना पर विवेकानन्द और स्वामी रामकृष्ण परमहंस की चेतना का प्रभाव गहरा था। वे कहते हैं–

तुम शिव हो, मैं हूँ शक्ति, तुम रघुकुल गौरव रामचन्द्र
में सीता अचल भक्ति।[15]

सीता और राम के पौराणिक मिथ के साथ ही राधा और कृष्ण भी अछूते नहीं रह सके। उनका कहना है–

तुम पथ हो मैं हूँ रेणु
तुम हो राधा के मनमोहन
मैं उन अधरों की वेणु।[16]

राम और कृष्ण विष्णु के अवतार रहे हैं, ऐसी विष्णु भक्तों की परम्परागत मान्यता रही है। विष्णु का शयन शेषनाग पर माना गया है। क्षीर-सागर में लक्ष्मी के साथ शयन करते हुए विष्णु का स्वरूप भी निराला की रचनाओं में आया है। वे लिखते हैं–

शेष के तल्प कल
शयन अवशेष पल
चयल-कलि-गंध दल
विश्व के आराम।[17]

इसी प्रकार 'राम की शक्ति पूजा' में भी निराला ने राम को 'अतल बल शेष शयन' कहा है। भारतीय मिथक कथाओं में यह भी चर्चा है कि देवासुर-संग्राम में देवताओं और राक्षसों ने मिलकर समुद्र का मंथन किया था। इसमें कुल चौदह रत्नों की प्राप्ति हुई थी, जिसमें अमृत और विष अन्य चीजों के साथ शामिल थे। देवताओं ने अमृत और राक्षसों ने विष का पान किया था। पंचवटी प्रसंग-शीर्षक कविता में सीता कहती हैं–

देव दानवों ने मिल/ मथकर समुन्दर को,
निकाले थे चौदह रत्न / सुनती हूँ।

इस कथा में विष्णु ने शिव की रक्षा की थी और विष्णु की रक्षा विष से करने के लिए स्वयं शिव ने भी उस विष का पान किया था जो समुद्र मंथन से बाहर निकाला था। इस कथा का सहारा लेकर निराला लिखते हैं–

तुम्हीं हो शक्ति समुदय की
तुम अनुरक्ति संचय की
तुम्हारी दृष्टि ही है।
ज्ञान से जकड़ा हुआ सागर
मथा फिर देव असुरों ने समझ कर रत्न को
आकर पिया विष विष्णु के ही अर्थ
शंकर ने अमरता मय।[18]

'समुद्र-मंथन' कथा में यह भी बात है कि अमृत और विष का बँटवारा जब देवता और दानवों में हो गया तो राक्षस-पक्ष के राहु और केतु रूप बदल कर देवताओं की कतार में आकर बैठ गये, जिन्हें पहचाने जाने पर विष्णु ने अपने सुदर्शन से उनका धड़ और सिर दो भागों में काट डाला। इससे पहले वे अमृत-पान

कर चुके थे। अत: वे राहु और केतु बने। मान्यता ऐसी है कि सूर्यग्रहण और चन्द्रग्रहण के समय ये राहु-केतु सूर्य और चन्द्र को निगल जाते हैं, क्योंकि इन्हीं दो देवताओं ने इन राक्षसों की पहचान कतार में की थी। इस मिथक प्रयोग में निराला की पंक्तियाँ देखिए–

मुसीबत में कटे हैं दिन
मुसीबत में कटी हैं रातें
लगी हैं चाँद सूरज से
निरन्तर राहु की बातें।[19]

निराला ने अपनी कविताओं में रामायण और महाभारतकालीन अनेकानेक प्रसंगों को स्वीकार करके कविता को धारदार और सशक्त बनाया है। महाभारत में भीष्म की शरशैय्या पर पड़े होने का प्रसंग है। भीष्म को इच्छा-मृत्यु का वरदान था। अर्जुन के बाणों से भीष्म जब घायल हुए तब सूर्य दक्षिणायन था। अत: वे उस स्थिति में मरे नहीं, वरन सूर्य के उत्तरायण होने की प्रतीक्षा में छ: माह तक बाणों की शैय्या पर पड़े रहे और सूर्य के उत्तरायण होने के पश्चात् अपने प्राण का त्याग किया था। भीष्म की भाँति निराला भी अपने मृत्यु के आगमन की प्रतीक्षा में पड़े हैं। वे लिखते हैं–

पत्रोत्कंठित जीवन का विष बुझा हुआ है...
सिद्ध योगियों जैसे साधारण मानव
ताक रहा है भीष्म शरों की कठिन सेज पर।''[20]

भीष्म अत्यन्त कुशल, शक्तिशाली योद्धा के साथ ही साथ नीति, धर्म आदि के परमज्ञाता और महान त्यागी के रूप में भारतीय जनमानस में प्रतिष्ठित हैं। निराला भी आजीवन भीष्म की भाँति अडिग रहे थे। निराला ने मीरा का मिथक भी अपनी कविताओं में स्वीकार किया है। मीरा राठौर रत्न सिंह की पुत्री और उदयपुर के महाराणा कुमार भोजराज की पत्नी थीं। मीरा बचपन से ही कृष्ण-भक्ति में तल्लीन थीं। विधवा होने के बाद तो पूर्ण स्वतन्त्र हो गयी तथा वृन्दावन और द्वारका में कृष्ण भक्तों के बीच कृष्ण का भजन-कीर्तन करके जीवन बिताया। निराला ने लिखा है–

कहाँ की मित्रता, वे हंसके बोले
न कोई जब कि दिल की गाँठ खोले
गयी पत देवतापति की कि उसने
प्रिय मीरा को विष के घूंट खोले।''[21]

लोकविश्वास : लोकविश्वाप क्षेत्र अत्यन्त व्यापक है। हमारे दृश्य-जगत में जो कुछ गोचर है प्राय: उसके संदर्भ में कोई न कोई लोक-विश्वास निश्चित रूप से

प्रचलित है। निराला के काव्य में भी लोक-विश्वासों, लोकाचारों, लोकनीतियों, लोकानुभवों, लोकविधानों, मान्यताओं आदि की अनेक छटाएँ दिखाई पड़ती हैं। यह कवि की लोक सम्पृक्ति के गहनता का बोध कराती है। निराला ने देखा कि गंगा सिर्फ नदी ही नहीं वरन् जनमानस में वह मोक्षदायिनी पतित पावनी है। यह सगर के साठ हजार पुत्रों को तारनेवाली है। गंगा के इस महात्म्य का वर्णन लोक में विदित है। कवि लिखता है–

पतित-पावनी गंगे
निर्मल जल-कल रंगे।
कनका चल-विमल धूली
शत-जनपद प्रगढ़-खुली
मदन-मदन कभी तूली
लाता वारि भंगे।[22]

गंगा की चर्चा अधूरी रहे यदि उसके साथ शिव की नगरी काशी का महत्त्व न स्थापित किया गया। ऐसी लोक मान्यता रही है कि भगीरथ की प्रार्थना पर शिव ने अपनी जटा में स्थित गंगा को पृथ्वी पर प्रवाहमान किया था। शिव की नगरी काशी इसी गंगा के पावन-तट पर विद्यमान है। काशी के संदर्भ में यह मान्यता है कि वह शिव के त्रिशूल पर स्थित है। काशी में मृत्यु होने पर मनुष्य जीवन-मरण के बंधन से मुक्त होकर मोक्ष प्राप्त करता है। निराला कहते हैं–

तुमसे लाग लगी जो मन की
जग की हुई वासना बासी
गंगा की निर्मल धारा की
मिली मुक्ति मानस की काशी।[23]

और भी–

यह अविनाशी है अविनाशी/ यह काशी की कटि साक्षी/
त्रिशूल वास विश्वासी/ कहाँ है आपके बस की।''[24]

शिव के त्रिशूल पर काशी की विद्यमानता का वर्णन तो पुराणों से आज तक चला आ रहा है। गंगा और काशी एक-दूसरे के पर्याय हैं, दोनों मोक्षदायिनी हैं और दोनों शिव के अभिन्न-अविभाज्य अंग हैं। इसी गंगा की शरण में आकर निराला का कवि नतमस्तक होकर लिखता है–

हे जननि, तुम तपश्चरिता/ जगत की गति, सुमति भरिता
कामना के हाथ थक कर/ रह गये मुख विमुख बनकर
निस्व के उर विश्व के सुर/ बह चली हो तमस्तरिता/

विवश होकर मिले शंकर/ कर तुम्हारे है विजय वर
चरण पर मस्तक झुकाकर/ शरण हूँ तुम भरण-सरिता।''[25]

निराला ने पौराणिक मान्यताओं को स्वीकार करके कविता तो लिखी है किन्तु उन्होंने रूढ़ियों, गलित-परम्पराओं पर जमकर प्रहार किया है। उसके दुष्परिणामों से वे परिचित थे। वे जानते थे कि ये रूढ़ियाँ समाज को किस प्रकार जर्जर और क्षतिग्रस्त कर रही हैं। इसी के चलते भरतीय नारी का जीवन नरक बन गया था। यद्यपि निराला ने नारी को केन्द्र में रखकर अनेक प्रकार की रचनाएँ की हैं। इनमें विधवा, पत्थर तोड़ती मजदूरिन आदि हैं। विधवा भी भारतीय समाज के लिए अभिशाप है, जिसे निराला ने अपनी पूरी सहानुभूति दी है। उसे इष्टदेव के मन्दिर की दीपशिखा सी और निष्कलुष माना है। इसी प्रकार 'रेखा' शीर्षक कविता में वे लिखते हैं–

शक्ति की जर्जर पर अविचल पाद-प्रहार
जीवन पर निन्दा थी/ धर्म ढोंग
निष्ठा दृढ़/ दूसरों की शक्ति थी अपना आप एक
अंध परम्परा बस एक लक्ष्य जीवन का।[26]

रूढ़ियों के नाश का स्वप्न देखनेवाला कवि यह जानता था कि जब जीर्ण-शीर्ण जलकर नष्ट होगा तो वह समाज के लिए उर्बरा बन सकेगा, जिसमें आगे चलकर समाज में विकास के नये-नये कल्ले फूटेंगे। बिना पुराने सड़े-गले के नाश हुए नवता की आशा कैसी? कवि लिखता है–

जला दे जीर्ण-जीर्ण-शीर्ण प्राचीन
क्या करूँगा तन जीवन-हीन।[27]

कवि सचेत है कि प्राचीन में उन्हीं को जलाना है, जो जीर्ण-शीर्ण हैं, जो समाज के लिए अनुपयोगी है और जो प्रगति में बाधक है। रचनाकार के पास यह विवेक होना ही चाहिए कि प्राचीन के उज्ज्वलतम पक्ष की रक्षा का वह हिमायती हो जलाने के जोश में परम्परा के शुभ-पक्ष नष्ट न करे। निराला इस विवेक से और निरन्तर सचेष्ट दिखाई पड़ते हैं। उन की एक प्रसिद्ध कविता 'दान' है, जिसमें पंडित जी गोमती में स्नान करके बन्दरों को मालपुआ खिलाते हैं और पुल पर बैठे हुए भिखारी को दुत्कार कर भगा देते हैं। इसे देखकर निराला का हृदय चीत्कार कर उठता है–

देखा भी नहीं उधर फिरकर
जिस ओर रहा वह भिक्षु इतर।
चिल्लाया दूर किया दानव
बोला मैं धन्य श्रेष्ठ! मानव।

इन पंक्तियों में मनुष्य की उस रूढ़ि को निराला धिक्कारते हैं, जिसमें मनुष्य तो

भूखों मरता है, पर दान के नाम पर पशुओं व पक्षियों को खिलाकर पुण्य लाभ किया जाता है ताकि इसके बदले मोक्ष मिले। इस धरती पर ईश्वर की जो सबसे सशक्त रचना मनुष्य है, वह उपेक्षित रह जाता है। निरालाजी ने इस तरह की धार्मिक रूढ़ियों, अंधविश्वासों का जमकर विरोध किया था। उनकी प्रसिद्ध रचना 'सरोज-स्मृति' में जब सासुजी 'कुण्डली' दिखाकर पुनः विवाह करने का अनुरोध करके स्नान करने चली जाती हैं, तब निराला उसे ढाई-वर्षीय सरोज के हाथों पकड़ा देते हैं और वह उसके टुकड़े-टुकड़े करके उन पर बैठकर खेलती है। कवि ने लिखा है–

मोढ़े पर ले कुण्डली हाथ
अपने जीवन की दीर्घ-गाथ
पढ़ लिख हुए शुभ दो विवाह
हँसता था, मन में बढ़ी चाह
खंडित करने को भाग्य-अंक
देखा भविष्य के प्रति अशंक।[28]

इसी कविता में निराला ने अंधविश्वासों का और भी मजाक उड़ाया है। उनके दूसरे विवाह का प्रस्ताव अनेक स्थानों से आता है। वे उसे अस्वीकार करते हैं, किन्तु एक सज्जन ऐसे भी हैं, जो किसी भी प्रकार हतोत्साह होनेवाले नहीं दिखते। उन्हें वापस करने के लिए निराला ने एक युक्ति सोची और कहा–

'मैं हूँ मंगली मुड़े सुनकर।'

अंधविश्वास यह है कि मंगली लड़के से शादी होने के बाद कन्या शीघ्र विधवा हो जाती है या उसकी मृत्यु हो जाती है। इस तरह के अनेक अंधविश्वास निराला की कविताओं में व्याप्त दिखाई देते हैं–

लोकरीति-लोकाचार : जन सामान्य के बीच प्रचलित रीति-रिवाजों और लोकाचार के अन्तर्गत व्यक्तिगत जीवन के अधिकार, व्यवसाय, पर्वोत्सव, धार्मिक-आचरण, नैतिक-आचरण, भौगोलिक-विशेषताएँ, वेशभूषा, रहन-सहन, समाज के चित्र आदि आते हैं। लोक मानस में अनेक प्रकार के परम्परागत रीति-रिवाज प्रचलित है। लोक-मानव अतीत से चले आ रहे रीति-रिवाजों को अपने कर्मों का अनिवार्य हिस्सा मानकर उसे यथावत क्रियान्वित करना चाहता है। उसका दृढ़ विश्वास है कि अपनी पहचान और अस्तित्व की रक्षा के लिए उसे लोकाचारों को मानना पड़ता है। डब्ल्यू जी. समनर के मतानुसार– "लोक-मानव को अपने जन्म से लेकर मृत्यु तक जिन रीति-रिवाजों, संस्कारों तथा आचारों के बीच से गुजरना पड़ता है, उनका कोई लेखा-जोखा प्रस्तुत कर सकना बड़ा कठिन है। प्रतिदिन के जीवन में ही क्षौर-कर्म से आरम्भ करके स्नान, खान-पान, व्रत-उपवास और शयन आदि तक की अनेक रूढ़िग्रस्त रीतियाँ होती हैं। लोक-मानव

इनसे पद-पद चालित होता रहता है। उसके जीवन में न तो कोई उल्लेखनीय नवीनता होती है, न मौलिकता और न प्रगति तथा विकास के लिए कोई स्पष्ट प्रयास।''[29] इसके अन्तर्गत व्यक्तिगत और सामाजिक दोनों प्रकार की रीतियाँ सम्मिलित होती हैं। ये रीतियाँ अत्यन्त प्राचीन काल से चली आ रही हैं, जिन्हें समाज में रहनेवाला व्यक्ति अनिवार्यत: पालन करता है। तीन प्रकार की होती है–

(क) संस्कारगत सामाजिक रीति-रिवाज,

(ख) व्रत, त्यौहार और उत्सव सम्बन्धी सामाजिक रीति-रिवाज,

(ग) उद्योग-धंधों, व्यवसायों से सम्बन्धी सामाजिक रीति-रिवाज।

संस्कारगत रीति-रिवाज में निराला के यहाँ विवाह और अंतेष्टिगत रीति-रिवाजों का उल्लेख है। उनके यहाँ लौकिक प्रथाओं के अन्तर्गत विवाह, गौना, खेल, दंगल आदि का वर्णन हुआ है और व्यक्तिगत जीवन से सम्बन्धित लोकरीति में पुत्र-पुत्री, पति-पत्नी, भाई-बहन आदि के सम्बन्ध भी। निराला की रचना 'तुलसीदास और सरोज स्मृति' में लोकरीति के बृहद स्वरूप का पता चलता है। लोक में विवाह के बाद गौना का प्रचलन उत्तर भारत में था। गौना कराने के बाद लड़की कुछ दिन ससुराल रहकर मायके वापस जाती है किन्तु तुलसी की पत्नी रत्नावली कई वर्ष तक मायके नहीं जा सकी अथवा तुलसीदास ने उन्हें जाने नहीं दिया। उनका भाई रत्नावली की विदाई कराने आया है, किन्तु विदाई का कोई लक्षण नहीं दिखता, वे कहते है–

तुझसे पीछे भेजी जाकर/ आई वे कई बार नैहर
पर तुझे भेजते क्यों श्रीवर जी डरते
हम कई बार आ-आकर घर/ लौटे पाकर झूठे उत्तर /
क्यों बहन नहीं तू सम, उन पर बल करते?[30]

रत्नावली मायके वापस नहीं जाती तो उसके गाँव में तरह-तरह की चर्चाएँ होती हैं। कोई कहता है कि उसके घर वालों ने लड़की को बेच दिया है, इसलिए वह नहीं आ पाती। इसके चलते मायके वालों को समाज में निन्दा और अपमान झेलना पड़ता है–

हम बिना तुम्हारे आये घर
गाँव की दृष्टि से गये उतर
क्यों बहन, ब्याह हो जाने पर घर पहला
केवल कहने को है नैहर?
दे सकता नहीं स्नेह आदर
पूजे पद, इसलिए अपर उर दहला।[31]

उत्तर भारत के गाँवों में गौने जानेवाली लड़कियाँ सावन माह में अपने नैहर (मायके) लौट आती हैं। रत्नावली वापस नही आईं। घर के माँ-बाप, भाई-भाभी

आदि के लिए यह अत्यन्त पीड़ादायक है, किन्तु रत्नावली की सहेलियाँ उसकी स्थिति से अनभिज्ञ होकर कहती हैं–

माँ बाबूजी, भाभियाँ सकल पड़ोस की
है विकल देखने को सत्वर
सहेलियाँ अब ताने देकर कहती हैं,
बेचा वर के कर, आ न सकी।[32]

लोकापवाद : उपर्युक्त इस प्रकार का लोकापवाद गाँव में झेलना पड़ता है। यदि कन्या को खरीदकर वर शादी करता है अक्सर तो मायके जाने के बाद उसके पुनः बेच दिए जाने का खरता बना रहता है। तुलसी की पत्नी रत्नावली जब उनकी अनुपस्थिति में भाई के साथ मायके चली जाती है और उनके पीछे तुलसीदास वहाँ पहुँचते हैं, तो ससुराल में सभी लोग अवाक् रह जाते हैं। लोक मान्यतानुसार दूल्हा ससुराल में बिना बुलाये नहीं जाता। इससे उसकी प्रतिष्ठा पर आँच आती है। तुलसी को देखकर लोगों में काना-फूँसी शुरू हो जाती है। रत्नावली की भाभी व्यंग्य करती है। निराला लिखते हैं–

बैठा लो देकरमान-पान
कुछ जन-बतलाए कान-कान
सुन बोली भाभी, यह पहचान रतन की।[33]

लोकरीति–वर तलाशना : लोकरीति के अनुसार, कन्या के विवाह योग्य होने पर पिता-भाई द्वारा उसके योग्य वर की तलाश शुरू हो जाती है। निराला की कविता 'सरोज-स्मृति' में इस रीति का अद्भुत वर्णन मिलता है। सासुजी ने जब निराला से कहा कि पालन-पोषण हमारे वश में था, अब तुम्हें उचित यही है कि सरोज के योग्य वर देखकर उसकी शादी कर दो। निराला सरोज को अपने साथ घर लाते हैं और वर की तलाश करते हैं। वर की तलाश में मुख्य शर्त है– दहेज की।

दहेज : निराला के पास 'दहेज' देने के लिए पैसा नहीं है। वे कान्यकुब्ज ब्राह्मणों के यहाँ जाते हैं, तब दहेज की माँग उठती है। वे जल-भून कर कहते हैं–

ये कान्य कुब्ज कुलंगार
खाकर पतल में करें छेद
इनके कर कन्या अर्थ-खेद
इस विषम बेलि में विष ही फल
ये दग्ध मरुस्थल नहीं सुजल
फिर सोचा–मेरे पूर्वजगण
गुजरे जिस राह, वही शोभन।[34]

दहेज का विरोध करते हुए कवि अत्यन्त प्रगतिशील नजर आता है किन्तु उसके भीतर का अन्तर्विरोध बोल उठता है। कान्यकुब्जों को वह कुलंगार तो कहता है और 'पत्तल में खाकर छेद करने वाला' भी मानता है किन्तु फिर पूर्वजों द्वारा निर्मित परम्परा का अनुसरण करना श्रेयस्कर मानता है। अर्थात् पूर्वजों ने कन्या की शादी अब तक कान्यकुब्जों के यहाँ की है। अत: निराला के लिए भी यही उचित है कि वे सरोज की शादी किसी कान्यकुब्ज ब्राह्मण के साथ करें। यहाँ निराला का अन्तर्विरोध उनकी सीमा बन जाता है। शादी में घर के बड़े, पिता-भाई इत्यादि वर की तलाश करते हैं। कई तरह के वर सामने आते हैं। यहाँ तक कि ऐसे भी वर का दर्शन हो जाता है, जो हर प्रकार से अयोग्य होता है, फिर भी उनके माँ-बाप उनके लिए भी दहेज माँगते हैं। ऐसा ही एक वर 'सरोज-स्मृति' में वर्णित है–

ये जो जमुना के से कछार
पद-फटे बिवाई उधार, खाए के मुँह, ज्यों पिये तेल
चमरौधे जूते से सकेल, निकले जी लेते घोर-गंध
उन चरणों को मैं यथा अंध, कल घ्राण-प्राण से रहित व्यक्ति
हों पूजूँ ऐसी नहीं शक्ति, ऐसे शिव से गिरिजा विवाह
करने की मुझको नहीं चाह।[35]

यहाँ पौराणिक मिथक का सहारा लेते हुए निराला यह स्थापित करते हैं कि एक वह शिव था जो गिरिजा को विवाहने आया था। वह बाहर से अशिव था, उसके चारों ओर साँप बिच्छू थे, भूत-भभूत रमाये था। साथ में बाराती, भूत-पिशाच तक थे, किन्तु भीतर से वह कल्याणकारी था। सारी दुनिया का शिव (मंगलकारी) था। निराला के सामने वर रूप में जो शिव खड़ा है, उसके लिए 'ऐसे' शिव का प्रयोग हुआ है, जो बाहर-भीतर दोनों प्रकार से अशिव है, उससे भला सरोज की शादी निराला कैसे कर सकते हैं? जब सरोज के योग्य एक साहित्यिक वर संयोग से मिल जाता है, तब भी लोक-रीति को तोड़ने की बात निराला करते हैं।

लोकरीति : शादी में लोकरीति के अनुसार एक पंडित मंत्रोच्चार करके लग्न कराता है, किन्तु सरोज की शादी के सन्दर्भ में निराला का कथन हैं–

तुम करो व्याह, तोड़ता नियम,
मैं सामाजिक योग के प्रथम
लग्न के पढ़ूँगा स्वयं मंत्र
यदि पंडित जी होंगे स्वतंत्र।[36]

निराला ऐसे पिता हैं, जो स्वयं पंडित के स्थान पर कन्या की शादी में मंत्र पढ़कर शादी कराने का कार्य कराएँगे। लोकरीति के अनुसार सरोज की शादी सम्पन्न

होती है। लोकमान्यतानुसार 'वर के मेटा' के पानी से कन्या शादी से पहले स्नान करती है। इसे उत्तर-भारतीय संस्कृति में 'नहछू नहावन' के नाम से जानते हैं। निराला कहते हैं—

देखा विवाह आमूल-नवल
तुझ पर शुभ पड़ा कलश का जल

सचमुच सरोज की शादी अद्भुत नवीनता लिए थी। सरोज को विदा देते समय 'माँ की कुल-शिक्षा देने' का कार्य भी स्वयं निराला ही करते हैं। यहाँ तक कि उसके सुहागरात के बिस्तर सजाने का कार्य भी स्वयं वही करते हैं। निराला पहले कवि हैं जो अपनी पुत्री के सुहागरात की सेज की चर्चा कविता में करते हैं। निराला मात्र कवि नहीं सरोज के पिता भी हैं। एक तटस्थ, निरपेक्ष, अनासक्त योगी की भाँति निराला सरोज के गोपन-संसार का वर्णन भी कविता में करते हैं। यह उनका ही साहस था। ऐसी सरोज जीवन के अठारह वर्ष पूरे करके उन्नीसवें वर्ष के आरम्भ में मरती है। हमारे यहाँ मरने के बाद तर्पण आदि क्रिया-कर्म का विधान है। निराला के पास अर्थाभाव में 'सरोज' की क्रिया हेतु कुछ भी नहीं है। वे अपने शुभ-कर्मों के अर्पण द्वारा सरोज के तर्पण करने की बात करते हैं—

हो इसी कर्म का बज्रपात
यदि धर्म रहे नत-सदा माथ।
इस पथ पर मेरे कार्य-सकल
हो भ्रष्टशील के से शतदल,
कन्ये, गत कर्मों का अर्पण
कर करता मैं तेरा तर्पण।[37]

निराला की कविताओं में लोक-विधान का वर्णन अनेक स्थानों पर अनेक प्रकार से हुआ है। इससे कवि की गहरी लोक संपृक्तता का पता चलता है। लोक की धड़कन और पहचान को अभिव्यक्त करना कवि की शक्ति और उसकी जनता के बीच गहरी पैठ का प्रमाण है। निराला ने प्रगतिशीलता के झोंके में बहकर अपने को लोक-जीवन से अलग नहीं रखा, न ही भारतीयता का त्याग ही किया। उनके लिए प्रगतिशीलता की स्वीकृति भारतीयता की शर्तों पर ही सम्भव थी। इसी कारण वे भारतीय अध्यात्म, दर्शन, धर्म साधना आदि को निरन्तर साथ लेकर गतिशील होते हैं। अपनी एक रचना में वे कहते हैं—

बड़ा शामियाना तना, तोरण बनाये गये
द्वारा पर दोनों ओर कलस रखे गये
जलपूर्ण सेंदूर स्वास्तिक खींचकर/

आम्र पल्लव धान भरी परई
कच्चा छोटा नारियल रखकर।[38]

यहाँ पर तोरण द्वार बनकर स्वागत करना, द्वार के दोनों ओर मंगल कलश सजाना, उसमें जल भरकर रखना, सिंदूर से उन पर स्वास्तिक का चिह्न बनाना, आम के पल्लव रखना, परई (मिट्टी का बड़ा दीया-सा) में नारियल रखना– यह पूरा विधान लोक-जीवन की जीवन्त धड़कन का सूचक है। शुभ एवं मंगल के सम्पूर्ण विधान भारतीय संस्कृति के अभिन्न अंग हैं। निराला का सहज जुड़ाव जनता के उस वर्ग से है जो इन में सब आस्था और विश्वास रखते हुए अपने हित का स्वप्न देखता है।

लोक-विश्वास : हिन्दी भाषी समाज में यह प्रचलित विश्वास है कि कन्यादान किया जाता है, जिसका फल मिलता है। लड़की के माता-पिता कन्यादान करते हैं। कभी-कभी समाज में लड़की को बेच दिया जाता है। जब लड़के के विवाह में किसी प्रकार की कोई बाधा हो या लड़का दुहाजू हो तो प्राय: ऐसा ही होता है। तुलसीदास शीर्षक कविता में रत्नावली की भाभी कहती है–

सोचा अबके किस घाट उतारे इनको,
जब देखो तब द्वार पर खड़े
उधार लाए हम चल बड़े
दे दिया दान से अड़-पड़े अब जिनको।[39]

यहाँ 'किस घाट उतारे इनको' में लोक प्रचलित मुहावरा का बड़ा सार्थक प्रयोग किया गया है। इसके माध्यम से तुलसी पर सटीक व्यंग्य बाण की बौछार सम्भव हुई है। निराला ने अपनी अनेक रचनाओं में लोक से प्राप्त अनुभव को रूपायित किया है। जो कवि लोक के बीच जितना अधिक गतिमान होगा, उसकी लोक-संपृक्ति उतनी ही गहरी और पुष्ट होगी। निराला जी जीवन-पथ पर जब आगे बढ़ते हैं तो लगे जो उपल पद, हुए उत्पन्न ज्ञात/ कंटक चुभे जागरण बने अवदात की ग्रन्थति विद्यमान होती है। तभी तो वे कह सके–

1. **देख के दिन नयन नयन रहो/ बेमन मन को समुझाय रहौं।**[40]
2. **वाद से विवाद यह ठने / काँटा काँटे से कढ़ाओ।**[41]
3. **ईंट का जवाब हमें पत्थर से देना है।**
   तुर्कों को तर्की में / घूसे से थप्पड़ का।[42]

दुख के दिनों में, संकट की बेला में सिर झुकाकर दुख या संकट को बीता लेने का अनुभव, कांटे से काटने का तथा ईंट का जवाब पत्थर से देने की बात बिना लोक-संपृक्ति से सम्भव नहीं है। लोक अनुभव में कंजूस का स्वभाव किसी से छिपा नहीं है। वह अपनी वस्तु को जरा सा भी खर्च नहीं करता, उसका सिद्धान्त है– मैं

मर जैहों तोहें ना भजै हों। गर्म पकौड़िया शींषक कविता में कवि लिखता है–

गर्म पकौड़ी। ऐ गर्म पकौड़ी
तेल की भुनी नमक-मिर्च की मिली ऐ गर्म पकौड़ी
मेरी जीभ जल गयी, सिसकियाँ निकल रहीं
लार की बूँदे कितनी टपकीं
पर दाढ़ तले तुझे दबा ही रक्खा मैंने
कंजूस ने ज्यों कौड़ी।[43]

पकौड़ियों के खाने का अनुभव जीभ जल जाने के बाद का कैसा है– यह दर्शनीय है। लोक जीवन की नानावर्णी छटाएँ उसकी अनोखी छवि, उसके उतार-चढ़ाव का रंग, अपनी सम्पूर्ण आभा के साथ यहाँ विद्यमान है। निराला समाज के अति निम्न वर्ग से चलकर किसान, मजदूर, श्रमजीवी सभी से अपना सरोकार स्थापित करते हैं तथा अपने विशाल हार्दिक चिंतन का परिचय देते हैं। एक स्थान पर वे 'किसान की बहू' को देखते हैं। यहाँ लोक-जीवन की निर्मल छवि की बानगी देखिए–

वे किसान की नयी बहू की आँखें
ज्यों हरीतिमा में बैठे दो विहग बंद कर पाँखे।[44]

इसी अनुभव में लोक जीवन्त दिखाई पड़ता है। लोक-जीवन की छटा कालान्तर में हमारी संस्कृति का एक अंग बन जाती है। भारतीय संस्कृति में तरह-तरह के मेले, उत्सव, खेल, तमाशे होते आये हैं। इन नाच, तमाशों, मेलों, त्योहारों में जनता अपने विषाद को भुलाकर, जीवन में उत्साह का संचार करती है, नवजीवन प्राप्त करती है। जिस समाज में इसका अभाव होता है, वह समाज जीवित लाश का पुंज है। बहुत दिनों की लगातार मूसलाधार बरसात के बाद जब धूप निकलती है तो ग्रामवासी प्रसन्न होकर किस तरह क्रियाशील हो उठते हैं। उनके भीतर जोश, उमंग और हर्षातिरेक की चरम परिणति का चित्र देखिए–

लोक गाँव-गाँव को चले
कोई बाजार, कोई बरगद के पड़े तले।
जांघिया, लंगोटा से संभले, तगड़े सीधे नौजवान।

इसी के साथ ही ग्राम की किशोरियों के भीतर हर्ष और उल्लास की स्थिति भी कोई कम नहीं है–

पनघट में बड़ी भीड़ तो रही
नहीं ख्याल आज कि भीगेगी चुनरी
बातें करती हैं वे सब खड़ी
चलते हैं नयनों के सीधे बान।''[45]

गाँव के तरुण यदि लंगोट, जांघिया संभाल कबड्डी खेलने और कुश्ती लड़ने में मस्त हैं तो किशोरियाँ पनघट पर चुहलबाजी करती हैं। नयनों के बाण चलाती हैं। वे इस बात से बेख़बर हैं कि उनकी चूनरी भीग जाएगी। यही तो हमारे जीवन के अनमोल क्षण हैं, जिनके समक्ष जन्नत की सारी समृद्धियाँ छोटी पड़ जाती हैं। इसी कारण यह धरती स्वर्ग से भी श्रेष्ठ है। सम्पूर्ण इंद्रियों के माध्यम से जीवन को अनुभव करता, इस धरती का मनुष्य, स्वर्ग के देवताओं से श्रेष्ठ हो जाता है। युवकों का समूह इकट्ठा होकर मौसम के अनुसार लोक-गीतों का गान करता है तथा कल के लिए जीवन में नयी स्फूर्ति, नयी चेतना और उर्जा प्राप्त करता है–

लोग रोज रात को आल्हा गाते
ढोलक पर अपना जी बहलाते।''[46]

पर्वोत्सव : हमारे देश में विभिन्न पर्वों से जुड़े अनेक उत्सव मनाये जाते हैं। पर्वोत्सव एक सामाजिक उत्सव है, जिसके द्वारा हमारे भीतर आनन्दोद्रेक होता है। जनता इन पर्वों को अपनी संस्कृति का अंग मानकर मनाती है। भारतीय समाज इन्हें ऋतुओं के साथ जोड़कर मनाता आया है। डॉ. रवींद्र भ्रमर लिखते हैं– ''मनोरंजन एवं सांस्कृतिक पम्परा के अनुसार, निर्वाह की दृष्टि से, ये पर्वोत्सव एवं ऋतु उत्सव लोक समाज के अनिवार्य अंग बन गये हैं।''[47]

भारतीय समाज में हिन्दू जनता का लोक-जीवन पर्वोत्सवों की दृष्टि से अत्यन्त समृद्ध रहा है। ऐसा कहा जाता है कि हिन्दुओं का हर एक दिन त्यौहार से शुरू होता है। इन उत्सवों के पीछे जन साधारण के प्राचीन लोक विश्वास की एक परम्परा रही है। इनकी पृष्ठिभूमि में ही प्रत्येक वर्ग और समाज में पर्वोत्सवों को महत्त्वपूर्ण स्थान प्राप्त होता चला आ रहा है। ये पर्वोत्सव हर वर्ष आते हैं और प्रत्येक वर्ष हर्षोल्लास से उनको जनमानस मनाता है। अनेक प्रकार के नाच-गानों और धूम-धड़ाकों के साथ इनके स्वागत और आयोजन का विधान रहा है और अपने भीतरी भेदों, मनमुटावों को मिटाकर लोग प्रसन्न मन से एक दूसरे को गले एवं हृदय से लगाते हैं। जनसाधारण के बीच प्रचलित अनेक उत्सवों का वर्णन निराला ने किया है। इन पर्वोत्सवों पर होनेवाले क्रिया-व्यापारों का वर्णन यहाँ हुआ है। इनमें वसन्त और होली का वर्णन प्रमुख है।

वसन्तोत्सव : भारतीय समाज वसन्तोत्सव को दो प्रकार से मानता है। एक पर्वोत्सव के रूप में, दूसरा उत्सव के रूप में। पर्वोत्सव के रूप में वसन्त का वर्णन निराला के काव्य में भी हुआ है। वसन्त ऋतु निराला की अत्यन्त प्रिय ऋतु रही है। हिन्दू तिथि के अनुसार यह उत्सव माघ शुक्ल पंचमी को मनाया जाता है। इसी दिन विद्या की अधिष्ठात्री देवी सरस्वती की हम पूजा-अर्चना करते हैं। भोजपुरी एवं

मैथिली समाज में 'फाग' गाने का आरम्भ इसी दिन से होता है। निराला वसन्त के दिन अपना जन्म दिन मानते रहे। इस अवसर पर 'घमार' 'मनोरा' 'झूमक' और 'चांचरि' गाने तथा खेलने की रीति अवध के उस भूभाग में प्रचलित है, निराला जिस मिट्टी के थे। अबीर और गुलाल उड़ाई जाती है तथा सर्वत्र प्रसन्नता का आलम रहता है। निरालाजी ने लिखा है–

सखि वसन्त आया / भरा हर्ष, वन के मन / नवोत्कर्ष छाया।[222]

वसन्तोत्सव भारत का अत्यन्त प्राचीन त्यौहार है। प्राचीन भारत में इसे मदनोत्सव के नाम से जानते थे।

होली : यह हिन्दुओं का प्रसिद्ध त्योहार है। यह फागुन शुक्ल पक्ष की पूर्णिमा को होती है। रात में होलिका जला लेने के बाद चैत के प्रथम दिन फाग या फगुआ होता है। कहीं-कहीं इसे 'धुलहड्डी' या 'धूलिवंदन' के नाम से भी जानते हैं। डॉ. रवींद्र भ्रमर लिखते हैं– फाल्गुनी पूर्णिमा की रात्रि में एक वर्ष के पुराने संवत में आग लगती है, वह जलकर समाप्त होता है और दूसरे दिन चैत वदी प्रतिपदा (प्रथमा) को होली का त्यौहार लगभग सम्पूर्ण भारत वर्ष में राग-रंग के साथ मनाया जाता है। इस दिन मस्ती देखते ही बनती है। ढोल-मजीरा, झांझ आदि वाद्यों के साथ गाते-बजाते, उछलते, कूदते लोगों की टोलियाँ हरेक द्वार से गुजरती हैं। उनके मन में एक ही कामना होती है– 'सदा आनंद रहे येहि द्वारे, मोहन खेलै फाग।' इस त्यौहार को लेकर कई लोक-कथाएँ प्रचलित हैं, जिनमें सबसे प्रसिद्ध होलिका की कथा है। आततायी हिरण्या कश्यप की बहन होलिका ने सच बोलने वाले भक्त प्रह्लाद को अपनी गोद में लेकर उसे जला डालने का प्रयास किया था। उस आग में होलिका जल कर राख हो गयी, किन्तु प्रह्लाद का 'बाल भी बांका' नहीं हुआ। तभी से भक्त प्रह्लाद की यादगार में राक्षसी स्वरूपा होलिका का दहन होता है। सत्य और धर्म के प्रतीक प्रह्लाद के जीवित बच निकलने की खुशी में इस हर्षोल्लास का आयोजन होता है। निराला की कविताओं में यथार्थ पौराणिक-कथा का कहीं भी उल्लेख नहीं है, किन्तु इस उपलक्ष्य में घटित लोक-क्रिया-व्यापारों का बड़ा मनोरम वर्णन हुआ है। वे इस लोक जीवन के रीति-रिवाज मानकर विभिन्न अवसर पर होनेवाले लौकिक कृत्यों का अद्भुत रूप प्रस्तुत करते हैं। डॉ. रवींद्र भ्रमर लिखते हैं– अवध के गाँवों और पूर्वी जिलों में होली का हुड़दंग प्राय: वसन्त पंचमी के दिन से प्रारम्भ हो जाता है। निराला अपनी कविता में लिखते हैं–

नयनों के डोरे लाल गुलाल-भरे, खेली होली
जागी रात सेज प्रिय पति संग रात सनेह-रंग घोली
दीपित दीप प्रकाश, कंज छवि मंजु-मंजु हंस बोली

मली मुख चुंबन रोली।
प्रिय कर कठिन-उरोज परस कस-कसक मसक गयी चोली
एक कसक रह गयी मंस हंस
अधर दशन अनबोली कली सी काटे की तोली।

फाग के अवसर पर 'होलिका दहन' करना एक विशुद्ध लौकिक रीति-रिवाज है। इस अवसरर पर गाये जानेवाले गीत को चैता कहते हैं। कहीं-कहीं होलिका-दहन के बाद रंग गुलाल खेला जाता है। 'जागो फिर एक बार' में भी कवि ने फाग का खेला रंग लिखा है। 'फाग खेलना' अर्थात् पिचकारी से रंग खेलना। यह जनमानस में मनो-विनोद का त्यौहार है। यह त्यौहार एकदम लौकिक पद्धति का है। स्टैंडर्ड डिक्शनरी ऑफ फोकलोर में इस सन्दर्भ में लिखा है– "होलिका दहन करने के अवसर पर रंग खेलने और अश्लील गायन की रीतियाँ एकदम लौकिक हैं। हिन्दू समाज के शास्त्रीय स्तर से इनका कोई सम्बन्ध नहीं है।"[46]

शकुन-विचार : लोक विश्वास के अन्तर्गत शकुन और अपशकुन की बलवती अंधपरम्परा और लोकविश्वास विद्यमान हैं। भारतीय समाज का मनुष्य उठते, बैठते, चलते-फिरते, कर्म करते हुए निरन्तर शुभ और अशुभ के बारे में सोचता ही रहता है। समाज में अलिखित स्वीकृति शकुन-अपशकुन को मिली हुई है। सामाजिक अंधपरम्पराएँ और जड़ता भरे आग्रह के कारण यह लोकशास्त्र सापेक्ष हो गया है। भारत का शिक्षित-वर्ग भी इस अंधविश्वास से अछूता नहीं है, जबकि वह विज्ञान के चलते वैज्ञानिक चिंतन करनेवाला हो गया है। भारतीय मनुष्य अंधविश्वासों के मार्ग से गुजरता हुआ भावी अमंगल की आशंका से ग्रस्त होकर लोकविश्वासों को मिटाने की क्षमता खो देता है। लोक-जीवन में शकुन सम्बन्धी अनेक बातें प्रचलित हैं, जिनका प्रभाव मनुष्य पर गहरा है। निराला जी लिखते हैं–

पायल की बूँदों में रून-झुन/ क्या भरे घड़े के मिले सगुन
बोली नूतनता, सुन, सुन, सुन/ नवरसता के तल सरसाए

यहाँ पायल के बोल अचानक फूट पड़ने का ही शकुन है। यह प्रियतम के लौटकर आने और मिलने का सगुन है। लोकविश्वास में काल की शाश्वतता विभाजित किया गया है। इस विभाजन को सतयुग, द्वापर, त्रेता और कलियुग के नाम से जाना जाता है। इसमें कलियुग घोर पतनशील युग का द्योतक है। सतयुग राम का युग, द्वापर कृष्ण के युग से जाने जाते हैं। निराला का अपना युग कलियुग है। कलियुग में समाज की विशृंखलित प्रवृत्ति का वर्णन करते हुए स्वामी प्रेमानन्दजी महाराज कहते हैं–

ऐसा भी आदमी पंक्ति में बैठाया गया/ जिसके मां-बाप का पता/ आज तक न लगा/ घोर कलियुग है।"[50]

ऐसे कलिकाल में इस प्रकार लोक विश्वास और परम्पराओं का चित्रण निराला की काव्य-यात्रा में दिखाई पड़ता है। शास्त्रीयता के साथ ही साथ लोकतत्वों का समावेश निराला ने अपनी रचनाओं में जीवन्त बनाने के लिए किया है। इसमें लोककथा, लोकगीत, लौकिक रीति-रिवाज, लोकविश्वास एवं अंधपरम्पराओं का भरपूर समावेश हुआ है। इसके चलते लोक मानस की लौकिक, धार्मिक, ऐतिहासिक, नैतिक आचरणों का पता चलता है। ये तत्त्व काव्य में लोकतत्व की शक्ति का बोध कराते हैं और हमें अतीत में सांस्कृतिक गरिमामय विकास का अहसास कराते हैं। निराला के काव्य में लोकतत्व का समाहार प्रसंगवश किया गया है। उन प्रसंगों की बहुलता नहीं है जहाँ जनसामान्य की सम्पूर्ण तस्वीर उभरकर सम्मुख आ जाए। इन तत्वों के माध्यम से निराला ने अपने युग और परिवेश का चित्रण किया है, जिसमें उस काल की जनता का हास-परिहास, सुख-दुख, आशा-निराशा, उत्थान-पतन, तीज-त्यौहार आदि का पता चलता है।

सन्दर्भ

1. वरशिप ऑफ नेचर; जे. जी. फ्रेजर, पृ. 7
2. लोक साहित्य विमर्श; डॉ. श्याम परमार, पृ. 8
3. विधवा रचनावली; भाग, पृ. 87
4. निराला रचनावली; भाग-1, पृ. 150
5. निराला रचनावली; भाग-2, पृ. 345
6. निराला रचनावली; भाग-1
7. निराला रचनावली; भाग-1, पृ. 172
8. मतवाला, साप्ताहिक; कलकत्ता-5 जनवरी, 1924, परिमल में संकलित।
9. निराला रचनावली; भाग-1, पृ. 84
10. निराला रचनावली; भाग-2, पृ. 144
11. निराला रचनावली; भाग-1, पृ. 325
12. निराला रचनावली; भाग-2, नये पत्ते की भूमिका से।
13. निराला रचनावली; भाग-1, पृ. 50
14. निराला रचनावली; भाग-1, पृ. 50
15. निराला रचनावली; भाग-2, पृ. 401
16. निराला रचनावली; भाग-2, पृ. 91, तुम्हीं हो शक्ति समुदय की।
17. निराला रचनावली; भाग-2, पृ. 164, मुसीबत में कटे हैं दिन।
18. निराला रचनावली; भाग-2, पृ. 492
19. निराला रचनावली; भाग-2, कहाँ की मित्रता, पृ. 155
20. निराला रचनावली; भाग-2, पृ. 434

21. निराला रचनावली; भाग-2, पृ. 434
22. निराला रचनावली; भाग-2, पृ. 488
23. निराला रचनावली; भाग-2, पृ. 403
24. निराला रचनावली; भाग-2, पृ. 180
25. निराला रचनावली; भाग-2, पृ. 258
26. निराला रचनावली; भाग-1, पृ. 318
27. फोकवेज; यू.एस.ए.; डब्ल्यू.जी. समनर, 1906, पृ. 4
28. निराला रचनावली; भाग-2, पृ. 296
29. निराला रचनावली; भाग-1, पृ. 297
30. निराला रचनावली; भाग-1, पृ. 296
31. निराला रचनावली; भाग-1, पृ. 300
32. राग-विराग; पृ. 88
33. राग-विराग; पृ. 88
34. राग-विराग; पृ. 89
35. राग-विराग; पृ. 91
36. निराला रचनावली; भाग-2, पृ. 96 (स्वामी प्रेमानंदजी महाराज)
37. निराला रचनावली; भाग-1, पृ. 298
38. निराला रचनावली; भाग-1, पृ. 378
39. निराला रचनावली; भाग-1, पृ. 168
40. निराला रचनावली; भाग-1, पृ. 166
41. निराला रचनावली; भाग-2, पृ. 47
42. निराला रचनावली; भाग-2, पृ. 343
43. निराला रचनावली; भाग-2, पृ. 360
44. निराला रचनावली; भाग-2, पृ. 63
45. पद्मावत में लोकतत्व; डॉ. रवीन्द्र भ्रमर, पृ. 151
46. राग-विराग; सं. रामविलास शर्मा, पृ. 44
47. स्टैण्डर्ड डिक्शनरी ऑफ फोकलोर; न्यूयार्क, पृ. 501, सन् 1949
48. निराला रचनावली; भाग-2, पृ. 101 (स्वामी प्रेमानन्द जी महाराज)
49. हिन्दी भक्ति साहित्य में लोकतत्व; रवीन्द्र भ्रमर, पृ. 21
50. डब्ल्यू.जी. समनर; यू.एस.ए. पृ. 4

निराला के काव्य में संस्कार, आचार, विधि-विधान

भारतीय लोक जीवन में संस्कारों का प्रवेश जन्म के साथ ही हो जाता है। जन्म से सम्बन्धित कर्म से लेकर आजीवन विभिन्न रीति-रिवाजों, आचार-विचारों, विधि-विधानों का पालन किया जाता है। संस्कारों का सम्बन्ध व्यक्ति की व्यापकता और समुन्नतता से भी है। भारतीय जीवन में मनुष्य को समुन्नत बनाने के लिए निरन्तर चलने वाले संस्कारों का विधान हुआ है, जैसे जन्म-संस्कार, पाणिग्रहण-संस्कार, अन्तेष्टि-संस्कार आदि। इन संस्कारों की स्थिति लोकाचार में होती है। इसमें जन जीवन की विधियाँ क्रियाशील होती हैं। लोकमानस शास्त्र-सम्मत विधि-विधानों की अपेक्षा रीति-रिवाजों को विशेष महत्त्व देता चला आ रहा है। डॉ. रवींद्र भ्रमर लिखते हैंङ्ग "लौकिक रीतियाँ लोकाचार पर निर्भर करती हैं और उनके लिए धर्मशास्त्रों के पौरोहित्य की आवश्यकता नहीं पड़ती।"[1]

जन-समाज में नाना प्रकार के परम्परा प्रचलित रीति-रिवाज चलते रहते हैं। समाज का अभिन्न अंग समझा जानेवाला सामान्य व्यक्ति परम्परा में जीवित इन रीति-रिवाजों को तोड़ना पसन्द नहीं करता। इनके प्रति उसकी धारणा, आस्था दृढ़ होती है। और इनसे पृथक होकर सम्भवतः वह अपने अस्तित्व की कल्पना ही नहीं कर सकता। सामान्य जनता का जीवन विभिन्न प्रकार लोकाचारों संस्कारों से संश्लिष्ट होकर ही आगे गतिमान होता है। लोकसामान्य को अपने जन्म से लेकर मृत्यु तक जिन रीति-रिवाजों, संस्कारों और आचारों के बीच से गुजरना पड़ता है, उनका कोई लेखा-जोखा प्रस्तुत कर पाना बड़ा कठिन है। प्रतिदिन के जीवन में ही कर्म से आरम्भ करके स्नान, खान-पान, व्रत-उपवास और शयन आदि अनेक रूढ़िग्रस्त रीतियाँ होती हैं। लोक मानव इनसे कदम-कदम चालित होता रहता है। उसके जीवन में इनका न तो कोई उल्लेख है, न इनमें नवीनता होती है, न मौलिकता और न प्रगति तथा विकास के लिए स्पष्ट प्रयास।"[2] जनता के बीच प्रचलित रीति-रिवाज भी दो प्रकार के होते हैं–

(क) समाजगत रीति-रिवाज और

(ख) वैयक्तिक रीति-रिवाज।

(क) समाजगत रीति-रिवाज : समाजगत रीति-रिवाज समूहधर्मी होता है। इसका सम्बन्ध एक विशिष्ट वर्ग समूह या जाति से होता है। यह अति प्राचीन काल से यथावत चलती रहती है। उस समाज में रहने वाला प्रत्येक व्यक्ति अपना परम कर्तव्य मानकर इनका अनिवार्यतः पालन करता है। इनके भी अनेक भेद हैं–

1. संस्कारगत सामाजिक रीति-रिवाज,
2. व्रत त्यौहार और उत्सव सम्बन्धी सामाजिक रीति-रिवाज और
3. उद्योग, व्यवसाय से जुड़े सामाजिक रीति-रिवाज।

हमारे बीच लोकमत, वेदमत और सन्तमत की अवधारणा है। इनके भीतर ही सभी रीति-रिवाज सम्मिलित होते हैं। हमारे समाज में इन संस्कारों की जड़ अत्यन्त गहरी है। मनु ने लिखा है–

"जन्मना जायते शूद्रः संस्कार द्विजः उच्यते।"[3]

मनुष्य जन्म से शूद्र पैदा होता है, परन्तु संस्कारों के माध्यम से वह द्विज होता है। संस्कार शब्द की व्युत्पत्ति संस्कृत 'कृ' धातु में 'सम' उपसर्ग लगाकर हुई है, जिसका अर्थ होता है संस्कृत किया हुआ। चूँकि इन विभिन्न संस्कारों के माध्यम से व्यक्ति के जीवन को सुसंस्कृत और सुसभ्य बनाया जाता है, इस कारण इन्हें संस्कार की संज्ञा दी जाती है।

निराला के काव्य में हमें अनेक संस्कारों, आचार-विचारों, विधि-विधानों, आचरणों, मर्यादाओं का प्रतिफलन दिखाई देता है। निराला लोक-जीवन से तदाकार करके इनके स्वरूप का अवलोकन कर सकें, जो स्थान-स्थान पर विभिन्न रूपों में उनके काव्य में दृष्टिगत होता है। धर्मशास्त्रों में वर्णित अनेकानेक संस्कारों में से निराला की रचनाओं में पाणिग्रहण-संस्कार, गवना, कन्यादान, अन्तेष्टि, तर्पण आदि का वर्णन मिलता है।

पाणिग्रहण संस्कार : दुनिया के अधिकांश देशों और समाज में विवाह संस्कार के रूप में स्वीकृत है। भारतीय समाज में इसे पाणिग्रहण संस्कार के नाम से जाना जाता है। मनुष्य के जीवन का यह एक महत्त्वपूर्ण और अनिवार्य संस्कार माना जाता है। भारतीय धर्म-शास्त्र के अनुसार– ब्रह्म, दैव, आर्ष, प्रजापत्य, असुर, गंधर्व, राक्षस और पैशाच विवाह माने गये हैं। इसमें कुछ श्रेष्ठ और कुछ हेय दृष्टि से देखे जाते हैं। पुत्री के युवती बनने की ओर अग्रसर होते ही उसके माँ-बाप विवाह की चिन्ता से ग्रसित हो उठते हैं। कन्या के पिता या अभिभावक को जैसे ही किसी योग्य वर की खबर लगती है, वह वर के पिता के पास जाता है और दोनों के विवाह की बात करता है। कुंडली या जन्मपत्री आदि का मिलान होता है। किसी ज्योतिषवेत्ता के पास वर्ण, गुण और जाति के अनुसार यह क्रिया सम्पन्न होती है। कुंडली यदि

मिल गयी तो दहेज की माँग उठती है। 'दहेज का भाव' उसकी पारिवारिक हैसियत के अनुसार तय होता है। इस लेन-देन में कन्या का गरीब पिता कभी असहाय की स्थिति में दिखाई पड़ता है वह कई बार कन्या के लिए योग्य वर खोजने में भी असक्षम हो जाता है।

"पूर्वज के मिला करूँ अर्पण
यदि महाजनों को, तो विवाह
कर सकता हूँ, पर नहीं चाह
मेरी ऐसी, दहेज देकर।"[4]

निराला ने 'सरोज स्मृति' कविता में कुंडली मिलाने की चर्चा एवं सरोज के योग्य वर तलाश करते हुए दहेज की माँग की जाने वाली प्रथा का बड़ा कर्कश वर्णन किया है। वे कहते हैं–

ये कान्यकुब्ज कुलांगार
खाकर पत्तल में करें छेद।
इनके कर कन्या अर्थ-खेद
इस विषम-बेलि में विष ही फल।

सरोज के लिए कान्यकुब्जों के यहाँ वर की तलाश करते हुए निराला को जो कुछ अनुभव हुआ, उसका वर्णन करते हुए वे लिखने को विवश होते हैं–

ये जो यमुना के से कछार
पद फटे बिवाई से उधार
खाए के मुँह ज्यों, पिये तेल
चमरौधे जूते से सकेल
निकले जी लेते, घोर गंध
उन चरणों को मैं यथा अंध
कल घ्राण-प्राण से रहित व्यक्ति
हो पूजूँ ऐसी नहीं शक्ति
ऐसे शिव से गिरिजा विवाह
करने की मुझको नहीं चाह।

दहेज आदि की व्यवस्था ठीक-ठाक कर लेने के उपरान्त शादी का मुहुर्त तय करके वर-कन्या का विवाह सम्पन्न किया जाता है। कन्या के घर बारात आती है। विवाह-संस्कार के भीतर भी अनेक विधि-विधान किये जाते हैं जैसे कन्यादान, सिन्दूरदान, सप्तपदी। इसमें अनेक मंगल-विधान की परम्परा रही है।

गवना : गवना शब्द संस्कृत के 'गमन' शब्द से बना है जिसका अर्थ 'जाना'

है। आगे चलकर यह शब्द प्रथा-विशेष के रूप में रूढ़ हो गया। यह विवाह से अलग अपने में एक सामाजिक कर्म है, जिसमें विवाह की लगभग आधी रस्म अदायगी पुन: होती है। यह प्रथा 'नैहर' से ससुराल जाने की है। डॉ. ग्रियर्सन लिखते हैं–

The second visit, which Consists in the ceremony of going to the bride & bringing her home to her husband's house for the cosummation of the marriage is called Gavna or Gowan."

विवाह होने के पश्चात् जब कन्या प्रथम बार अपनी ससुराल पति के घर जाती है तो इसे गवना कहा जाता है। यह कभी शादी के साथ और कभी वर्षों के बाद किया जाता है। जब वर-कन्या की आयु अधिक होती है तब शादी के साथ ही रस्म पूरी कर दी जाती है। आजकल यह परम्परा समाप्त हो गयी है। 'गवना' के पहले इसके लिए मुहुर्त का विचार कर 'साइत' रखी जाती है। उस दिन वर पक्ष के लोग गवना ले जाने के लिए आते हैं। निराला अनके स्थान पर नाना प्रकार से इसका वर्णन करते हैं–

1. **खेलत रहलू, अंगनवाँ, सखी संग साथी हो।**
   आई गवन निगचाई, बदन भैले धूमिल हो।[5]
2. **गोरे अधर मुसकाई / हमारी वसन्त विदाई।**

'गवना' की विदाई का सबसे उपयुक्त महीना वसन्त माना गया है। इसी कारण इस वसन्त-विदाई का महत्त्व है। वे कहते हैं–

गवना न करा / खाली पैरों रास्ता न चला।[6]

इसके अतिरिक्त मनुष्य गृहस्थ आश्रम, वानप्रस्थ आश्रम और संन्यास आश्रम को पार करता हुआ एक दिन इस संसार को त्यागता है। उसके शरीर के पंचतत्व पंचभूतों में विलीन हो जाते हैं। इसके बाद अन्तेष्टि-संस्कार का विधान किया गया है। इसमें पिण्डदान, मुखाग्नि और तर्पण आदि का विधान है। निराला की कविताओं में इस संस्कार का रूप दिखाई पड़ता है।

हो इसी कर्म का बज्रपात
यदि धर्म रहे नत सदा माथ
इस पथ पर मेरे कार्य सकल
हो भ्रष्ट शील के से शतदल
कन्ये गत कर्मों का अर्पण
कर करता मैं तेरा तर्पण।

वह यहाँ सरोज का तर्पण अपने विगत शुभ-कर्मों के फलों से करने की बात

करते हैं, क्योंकि व्यक्ति तो चला जाता है किन्तु जो शेष रह जाते हैं, उन्हें लोक-रीतियों का पालन करना पड़ता है। चूँकि निराला रिक्त-हस्त हैं, असहाय हैं, कन्या का तर्पण, पिण्डदान करने की सामर्थ्य रहित हैं, ऐसे में शुभ कर्मों के फल से तर्पण करने के अतिरिक्त और मार्ग ही क्या बचता है।

आचार-विचार : किसी भी समाज या व्यक्ति के आचरण की झलक तत्कालीन लोक-साहित्य में स्पष्ट रूप से देखी जा सकती है, क्योंकि इसमें उसकी यथार्थ झाँकी प्रस्तुत होती है, जिसका प्रत्यक्ष सम्बन्ध उस काल के लोक मानव से होता है। लोक मानव का धर्म से आदिम सम्बन्ध जुड़ता है, जैसे सृष्टि के निर्माण की प्रथम बेला से आरम्भ करके आज तक वह सूर्य के प्रकाश एवं प्रखरता का, चाँद की शीतलता का अनुभव करता आ रहा है, तभी से इन अद्भुत शक्तियों के प्रति पूज्य भाव उसके भीतर भर उठा होगा। शनैः शनैः उसका विश्वास प्रकृति के अन्य उपादानों में जुड़ता और प्रगाढ़ता प्राप्त करता गया होगा। अतः वह नदी, पर्वत, वृक्ष, पशु-पक्षी आदि की पूजा करने लगा और आगे चलकर अनेक देवी-देवताओं की कल्पना सामने आयी होगी। उसके पूजा-विधान का एक कारण भय भी रहा होगा। भारतीय समाज में धार्मिक आचरण के लौकिक रीति-रिवाज आज के जन साधारण के बीच भी प्रचलित है, जिसका धर्मशास्त्रों में उल्लेख नहीं है। वे निष्ठापूर्वक जनता की धड़कन बने हैं।

प्रत्येक समाज में सेवा, त्याग, मर्यादा, विनय, शिष्टाचार, आचार-विचार, विधि-विधान कुछ ऐसे विशिष्ट तत्वों का प्रचलन होता है, जिसे समाज के लोग पालन करके अपने को सभ्य समझते हैं। भारतीय समाज में बड़ों को प्रणाम करना, चरण स्पर्श करना शिष्टाचार माना जाता है। समाज के लिए कल्याणकारी होने के कारण हम इस प्रकार के आचार-व्यवहार को आदर्श स्वरूप स्वीकार करते आये हैं। हर एक समाज अथवा राष्ट्र के रीति-रिवाज तथा आचार-विचार से उस समाज अथवा राष्ट्र की सांस्कृतिक गरिमा का बोध होता है। निराला के साहित्य में आदर्श एवं शिष्टाचरण के अनेक रूप दिखाई देते हैं।

(क) प्रातः-वंदना : भारतीय समाज में प्रातःकाल वंदना करने का विधान आदि काल से आज तक किसी न किसी रूप में सतत् चला आ रहा है। इसके साथ ही पूजा-अर्चना का विधान भी किया गया है। 'पंचवटी-प्रसंग' कविता में लक्ष्मण अर्चना के लिए अर्चन-सामग्री लाकर कुटिया में रखते हैं और अति नम्र होकर राम से निवेदित करते हैं–

> **अर्चना के लिए आर्य / विल्वदल-गंध-पुष्प-मालाएँ /**
> **रक्खी हैं कुटीर में, देर हुई।**[7]

(ख) संध्या-वंदन : इष्ट देवता की प्रार्थना-वंदना करने का विधान भी

भारतीय समाज में प्रचलित है। आज भी अति वैज्ञानिकता के बावजूद लाखों-करोड़ों लोग यह क्रिया नित्य सम्पन्न करते हैं। 'राम की शक्ति-पूजा' में बंदरी सेना 'ईश-वंदना' हेतु सरोवर के किनारे जाती है–

अन्य वीर सर के गये तीर संध्या-विधान
वंदना ईश की करने की, लौटे सत्वर।[8]

अपनी प्रसिद्ध 'दान' शीर्षक कविता में निराला विप्रवर द्वारा पूजा-विधान सम्पन्न करने की, साथ ही उनकी हृदयहीनता की दशा पर करारा प्रहार करते दिखाई पड़ते हैं–

विप्रवर स्नान कर चढ़ा सलिल
शिव पर दूर्वादल, तंदुल तिल
लेकर झोली आये ऊपर
देखकर चले बानर तत्परा।[9]

1. पूजा-विधान : पूजा-विधान में जल चढ़ाना, (अर्घ्य देना) दूर्वादल, चावल और तिल का अक्षत चढ़ाना आदि के स्वरूप का चित्र खींचा है। अपनी एक छोटी रचना 'कविता के प्रति' में देवी माँ सरस्वती के उपासक निराला पूजा के विधान का वर्णन करते हुए लिखते हैं–

धूप, दीप, चंदन, जल, गंध-सुमन, दूर्वादल
राग-भोग पाठ-विमल मंत्र पटु करतल, गत मृद
चपल नृत्य, विधि सङ्ग/ वीणावादित
सुरङ्ग तंत्र।[10]

2. पाद-प्रक्षालन : पूजा-अर्चना-वंदना-प्रार्थना आदि क्रिया एक पवित्र विधान है। अत: इस क्रिया के निष्पादन से पूर्व स्वच्छता का ध्यान रखना अनिवार्य है। हस्तपाद प्रक्षालन की क्रिया तो प्राय: ऐसे कृत्यों में अनिर्वाय मानी गयी है। 'राम की शक्ति-पूजा' कविता में शोकाकुल राम का दृश्य देखिए–

बैठे रघुकुलमणि श्वेत शिला पर, निर्मल जल
ले आये कर-पाद क्षालनार्थ पटु हनुमान
अन्य सर के गये तीर संध्या-विधान[11]

3. आरती : पूजा-अर्चना की इस क्रिया में ईश की आरती उतारने की क्रिया भी सम्पन्न की जाती है। ऐसी मान्यता है कि ईश्वर को दीप, धूप दिखाने से मनोवांक्षा त्वरित सिद्धि तक पहुँच जाती है। निराला की एक कविता 'जन-जन के जीवन के सुन्दर' में इसका वर्णन मिलता है–

करूँ आरती मैं जल-जलकर
गीत जगा लो / गले लगा लो

हुआ गैर जो, सहज सगा हो
करे पार जो है अति दुस्तर।।

(ग) गुरुजनों के प्रति श्रद्धा एवं आज्ञापालन : हमारे समाज में ज्ञान-वृद्ध और वयोवृद्ध की कल्पना है। आयु, पद और गुणों में श्रेष्ठ को मान-सम्मान देने की प्रथा है। प्रत्येक व्यक्ति को अपने परिवार में ही इस प्रकार के आज्ञा-पालन, मर्यादा आदि की शिक्षा दी जाती है। निराला की कविताओं में लक्ष्मण इसी प्रकार के उदाहरण प्रस्तुत करते हैं–

कितना सुबोध है/ आज्ञापालन के सिवा कुछ भी नहीं जानता।
आता है सामने तो झुका सिर दृष्टि चरणों की ओर रखता है
कहता है बालक– अब क्या है आदेश माता?[12]

(घ) गुरुजनों के प्रति भक्ति-भाव : माता-पिता, गुरुजन, बड़े भाई, भाभी आदि के प्रति भक्ति-भाव हमारी संस्कृति का एक वैशिष्ट्य रहा है। इसी कारण लक्ष्मण जब भी राम-सीता के सम्मुख आते हैं, सिर झुकाकर भक्ति-भाव का प्रकटीकरण करते हैं।

(च) चरण-स्पर्श : माता-पिता, गुरु एवं अन्य श्रद्धेय व्यक्तियों का चरण-स्पर्श करना भी हमारी परम्परा का अविभाज्य अंग रहा है। मिलन के समय या बिदाई के समय महिलाएँ भी अपनी सास अथवा अन्य पूज्य स्त्रियों का चरण-स्पर्श करती हैं। वन-गमन के समय सीता 'अनुसूया' देवी के चरणों का स्पर्श इस प्रकार करती है–

चलने लगी जब मैं पैरों पड़ी।[13]

अपनी एक अन्य कविता 'शान्ति चाहूँ मैं' में भी निराला जी इस महान परम्परा के सन्दर्भ में कहते हैं–

हुआ सूना हृदय दूना, याद आया चरण छूना।
कामना की रही बाकी, माल-पूँजी ले गये ठग।[14]

निराला कहते हैं कि वह हृदय जो सूना हो चुका है, वह भी चरण छूने के प्रभाव से लबालब होकर दोगुना हो उठता है। चरण छूने के बाद बड़ों द्वारा दिये जानेवाले आशीर्वाद रुचि-कोष से हृदय रूपी रिक्त-भंडार परिपूर्णता को प्राप्त करता है। अपनी संस्कृति की गरिमा ओजस्वी हिस्सों को प्रणाम करके कवि धन्य हो उठता है–

बरसों आशीष, हे पुरुष पुराण।
तब चरणों में मेरा प्रणाम।।[15]

कई बार सेवा-भाव से, भक्ति-भाव से, व्यक्ति अपने परिजनों, गुरुजनों को

इतना प्रसन्न एवं संतुष्ट कर लेता है कि वे आशीर्वाद वरदान में परिणित हो जाते हैं। वह एक प्रकार का सुरक्षा कवच बनकर व्यक्ति की रक्षा करता है। इसी कारण व्यक्ति अपनी भक्ति से बड़ों को प्रभावित करता है। उनके प्रसन्न होने पर वर माँगता है। पंचवटी प्रसंग-2 शीर्षक कविता में लक्ष्मण कहते हैं–

यदि प्रभु मुझ पर संतुष्ट हो
तो यही वर मैं माँगता हूँ
माता की तृप्ति पर बलि हो शरीर मन
मेरा सर्वस्व सार तुच्छ वासनाओं का
विसर्जन मैं कर सकूँ / कामना रहे, तो
एक भक्ति की बने रहे
चलूँ अब चुन लिए प्रसून बड़ी देर हुई।[16]

(छ) गोद में बैठाना : बड़ी स्त्री चरण स्पर्श करने वाली स्त्री को कई बार सस्नेह उठाकर अपनी गोद में बिठाती है और फिर उसे नीति, मर्यादा आदि का उपदेश भी देती है। इसी प्रकार अनुसूया सीता को गोद में बिठाकर उपदेश देती हैं–

सादर-समझाए सतियों के गुण सारे मुझे,
गोद में बिठ के।[17]

(ज) यथोचित आसन प्रदान करना : भारतीय ग्रामीण संस्कृति में चारपाई इत्यादि पर बैठते समय इस बात का ध्यान रखा जाता है। अपने से बड़ों को सिरहाने की ओर बैठने के लिए निवेदित किया जाता है। अपने गुरु की बराबरी में बैठना प्राय: उचित नहीं माना जाता है। सभा आदि में पूज्य एवं बड़े व्यक्तियों को सदा अग्रिम पंक्ति में बैठाया जाता है। 'राम की शक्ति-पूजा' में सभा में यथास्थान बैठने का बड़ा ही सुन्दर दृश्य वर्णित है।

सब घेर राम को बैठे आज्ञा को तत्पर
पीछे लक्ष्मण, सामने विभीषण, मल्लधीर।
सुग्रीव, प्राप्त पर पाद पद्म के महावीर
यूथपति अन्य जो यथास्थान हो निर्निमेष।[18]

निराला समाज में आदर्श आचार-विचार एवं व्यवहार के आकांक्षी थे। इसी कारण समाज में व्याप्त इन समस्त आचारों के प्रति उनका जुड़ाव सकारात्मक दिखाई पड़ता है।

मर्यादा : मर्यादाओं का ध्यान रखना और उनका पालन करना पड़ता है। 'तुलसीदास' शीर्षक कविता में निराला ने इस मर्यादा-पालन विधान का बड़ा मार्मिक चित्रण किया है। रत्नावली को लाने के लिए जब माँ-बाप सभी लोग भाई द्वारा संदेश

भेजते हैं, जिसे सुनकर रत्नावली का हृदय द्रवित हो उठता है, तो भाई को स्वाभविक आक्रोश होता है। वह कहता है–

हम बिना तुम्हारे आये घर,
गाँव की दृष्टि से गये उतर
क्यों बहन ब्याह हो जाने पर,
घर पहला केवल कहने को है नैहर
दे सकता नहीं स्नेह आदर।[19]

'महाराज शिवाजी का पत्र' शीर्षक कविता में भी 'मरजाद चाहती है– आत्मत्याग की बात' निराला करते हैं। निराला मर्यादा को धर्म से जोड़कर देखते हैं। 'तुलसीदास' शीर्षक कविता में जब काव्य नायक 'कुलमान' की अनदेखी करके ससुराल पहुँच जाता है तो नारी मर्यादा के लिए रत्नावली मर्यादा पुरुषोत्तम से प्रार्थना करती है वह और कुल-धर्म का अपमान करनेवाले अपने पति तुलसीदास को खरी सुनाती है–

धिक / धाए तुम यों अनाहूत
धो दिया श्रेष्ठ कुल धर्म धूत।
राम के नहीं, काम के सूत कहलाए।[20]

फिर वे मर्यादा पालन को ही श्रेष्ठ धर्म मानते थे, इसीलिए स्पष्ट रूप से मर्यादा पालन का मार्ग भी अपनी रचनाओं में जगह-जगह पर सुझाया है। वे दीनता, कामपरता के स्थान पर आत्मत्याग, शक्ति और प्रेम जैसे मर्यादित मानों को अपनाने की सलाह 'जागो फिर एक बार-बार' कविता में देते हैं, क्योंकि ये मर्यादा पालन में बाधक भाव नश्वर है। बिना आत्म त्याग या सुखत्याग के मुक्ति कहाँ सम्भव होती है। इसी कारण वे लिखते हैं–

हृदय खोल मुक्त होता।
मैं भी त्यों त्यागकर सुख आशाएँ
घर-द्वार, धन-जन/
बहता हूँ माता के चरणामृत सागर में।[21]

नैतिकता : समाज में सुख-शान्ति बनाये रखने के लिए तथा मानव समाज के मंगल विधायक दृष्टिकोण के लिए नैतिकता का होना अत्यन्त आवश्यक है। नैतिकता के विधि विधानों द्वारा मानव जीवन मूल्यवान हो उठता है। हमारे समाज में अत्यन्त प्राचीन काल से ही नैतिकता के प्रति आस्था दिखाई पड़ती है। मानव चाहे जिन असभ्य वस्तुओं का आकांक्षी हो जाए, नैतिकता का परित्याग वह पूर्ण रूपेण कर नहीं सकता। वैदिक आर्यों के विचार से वरुण नामक देव ऋतु अर्थात् नैतिकता की रक्षा करनेवाला है। इसके बाद में यह नैतिकता धर्म के साथ जुड़ गयी और धर्म में

पाप का डर दिखाकर अनैतिकत आचरण पर अंकुश लगाया गया। बाद में धर्म के नाम पर अनेक अनैतिक आचरण समाज में प्रचलित हो गये।

सद्वृत्तियों से जुड़े अनेक कार्य नैतिक माने जाते हैं और असत् वृत्ति के साथ संबद्ध कार्य अनैतिक कहलाते हैं। उदारता, सदाशयता, त्याग, सेवा मानवीय मूल्यों से जुड़े नैतिक विधान करनेवाले हैं। निराला ने जहाँ अनैतिक आचरण देखा है, उनके प्रति विक्षुब्ध होकर टूट पड़े हैं। वे दोनों के भेद को भलीभाँति लक्षित करते रहे। वे नैतिकता की मात्र कोरी कल्पना नहीं करते वरन् जगत व्यवहार में गहरे पैठकर यह पाया कि मनुष्य के अनैतिक आचरण का मुख्य कारण अज्ञानता से जन्मी लोभ वृत्ति है। अर्थ-लिप्सा, पद-लिप्सा, काम-लिप्सा आदि के चलते व्यक्ति छल, कपट, प्रपंच, उत्पीड़न, शोषण, अन्याय आदि के मार्ग पर चल पड़ता है। यह लिप्सा मृग मरीचिका जैसी है जो अतृप्त रहने के लिए अभिशप्त है, जो मनुष्य को राक्षस बना देती है। वे लिखते हैं–

हाय री यशो-लिप्सा
अंधे की दिवस तू
अंधकार रात्रि-सी
लपट में झपट
प्यासों मरने वाले
मृत की मरीचिका है।[22]

निराला जी जगत् व्यवहार में गहरे उतर कर यह जान चुके थे कि मनुष्य के जीवन की सार्थकता अंधकार में भटकना नहीं। इसलिए उनका कहना था–"करना होगा यह तिमिर पार/ देखना सत्य का मिहिर द्वार। नैतिक आचरण से ही सुख समृद्धि का प्रसार होता है। अनैतिक आचरण करनेवाले को निराला ने कभी माफ नहीं किया। 'राम की शक्ति-पूजा' शीर्षक कविता में रावण के अनैतिक होने का स्वरूप चित्रित करते हुए कहते हैं–

रावण-रावण लम्पट खल, कल्मषगताचार। वह 'महाराज शिवाजी का पत्र' में तो औरंगजेब के कुटिल चरित्र को अत्यन्त जुगुप्सित दर्शाते हैं–

राक्षस वह रखते हो
नीति का भरोसा तुम
तृष्णा-स्वार्थ साधन है
जिसकी निज भाई के खून से
प्राणों से पिता के
जो शक्तिमान हुआ है।[23]

सेवा-भाव : निराला बहुत दिनों तक रामकृष्ण मिशन के आश्रमों में रहे थे। रामकृष्ण परमहंस और स्वामी विवेकनंद का सेवा त्याग का भाव उनके रोम-रोम में समाया हुआ था। दीन, हीन, निर्बल, असहाय के प्रति उनकी अपार करुणा थी। वे इन तत्वों को श्रेष्ठ मानव-मूल्य मानते थे। निराला के 'बादल सेना के वीर' होकर उपस्थित होते हैं। वे अपनी सुख-सुविधा से अलग होकर सेवा के लिए गतिशील होते हैं–

छोड़ अपना परिचित संसार
सुरभि का कारागार
चले जाते हो सेवा पथ पर।[24]

इसी प्रकार 'पंचवटी प्रसंग-2' शीर्षक कविता में लक्ष्मण के भीतर भी यही सेवा-भाव सागर की भाँति उद्वेलित होता है–

जीवन का एक ही अवलंब है सेवा
है माता का आदेश यही
माँ की प्रीति के लिए ही
चुनता हूँ सुमन दल।[25]

वर्ण-व्यवस्था : भारतीय समाज सदियों से वर्ण-व्यवस्था के आधार पर संचालित होता आया है। यह समाज चार वर्णों में– ब्राह्मण, क्षत्रिय, वैश्य और शूद्र में विभाजित है। इन वर्णों में अनेक जातियाँ हैं। इन जातियों के आधार पर कर्म निर्धारित किये गये हैं। वर्णाश्रम व्यवस्था के संदर्भ में 'चर्खा चला' शीर्षक कविता में निराला ने लिखा–

वेदों के बाद जाति चार भागों में बंटी
यही रामराज है
वाल्मीकि ने पहले वेदों की लीक छोड़ी
छंदों में गीत रचे, मंत्रों को छोड़कर।[226]

वर्णाश्रम में ऊँच-नीच जातियों का, छूत-अछूत का समावेश है। ब्राह्मण अपने को समाज में श्रेष्ठ मानता आया है। उसे वेदशास्त्रों को पढ़ने-पढ़ाने का अधिकार था। इसी ज्ञान के बल पर समाज में वह अपने को विशिष्ट और अलग मानता रहा है। निराला लिखते हैं–

ब्राह्मण प्रतिभा का अप्रतिहत गौरव विकास/
वर्णाश्रम की नव स्फुरित ज्योति नूतन विलास।[27]

यह अलग बात है कि निराला ने इस ब्राह्मणवादी श्रेष्ठता की व्यवस्था का कभी समर्थन नहीं किया। वे जानते थे कि मात्र ब्राह्मण अभिमानी हो जाता है और समाज

में कृत्य-अकृत्य में भेद भूल जाता है। इसी के चलते वे कुल्लीभाट, चतुरी चमार जैसी रचनाएँ करते हैं। कहारिन, पनिहारिन, धोबी, दर्जी, चमार, नाई का पक्ष लेते हैं तथा ब्राह्मणों द्वारा की जानेवाली दूसरी और ठग प्रवृत्ति का उपहास करते हैं। गंगा के किनारे बैठे हुए ब्राह्मणों पर एक कविता में वे लिखते हैं–

अरे गंगा किनारे
पंडों के सुघर-सुघर घाट हैं
तिनके की टूटी के ठाट हैं
यात्री जाते हैं, श्रद्धा करते हैं
कहते हैं कितने तारे।[28]

वर्ण-व्यवस्था में क्षत्रिय चूँकि क्षात्र-धर्म से जुड़े थे, जिनका कार्य वीरता-प्रदर्शन करते हुए समाज के दीन-हीन जनों की रक्षा करना था। निराला जी इस क्षात्र-धर्म का समर्थन करते हैं। किन्तु इसका अर्थ यह न लगाया जाए कि वे इनके द्वारा किये जाने वाले शोषण, अन्याय, अत्याचार का समर्थन करते रहें। वे सामंती व्यवस्था के, जमींदारों के, बबुआनों के नाश के लिए कृत-संकल्प थे। वे जानते थे कि समाज की स्थिति सुधारने के लिए यह सामंती, जमींदारी, शोषण का अन्त करना होगा। जब यह शक्ति एक वीर कुंवर क्षत्रिय रूप में समाज की रक्षक बन जाती है तब वे उसका स्वागत करते हैं। 'तुलसीदास' शीर्षक रचना में वे इन दोनों भावों को व्यक्त करते हुए कहते हैं–

लड़-लड़ जो रण बाँकुरे समर
हो शयित देश की पृथ्वी पर
अक्षर, निर्जर, दुर्घर्ष, अमर जगतारण
भारत के उर के राजपूत
उड़ गये आज वे देवदूत
जो रहे शेष, नृपवेश सूत-वंदीगण।[29]

जो रणबाँकुरे देश पर शहीद हो जानेवाले क्षत्रिय हैं, उनके प्रति कवि के मन में पूज्य भाव है किन्तु वे क्षत्रिय निराला ने देखे थे। उनमें से अधिक संख्यक अंग्रेजी सरकार के चारण और भाट थे। उनकी चापलूसी और झूठी-प्रशंसा करके रायबहादुर और रायसाहब की खिताब अर्जित करने वाले थे, उन्हें निराला ने कभी माफ नहीं किया। जहाँ भी क्षत्रिय-लहू 'देश पर मर-मिटनेवाला' दिखाई पड़ा, मुक्त कंठ से उसकी तरफदारी की। 'महाराज शिवाजी का पत्र' शीर्षक कविता में वे लिखते हैं–

बाहुओं में बहता है / क्षत्रियों का खून यदि
हृदय में जागती है वीर यदि

माता क्षत्राणी की दिव्य-मूर्ति
स्फूर्ति यदि अंग-अंग को उकसा रही
आ रही है याद यदि अपनी मरजाद की
चाहते हो यदि कुछ प्रतिकार
तुम रहते तलवार के म्यान में /
आओ वीर स्वागत है / सादर बुलाता हूँ
हैं जो बहादुर समर के
वे मरकर भी माता को बचाएँगे।[30]

मंगल-कलश विधान : भारतीय संस्कृति में शुभ-कार्यों हेतु मंगल-कलश का विधान किया गया है। निराला ने 'स्वामी प्रेमानन्दजी' कविता में इस विधि का विस्तार से चित्रण किया है, जिसमें सम्पूर्ण ग्रामीण परिवेश जीवन्त हो उठता है। जिसने निराला की उस अवध-भूमि और वहाँ प्रचलित संस्कारों को देखा होगा इसे समझना उसके लिए ही सम्भव है, वे लिखते हैं–

बड़ा शामियाना तना / तोरण बनाये गये
द्वारों पर दोनों और कलश रखे गये
जलपूर्ण सेंदूर से स्वास्तिक खींचकर।
आम्रपल्लव धान भरी
परई कच्चा छोटा नारियल रखकर।[231]

घूँघट लेना : हिन्दी-प्रदेशों में स्त्रियाँ घूँघट लेती हैं। यह प्रथा सैकड़ों वर्षों से आज तक यत्किंचित चली आ रही है। इस प्रथा के सन्दर्भ 'खजोहरा' शीर्षक कविता में निराला ने लिखा–

नैहर में घूँघट के उठने से
बुआजी की जान बची, घुटने से।[32]

औरतें प्राय: ससुराल में घूँघट के भीतर ही रहती हैं। वे उसके भीतर घूँट-घूँट कर मरती रहती हैं किन्तु उसका विरोध करना सम्भव नहीं होता। वहीं लड़की जब ससुराल से मायके आती है तो उसके माथे से घूँघट हट जाता है, मानो उसे कैद से मुक्ति मिल जाती है।

रहन-सहन : समाज के बीच मनुष्य का रहन-सहन उस युग के सामाजिक जीवन का परिचायक होता है। उस काल विशेष में मनुष्य की सामाजिक दशा किस प्रकार की थी, किस प्रकार का वे जीवन व्यतीत करते थे, इसकी झाँकी उस काल के मनुष्य के रहन-सहन में ही मिलती है। प्रत्येक वर्ग और हर व्यक्ति का रहन-सहन अलग-अलग होता है। रहन-सहन के स्तर से ही सामान्य वर्ग और अभिजात्य वर्ग

का अन्तर स्पष्ट हो जाता है। सामान्य वर्ग अपने रित-रिवाजों और परम्परागत आचरणों से गहराई से जुड़ा होता है। अभिजात्य वर्ग इन चीजों की परवाह ही नहीं करता। वे इन परम्पराओं, लोकरीतियों की धज्जियाँ उड़ाते हुए अपने रहन-सहन की एक नयी शैली इजाद कर लेते हैं। उनके खान-पान, पोशाक, बोल-व्यवहार, उठने-बैठने आदि में एक विशिष्ट किस्म की कृत्रिमता के दर्शन होते हैं। सामान्य वर्ग की जीवन पद्धति लगभग एक जैसी परम्परागत होती है।

भोजन, कपड़ा, मकान, स्वास्थ्य, मनोरंजन और रक्षा मानव-जीवन की मूल-भूत आवश्यकताएँ हैं। इनकी प्राप्ति के उद्देश्य में हमारी सम्पूर्ण गतिशीलता दिखाई पड़ती है। अपने जीवनयापन हेतु भौतिक जरूरतों को आसानी से हासिल करने के लिए मनुष्य साधन खोजता रहता है, जुटाता रहता है। इस खोज और एकत्रीकरण की प्रक्रिया में उसे संघर्षों के बीच से गुजरना पड़ता है। यही कारण है कि मानव सभ्यता आज रहन-सहन के स्तर पर इतनी विकसित दिखाई पड़ रही है, जो आज से पहले नहीं था। जिस प्रकार भौतिक जरूरतों को पूरा करने के लिए वह निरन्तर क्रियाशील रहा, उसी प्रकार अपनी आन्तरिक आवश्यकताओं की पूर्ति हेतु भी वह सचेत रहता है। इसके लिए वह धर्म, दर्शन, साहित्य, भक्ति आदि की खोज करता गया जो उसकी आत्मिक जरूरत थी। इन दोनों धरातलों पर प्रगति करते हुए मानव संस्कृति और सभ्यता यहाँ तक आयी है। हम अपनी भौतिक आवश्यकताओं को जैसे-जैसे पूरी करते जाते हैं, हमारी इच्छाएँ निरन्तर बढ़ती जाती हैं, अपूर्ण प्रतीत होती हैं। इसी कारण इच्छा और आवश्यकता का अन्तर नजर नहीं आता। जीवन को निरन्तर सुखी बनाने की क्रिया में हम दुख झेलते रहते हैं। तुलसीदास ने लिखा है–

डांसत ही सब निसा सिरानी, कबहुं न नाथ नींद भरि सोये।

निराला भौतिक सुख-सुविधाओं को साधन के रूप में ही स्वीकार करते थे, साध्य के रूप में नहीं। निराला की कविताओं में रहन-सहन के निम्नलिखित पक्ष दृष्टिगोचर होते हैं–

(क) खान-पान : जीवन के लिए भोजन आवश्यक है। हवा, पानी के साथ भोजन का महत्त्व भी मनुष्य-जीवन के लिए है किन्तु प्रत्येक समाज और वर्ग में यह भिन्न-भिन्न होता है। अभिजात्य संस्कृति में पले-बढ़े वर्ग के भोजन में भी आधुनिकता का समावेश रहता है। लेकिन लोक के सामान्य वर्ग के भोजन में अभिजात्य से अलग परम्परागत पदार्थ और प्रणाली का ही प्रयोग होता है। यही कारण है कि दोनों के रहन-सहन में अन्तर है। अपनी-अपनी आर्थिक, सामाजिक दशाओं के अनुसार समाज में इसका स्वरूप दिखाई पड़ता है। निराला की कविताओं में अनेक खाद्य एवं

पेय पदार्थों का उल्लेख मिलता है। कभी-कभी खाद्य पदार्थों का विवरण विस्तार से मिलता है जो निराला की सामाजिक-दृष्टि का परिचय कराते हैं। उनके अन्न द्वारा निर्मित व्यंजनों में से कुछ प्रमुख हैं–

1. पकौड़ी: नमक, मिर्च, बेसन को तेल में तलकर बनायी गयी गरम पकौड़ियाँ खाने में अत्यन्त स्वादिष्ट होती हैं किन्तु निराला ने इस प्रकार की पकौड़ी का चित्रण दुराचारी नर-नारियों पर करारा प्रहार करने के लिए किया है–

गरम-पकौड़ी - ऐ गर्म पकौड़ी
तेल की भुनी, नमक, मिर्च मिली,
ये गर्म पकौड़ी।[33]

2. कचौड़ी : गर्म घी में नमक, मिर्च, मैदा और पीठी को मिलाकर तली गयी कचौड़ी भी कम स्वादिष्ट नहीं होती। निराला ने अपनी कविता में कचौड़ी को 'कुलशील वधू' और पकौड़ी को चरित्रहीन बाजारू औरत माना है। वे लिखते हैं–

अरे तेरे लिए छोड़ी,
बाम्हन की पकाई मैंने घी की कचौड़ी।[34]

3. शकरपाला : यह मिष्ठान माना जाता है जो गेहूँ के भूने हुए आटे में गुड़ या चीनी मिलाकर बनाया जाता है। यह हिन्दी भाषी क्षेत्रों में अत्यन्त लोकप्रिय मिष्ठान है। निराला ने तत्कालीन समाज पर करारी चोट की है। 'ढेले (गुणरहित) मनुष्य को शकरपाला (गुणी) समझ लिया गया'– ढेला सकरपाला हुआ।

4. चूड़ा : भूने हुए चावल या अन्य अन्न से तैयार किया गया चूड़ा गरीब और सामान्य वर्ग का पेट भरने का प्रमुख साधन है। इसे खाकर वे पानी पीते हैं और तृप्ति का अनुभव करते हैं। निराला लिखते हैं–

चूड़ा दिलवा दिया, खुश होकर लड़कों ने खाया।[35]

5. पूए : गेहूँ के आटे या मैदे में गुड़, घी और शक्कर मिलाकर तवे पर पराठे की भाँति सेक लगाकर तैयार किया जाता है। यह ग्रामीण जनता के लिए बेशकीमती खाद्य-पदार्थ है। यह तीज-त्यौहार एवं अन्य अवसरों पर पूए या खीर बनाने की सामान्य वर्ग की परम्परा रही है। उसे गाय, बंदर आदि को खिलाना, दान में भिखारियों में बाँटना आदि भी होता रहा है। 'दान' शीर्षक कविता में गोमती में स्नान करके बंदरों को पूए खिलाने वाले पंडितजी का बड़ा ही व्यंगात्मक उपहास किया गया है–

झोली से पूए निकला लिए/
बढ़ते कपियों के हाथ दिए
देखा भी नहीं उधर फिरकर
जिस ओर रहा भिक्षु इतर।[36]

ब्राह्मण बंदरों को मालपुए खिलाता है, किन्तु भूखे भिखारी की ओर देखने का उसके पास वक्त नहीं है। अभावग्रस्त दीन-हीन के प्रति संवेदना से भर कर ही निराला ने कहा था– 'धन्य श्रेष्ठ मानव।'

6. दूग्ध-पदार्थ : भारतीय ग्रामीण समाज में दूध-दही-घी का खूब प्रचलन रहा है, क्योंकि ऐसे समाज में इसका इतना अभाव नहीं था। 'डिप्टी साहब आये' शीर्षक कविता में निराला यह बताते हैं कि दरोगा के आने पर या डिप्टी साहब के आगमन पर सिपाही और पटवारी किस प्रकार ग्रामीणों से घड़ों में दूध भरकर ले जाते हैं। 'खजोहरा' शीर्षक कविता में, बताते हैं कि घी केवल खाने के काम में ही नहीं आता अपितु 'खजोहरा' के काटने से शरीर के भीतर जो खुजली होती है उसे मिटाने के लिए भी यह प्रयुक्त होता है। यह लोक-जीवन से जुड़े ग्रामीण चिकित्सा पद्धत्ति की ओर संकेत करता है।

7. फल एवं सब्जियाँ : निराला ने 'खून की होली जो खेली' शीर्षक कविता में बताया है कि लीची, आम और कटहल को साथ लाने वाली ऋतु इसलिए आती है, क्योंकि भारतीय सेनानियों ने खून की होली खेली है–

आई सुवेश बहार, आम, लीची की मंजरी
खून की खेली जो होली
कटहल की अरधान,
खून की खेली जो होली।[37]

लौकी और 'जामुन' का भी प्रयोग निराला जी ने किया है। इसके अतिरिक्त अरहर, काकुन, साँवा, कोदो, उड़द आदि की खेती का भी वर्णन प्रसन्न मन से किया है। यह लोक प्रकृति को समझे बिना सम्भव नहीं है–

अरहर, काकुन, साँवा, उड़द और
कोदो की खेती लहराई।[38]

8. मांस : भारत की भौगोलिक दशा अजीब है। इसमें कहीं भीषण गर्मी है तो कहीं भीषण ठंडी। कुछ भाग निरन्तर बर्फ से ढके रहते हैं जैसे कैलाश के अंचल में ठंड के कारण मेष-मांस, वहाँ रहनेवालों का मुख्य आहार है। 'कैलाश पर्वत' शीर्षक कविता में चाँदनी रात में नौका-विहार करते समय मांस द्वारा निर्मित अनेक भोज्य पदार्थ बहुत अच्छे लगते हैं।

नांव पर वहीं का भोजन, जो मेष-मांस का
करके शुचि चंद्र का स्वागत करने लगे।[39]

यहाँ पर इस बात का पता चलता है बर्फीले पर्वतीय क्षेत्रों की जनता के भोजन का ज्ञान कवि को है जो लोक-जीवन का अविभाज्य अंग है।

9. नशीले-पदार्थ : देश की सामाजिक दशा के पतन में नशाखोरी एक प्रमुख कारण है। अत्यन्त प्राचीन काल से इस स्थिति में सुधार का प्रयास विभिन्न कोणों से किया जाता रहा है किन्तु यह बीमारी इश्क की भाँति–'मर्ज बढ़ता गया, ज्यों-ज्यों दवा की' ला इलाज होता है। इनमें अफीम, गांजा, चरस, चंडू, शराब प्रमुख हैं। निराला क्षोभ से भरकर लिखते हैं–

जब भी अफीम, भांग, गाजा, चरस
चंडू, चाय, देशी, और मिलावटी तरह-तरह की शराब
चलती है मुलक में।[40]

ये सारे मादक-पदार्थ मनुष्य की चेतना का नाश करते हैं। इनके लगातार सेवन से मनुष्य हैवान बन जाता है। उसकी मानवीयता का लोप हो जाता है। उसमें अनैतिकता का आकर्षण बढ़ने लगता है, जो निरन्तर पतन और पीड़ा का कारण बनता है। निराला लिखते हैं--

पीकर ज्यों प्राणों का आसव
देखा असुरों ने दैहिक दव
बंधन में फंस आत्म-बाँधव दुख पाते।[41]

भोजन की शुद्धता-पवित्रता : निराला ने पवित्र और शुद्ध भोजन पर बल दिया है। शुद्ध मन, आत्मा एवं शरीर के उपरान्त किया भोजन शरीर के लिए हितकर होता है। भोजन के उपरांत घूमना चाहिए जिससे शरीर स्वस्थ हो जाता है–

स्नानांत, भजन, भोजन, बिहार, गिरि पद पदापरन

दूसरों का छिनकर खाना या दूसरों को दुखी बनाकर खाना, ऐसे खाने का कोई अर्थ नहीं है। 'भिक्षुक' शीर्षक कविता में वे लिखते हैं–

चाट रहे जूठी पत्तल वे
कभी सड़क पर खड़े हुए।

निराला का हृदय ऐसे दृश्यों से संवेदित होकर हत्-क्रंदन करने लगता है। ये समस्त तथ्य कवि के लोक-जीवन से जुड़ने के गहरे प्रमाण हैं।

(ख) वेश-भूषा : खान-पान के उपरान्त लोक-जीवन के रहन-सहन की पूरी झाँकी उसके वेशभूषा में लक्षित होती है। समाज में रहनेवाला किस प्रकार का वस्त्र और आभूषण धारण करता है। इससे उस व्यक्ति के रहन-सहन और जीवन-शैली का ज्ञान होता है। मानव-जाति के संस्कृति, सामाजिक-विकास में वस्त्रों का महत्त्वपूर्ण स्थान है। अलग-अलग मौसम के अनुसार, अलग-अलग वस्त्र धारण करने की परम्परा चली आ रही है। मनुष्य लज्जावश अपने ऊपर वस्त्र धारण करता है, अपने सौन्दर्य की वृद्धि हेतु करता है। इसी से किसी देश और काल की सांस्कृतिक अवस्था का ज्ञान भी होता है।

निराला की कविताओं में विभिन्न प्रकार के वस्त्रों का उल्लेख मिलता है–

1. ओढ़नी : नारी जाति यह वस्त्र अपनी लज्जा-भाव के कारण धारण करती है। भारतीय संस्कृति में ओढ़नी का महत्त्वपूर्ण स्थान है। 'खजोहरा' शीर्षक कविता में आनेवाली बुआ ससुराल में घूँघट में घुटती जाती है, किन्तु जब वे मायके आ जाती हैं तब उन्हें इस सजा से मुक्ति मिलती है। एक प्रकार से इस घूँघट-परम्परा से मायके और ससुराल के बीच की सामाजिक भिन्नता का पता चलता है। इस सामाजिक बंधन में अनेक नारियाँ नाना प्रकार की मनोग्रंथियों का शिकार हो जाती हैं और उनके जीवन का स्वतंत्र विकास क्रम अवरुद्ध हो जाता है।

2. धोती : भारतीय संस्कृति में धोती अति प्राचीन काल से सहगामिनी रही है। हमारे समाज में नर-नारी दोनों धोती धारण करते रहे हैं। दोनों के धोती पहनने की पद्धति अलग-अलग रही है। निराला की कविताओं में नारी-धोती का भी चित्रण हुआ है। 'खजोहरा' शीर्षक कविता में तालाब में स्नान करती हुई बुआ को खजोहरा नामक कीड़ा इस कदर परेशान करता है कि बुआ बिना धोती बदले ही घर की ओर भाग खड़ी होती है। निराला कहते हैं–

धोती बदलनी थी पर बदल न सकी।[42]

3. साड़ी : धोती सूत की बनी होती है किन्तु साड़ी रेशमी, टेरिलीन या सिंथेटिक धागों की बनाई जाती है। धोती का प्रयोग हर आयु और वर्ग की औरतों द्वारा किया जाता है। किन्तु साड़ी का प्रयोग प्राय: युवती या तरुणी द्वारा होता है। निराला ने प्रकृति का चित्रण करते हुए लिखा है–

प्रकृति क्षण-क्षण बाद साड़ी बदलती हो।[43]

4. चादर : निराला के युग में समाज में नारी और पुरुष दोनों वर्गों के लोग चादर धारण करते थे। इसके अनेक उपयोग थे।[44] कभी यह चारपाई पर बिछाई जाती थी तो कभी ओढ़ने के काम आती थी। इससे शव-यात्रा में शव को ढँकने का काम भी लिया जाता था। नेहरू के बहनोई की अर्थी देखकर निराला को लगा था कि सम्पूर्ण धरती पर चादर तनी है। वे लिखते हैं– पृथ्वी पर तनी थी चादर इस तरह।'' शव के कफन के रूप में चादर शब्द का प्रयोग किसी के भी हृदय को द्रवीभूत करने की शक्ति रखता है।

5. खेस : ठंडी के मौसम में अवध प्रान्त के ग्रामीण पुरुष इसे अपने शरीर पर ओढ़े दिखाई देते हैं। यह सूत का बना भारी चादर होता है। वसन्त आ जाने पर ग्रामीण लोग चाँदनी रात का आनन्द लेने और फाग गाने के लिए जमीन पर बिछाकर इस पर बैठा भी करते थे। इस कविता में कवि लिखता है–

बैठे गोल बांधकर, लोग बिछे खेसों पर।[45]

6. कौपीन : भारतीय संस्कृति में ऋषि-मुनि, साधु संन्यासी का अक्क्षुण स्थान रहा है। वे अपने जनेन्द्रियें को ढँकने के लिए इस वस्त्र का उपयोग करते रहे हैं। 'सेवा-प्रारम्भ' शीर्षक कविता में कौपीनधारी एक संन्यासी का बड़ा मनोरम चित्र प्रस्तुत हुआ है–

भगवा कौपीन कमंडलु केवल।[46]

इसमें साधु-संन्यासी सांसारिक भौतिक पदार्थों का त्याग करता है। इस रहस्य का पता चलता है, जहाँ व्यक्ति सब कुछ त्यागने की सीमा पर पहुँचा हुआ हो। अत्यल्प की आवश्यकता, वह भी सामाजिक मर्यादा का ध्यान रखते हुए।

7. जांघिया-लंगोटा : भारतीय गाँवों में पहलवानी की परम्परा रही है। अपने युवा-अवस्था में स्वयं निराला भी लंगोटा-जांघिया पहनकर अखाड़े में जाकर जोर आजमाइश करते थे। दंगल में कुश्तियाँ लड़ने का भी वर्णन मिलता है। अखाड़ों में जानेवाला पहले लंगोटा बाँधता है, फिर उसके ऊपर जाँघिया चढ़ाता है, बाद में कुश्ती लड़ता है। 'खुला आसमान' शीर्षक कविता में जाँघिया लंगोटा धारण किये भारतीय नौजवानों का चित्र है। कवि लिखता है–

जाँघिया-लंगोटा से संभले
तगड़े-तगड़े और सीधे नौजवान।[47]

कवि ने इस वस्त्र के माध्यम से शारीरिक स्वास्थ्य की ओर समाज का ध्यान आकर्षित किया है। निरालाजी मन के जितने विराट थे, तन से भी उससे कम न थे। इसमें उनके जँघिया-लंगोटा का भी बड़ा योग था।

8. चुनरी : यह नारी जाति द्वारा सर पर ओढ़ने वाला एक वस्त्र है। ग्रामीण बहुएँ, रंग-बिरंगी चुनरियाँ ओढ़कर नित्य पनघट और खेतों की ओर आती-जाती दिखाई पड़ती हैं। वसन्त के आगमन पर ये तरुणियाँ इतनी मदमस्त हो जाती हैं कि इन्हें अपनी चूनर भींगने का भी बोध समाप्त हो जाता है। निराला जी ने लिखा है–

नहीं ख्याल आज कि भीगेगी चुनरी।[48]

9. दुकूल : यह सफेद (श्वेत) रंग का वस्त्र है, जिसे पुरुष अपने कंधे पर धारण करता है और स्त्रियाँ शरीर के निम्न भाग पर। निराला की एक कविता में प्रेयसी को अपने प्रिय का दुकूल अत्यन्त प्रकाशवान लगता है–

वह सहसा अनुकूल प्रकृति के
प्रिय दुकूल में प्रथम प्रकाश।[49]

10. कंचुकी : युवतियाँ अपने स्तनों की रक्षा के लिए एवं स्तन-सौन्दर्य वृद्धि के लिए कंचुकी या (बाँडी) धारण करती हैं। इसे कुछ क्षेत्रों में चोली भी कहा जाता है। निरालाजी ने स्वयं लिखा है–

''कसक-मसक गयी चोली प्रिय-संग खेली होली।''

एक अन्य कविता में शेफालिका खड़े प्रिय के प्यार हेतु कंचुकी के बंधन स्वयं खोल देती है, उसी प्रकार हर युवती अपने प्रिय को अपना सर्वस्व समर्पण करती है। कवि लिखता है–

बंद कंचुकी के खोल दिए प्यार से।[50]

3. श्रेष्ठ-वस्त्र : निराला जी उसे श्रेष्ठ मानते थे, जो मनुष्य की मनुष्यता से जुड़े लज्जा को ढँकने के लिए उपयुक्त है। 'सेवा-प्रारम्भ' शीर्षक कविता में स्वामी अखंडानन्दजी की वेशभूषा के माध्यम से निराला ने यह संदेश दिया है। वस्त्र व्यक्ति के लिए बनाये गये हैं किन्तु व्यक्ति वस्त्र के लिए बना है। भौतिक तड़क-भड़क में फँसकर व्यक्ति वस्त्रों के अन्य प्रयोग से निर्वस्त्र होते जा रहे हैं। यह क्रिया उनको मनुष्यता की श्रेणी से हटाकर पशुता को कोटि में पहुँचा रही है। देशद्रोही राजा जयसिंह के लालिमा युक्त राजसी वस्त्र इसी कारण निराला को खून से सने प्रतीत होते हैं। वे लिखते हैं–

करो कुछ विचार
तुम देखो वस्त्रों की ओर
शराबोर किसके खून से ये हुए?
लालिमा क्या है कहीं कुछ
भम्र है वह, सत्य कालिमा ही है।[51]

(ग) आभूषण : शरीर के सौन्दर्य में अभिवृद्धि हेतु आभूषणों का प्रचलन हुआ है। मनुष्य स्वभाव से ही सौन्दर्य-प्रेमी है। इस कारण यह कहने में किसी प्रकार संकोच नहीं है कि आभूषणों के जन्म की कहानी भी उतनी ही प्राचीन है जितनी आदिम-मानव की गुफाओं में निवास करने की कथा। पत्र-पुष्पों से बनने वाले आभूषणों से चलकर आज के वेशकीमती धातुओं से बने आभूषण तक की कथा और उनके मोड़ बहुत रोचक हैं। निराला की कविताओं में अनेक किस्म के आभूषणों का पता चलता है। यौवन के आगमन के साथ ही युवती का मन आभूषणों के लिए मचल उठता है। तभी तो वह खिले हुए फूलों से 'पुष्पाभरण' बनाकर अपना श्रृंगार करती हैं। 'पंचवटी-प्रसंग' कविता में सीता कहती हैं–

फूलों से खेलूँ खेल, पुष्पाभरण पहनूँ।[52]

कभी पावस-ऋतु में पड़नेवाली वर्षा की रिमझिम बूंदों की झिल-मिल कान्ति उसे मुक्ताहार पहनने की लालसा से भरती है, कभी नारी नुपुर की मादक ध्वनि से युवकों के हृदय को काम विभोर कर देती है–

उर-उर में नुपूर की ध्वनि सी,
मादकता की तरल-तरंग।[53]

कभी ऐसा होता है कि 'कंकण की मृदु झंकार' रसिकों की लालसा-लता को

सींचती दिखाई पड़ती है–

सींच रही लालस-लता निज,
किस कंकण की मृदु-झंकार।[54]

वक्षस्थल पर पड़ा हुआ मुक्ताहार, कानों में सुशोभित रत्नजड़ित कुंडल, हाथी दाँतों की बनी मणियों से युक्त हाथ की चूँडियाँ, पैरो में सुशोभित स्वर्ण नुपूर को धारण करनेवाली सुन्दरियों को देख भला किसका हृदय रस से भर नहीं उठेगा–

मुक्ता के हार हृदय, कर्ण-कर्ण हीरक द्वय।
हाथ हस्ति-दंत-वलय-मणिमय, चरण स्वर्ण नुपूर कल।[55]

निरालाजी इन कृत्रिम आभूषणों को उतना आवश्यक नहीं मानते, जितना जीवन के वास्तविक आभूषणों को। उनके अनुसार, नारी का वास्तविक आभूषण तो उसकी लज्जा है। यदि वही नहीं रही तो सैकड़ों-हजारों बहुमूल्य आभूषण उसे अलंकृत करने में असमर्थ हो जाते हैं। तुलसीदास शीर्षक कविता रत्नावली कहती है–

रक्खो मर्यादा पुरुषोत्तम
लाज का आज भूषण, अलबम नारी का।[56]

(घ) आवास : मानव संस्कृति के विकास-क्रम में आवास-निर्माण की भूमिका महत्त्वपूर्ण रही है। कन्दराओं, गुफाओं से चलकर आज तक की गगनचुंबी अट्टालिकाओं तक की मानव-आवास की एक लम्बी सांस्कृतिक यात्रा रही है। इसे ही देखकर निराला जी ने लिखा है–

ढूहों और गुफाओं और पत्थरों के घरों से
आज कल के शहरों तक
दुनिया ने चोली बदली-
(थोड़े के पेट में बहुतों को आना पड़ा)।[57]

इतिहास इस बात का गवाह है कि आधुनिक औद्योगिक-संस्कृति में निर्मित महानगरों के जीवन में यह बिल्कुल सत्य है, किन्तु सभी लोगों को ऐसी आलीशान अट्टालिकाओं में रहने का अवसर कहाँ मिल पाता है। थोड़े से लोगों ने बुद्धि-शक्ति और छल-बल से आज सारी भौतिक सुख-सुविधाओं पर अपना अधिकार जमा रखा है। इसी असमानता के चलते एक ओर ढूहों जैसे कच्चे उबड़-खाबड़ दड़बों-जैसे घर, झोपड़े आदि हैं तो दूसरी ओर विशाल भवनों और उन्नत प्रसादों में दीर्घ-जीवन के आकांक्षी लोग निवास कर रहे हैं। घास-फूस की बनी झोपड़ी है, जहाँ जीवन की घड़ियाँ गिनते लोग हैं। निराला लिखते हैं–

यहाँ एक बुढ़िया भी है बाबा
पड़ी झोपड़ी में मरती है।[58]

खून चूसकर अपनी अट्टालिकाएँ खड़ी करनेवाले धन-कुबेरों के ध्वंस के लिए वे क्रान्ति का आवाहन तक करते हैं और 'विप्लव के वीर बादलों' को आमंत्रित करते हुए कहते हैं-

जीर्ण बाहु है शीर्ण शरीर
तुझे बुलाता कृषक अधीर
ए विप्लव के वीर।[59]

निराला के अनुसार, आवास वही योग्य और सम्मानित हो सकता है, जहाँ रहते हुए मानव मन शान्ति का अनुभव कर सके। वह अट्टालिका या हवेली किस काम की जहाँ रहने के बाद मन अशान्त और तनावों से जूझता रहे। उनका मानना है कि वह तपोवन आश्रम उत्तम है, जहाँ विमल-विवेक-ज्ञान-भक्ति-दीप्ति की प्राप्ति होती है। वे लिखते हैं–

राजभवन राजस प्रभाव भरे
रम्थोद्यान से मुझे
बढ़कर प्रतीत होती है
वनस्थली चारु चित्रा।[60]

मनोरंजन : मनोरंजन के साधनों एवं खेलकूद के वर्णन द्वारा भी तत्कालीन लोकजीवन के रहन-सहन का पता चलता है। तद्युगीन लोक मानव किन-किन खेलों में रुचि रखते थे, इसका हल्का-सा आभास निराला की कविताएँ कराती हैं। मनुष्य के स्वस्थ मानसिक और शारीरिक विकास के लिए मनोरंजन अनिवार्य है। भारतीय संस्कृति में ऐसे अनेक उत्सव और क्रीड़ाएँ दृष्टिगोचर होती हैं, जो व्यक्ति के शारीरिक अथवा मानसिक स्वास्थ्य को संवर्धित करने में अनेक प्रकार से सहायक होती रही हैं। इसी प्रकार का उल्लेख निराला की कविताओं में मिलता है। जहाँ भारतीय संस्कृति साकार हो उठी है। इनके चित्रण द्वारा कवि की लोकाभिरुचि का पता चलता है।

(क) आल्हा गाना : हमारे देश का हिन्दी-भाषी समाज आल्हा गायन और श्रवण में विशेष रुचि रखता है। लोग रात में या दिन में भी ढोल की थाप पर मस्त होकर आल्हा गाते हैं। यद्यपि यह परम्परा अब धीरे-धीरे विलुप्त होती जा रही है। कवि निराला लिखते हैं–

लोग, रोज रात को आल्हा गाते
ढोलक पर अपना जी बहलाते।[61]

(ख) भजन-कीर्तन : दशहरे, दीवाली, होली आदि धार्मिक अवसरों के बहुत पहले से ही उत्तर भारत की ग्रामीण जनता, कबीर के पद, तुलसीदास द्वारा लिखित अनेक पद तथा धनुर्भंग और 'राम-वनवास' आदि प्रसंग को गाकर अपना

मनोरंजन करती आ रही है। 'देवी-सरस्वती' शीर्षक कविता में निराला ने लिखा है–

गाने लगे भजन कबीर के, तुलसीदास के
धनुष-भंग के और राम-वनवास के।[62]

(ग) झूला-झूलना : बरसात के दिनों में खासकर सावन और भादों के महीने में जब कजली और तीज का अवसर आता है, तब नवयुवतियाँ और किशोरियाँ झुंड के झुंड झूला झूलते और सावन के गीत (कजली) गाते दिखाई पड़ते हैं। इन झूलों पर बढ़-बढ़कर पेंग मारते किशोर-किशोरियों का दृश्य देखते ही बनता है। कवि लिखता है–

झूला झूलती गाती हैं सावन
लड़के पेंगें मारते बढ़-बढ़कर।[63]

(घ) तालाब-पोखर नहाना : तालाब, पोखर आदि में नहाना अत्यन्त लाभदायक माना जाता है। इससे शरीर स्वच्छ होने के साथ ही साथ बलिष्ट भी बनता है। गाँवों के बच्चे या बूढ़े ही नहीं वरन् स्त्रियाँ भी तालाब में स्नान करती हैं। एक कविता में देखिए–

बुआ ताल में बैठी जैसे हथिनी।[64]

(नाटक-खेलना): गाँव की जनता समय-समय पर उत्सव इत्यादि का ध्यान रखते हुए नाटकों का मंचन भी करती रही है। इसमें रामलीला आदि तो अत्यन्त लोकप्रिय हुए हैं। निराला लिखते हैं–

नाट्य कलाकारों ने कितने नाटक रचे
रंगमंच पर खेले।[65]

नृत्य एवं गीत : 'बारहमासी' सावन, कौवालियाँ आदि गाती हुई औरतें वातावरण को अत्यन्त सरस और मादक बनाती हैं। फागुन महीना लगते ही होली, चैती गाते स्त्री और पुरुष गोल बाँधकर घूमते हैं। यह दृश्य दर्शक-श्रोता का मन मोह लेता है। 'देवी सरस्वती' कविता में निराला जी ने लिखा है–

गाती बारहमासी, सावन और कजलियाँ...
फाग हो रहा, उठा रहे हैं धुन धमार के,
होली, चैती लोग गा रहे संवार के।[66]

(ज) चित्रपट : सिनेमा के आ जाने से भारतीय जनमानस का मनोरंजन सम्बन्धी भाव अत्यन्त परिवर्तित हुआ है। आज यह सर्वाधिक लोकप्रिय और मनोरंजन का सबल साधन प्रमाणित हो चुका है। पश्चिम जगत के इस वैज्ञानिक उपलब्धि ने पूर्वी जगत की रूढ़िवादी परम्परित धारणा को खूब झकझोरा है। एक कविता में निराला लिखते हैं–

सत्य सिनेमा की नटी से नाची
पूरब का पाया हिला पश्चिम से।[67]

(झ) वाद्य-यंत्र : निराला ने अपनी प्रमुख रचना 'परिमल' में अनेक प्रकार के वाद्य-यंत्रों का उल्लेख किया है। उनमें वीणा, बाँसुरी, सितार, भेरी, बीन, मृदंग आदि का खूब प्रयोग हुआ है, जो काव्य के चमत्कार के रूप में आये हैं। इनमें कुछ निरन्तर मनोरंजन के लिए बजाये जाते हैं जैसे वीणा, बाँसुरी, सितार, बीन। और कुछ लड़ाई के लिए बजाये जाते हैं जैसे भेरी।

(ञ) सौन्दर्य-प्रसाधन : शरीर को स्वस्थ, सुन्दर और दर्शनीय रखने के लिए मनुष्य शुरू से ही प्रयत्न करता आ रहा है। निराला ने अपनी रचनाओं में कुछ की ओर इशारा किया है जैसे उबटन मलना।

खोज हुई, सुख के साधन बढ़े,
जैसे उबटन के साबुन।[68]

(ट) अस्त्र-शस्त्र : आदिकाल से ही मनुष्य अपनी रक्षा के लिए शस्त्रों को अपना जीवन-साथी बनाये हुए है। इनका कभी-कभी दुरुपयोग भी होता आया है। तब ये समाज के लिए संकट का कारण भी बन जाते हैं। किन्तु राष्ट्र, समाज और व्यक्ति की रक्षा के लिए इनका होना अनिवार्य है। निरालाजी भी शस्त्रों के रखने के पक्षधर तो हैं किन्तु उसी स्थिति में जब वे आत्मरक्षार्थ उपयोग में लाये जाएँ। वे धर्म का नाश करनेवाले अधर्मी का सिर काटने की बात करते दिखाई देते हैं–

वीरवर/ समर में/ धर्म पातकों से ही
खेलती है रण-क्रीड़ा
मेरी तलवार, निकल म्यान से।[69]

वे कहते हैं तन में प्राण, तूणीर में तीर तथा कटि में कृपाण रहने तक योद्धा को अपने लक्ष्य के लिए युद्ध करना चाहिए। 'राम की शक्ति पूजा' में ब्रह्मास्त्र और 'महाफलक' रावण जैसे विधर्मी के नाश के लिए प्रयुक्त होते हैं–

इस प्रकार निराला ने अपनी रचनाओं में भारतीय संस्कारों, आचार-विचारों, विधि-विधानों, रहन-सहन आदि को पूर्णरूपेण उद्‌घाटित किया है। उनकी आध्यात्मिक चेतना के साथ-साथ उनकी लोकरुचि भी प्रबल रूप से जागृत थी। अनेक कविताओं में लोक-संपृक्ति का यह भाव मुखर हो उठा है। जहाँ मस्ती, उल्लास, उन्मुक्तता, उत्साह, सहजता के स्वाभाविक दर्शन होते हैं। लोक के प्रति गहरी आसक्ति उनकी इस मानसिकता की ओर संकेत करती है। वे वैज्ञानिकजन्य अन्य भौतिक उपलब्धियों के अंध समर्थक न थे, न ही इन्हें आत्यान्तिक मुख्य रूप में स्वीकार करते थे। वे उस भौतिकता के भी समर्थक नहीं थे जो मनुष्य को व्यक्तिनिष्ठ बनाकर पतन की ओर अग्रसर करती रहे। वे सदा उर्ध्वगामी मूल्यों के रक्षक और प्रचारक बने रहे। इसी कारण कविताओं में उनका

सन्तजीवन झाँकता नजर आता है। वे अल्प भौतिकता का उपयोग करते हुए उर्ध्वमुखी आध्यात्मिक मार्ग से जीवन-यापन करने के समर्थक थे।

सन्दर्भ

1. निराला रचनावली; भाग एक; पृ. 322
2. G. Grierson; Bihar Peasant life, second edition 1926, page-360
3. निराला रचनावला; भाग-2, पृ. 391
4. निराला रचनावली; भाग-2, पृ. 391
5. परिमल; पंचवटी-प्रसंग, पृ. 225
6. अनामिका; पृ. 154
7. निराला रचनावली; भाग-1, पृ. 53
8. पंचवटी-प्रसंग; परिमल, पृ. 216
9. निराला रचनावली; भाग-2, पृ. 141
10. निराला रचनावली; भाग-1, पृ. 81
11. निराला रचनावली; भाग-1, पृ. 53
12. 'पंचवटी-प्रसंग'; परिमल, पृ. 154
13. अनामिका; पृ. 154
14. निराला रचनावली; भाग-1, पृ. 301
15. तुलसीदास छन्द; पृ. 85
16. निराला रचनावली; भाग-1, पृ. 54
17. महाराज शिवाजी का पत्र; परिमल, पृ. 194
18. महाराज शिवाजी का पत्र; परिमल, पृ. 204
19. बादल राग; परिमल, पृ. 161
20. निराला रचनावली; भाग-1, पृ. 53
21. निराला रचनावली; भाग-2, पृ. 186
22. निराला रचनावली; भाग-2, पृ. 84
23. निराला रचनावली; भाग-1, पृ. 133
24. निराला रचनावली; भाग-1, पृ. 63
25. निराला रचनावली; भाग-1, पृ. 54 (महाराज शिवाजी का पत्र)
26. निराला रचनावली; भाग-2, पृ. 96
27. निराला रचनावली; भाग-2, पृ. 63
28. नये पत्ते, गर्म पकौड़ी, पृ. 44
29. गर्म पकौड़ा, नये पत्ते, पृ. 45
30. पांचक, नये पत्ते, पृ. 39
31. दान; अनामिका, पृ. 25
32. खून की खेली होली; नये पत्ते, पृ. 105
33. देवी सरस्वती; नये पत्ते, पृ. 68

34. कैलास पर्वत; नये पत्ते, पृ. 102
35. मंहमू महंगा रहा; नये पत्ते, पृ. 108
36. तुलसीदास; छन्द-5
37. यमुना के प्रति; परिमल, पृ. 44
38. यमुना के प्रति; परिमल, पृ. 48
39. कविता के प्रति; परिमल, पृ. 145
40. देवी सरस्वती; नये पत्ते, पृ. 71
41. सेवा प्रारम्भ; अनामिका, पृ. 71
42. 'खुला आसमान'; अनामिका, पृ. 142
43. 'खुला आसमान'; अनामिका, पृ. 142
44. यमुना के प्रति; परिमल, पृ. 52
45. शेफालिका; परिमल, पृ. 175
46. महाराजा शिवाजी का पत्र; परिमल, पृ. 195
47. पंचवटी प्रसंग; परिमल, पृ. 226
48. यमुना के प्रति; परिमल, पृ. 44
49. यमुना के प्रति; परिमल, पृ. 48
50. कविता के प्रति; परिमल, पृ. 145
51. तुलसीदास; छन्द, पृ. 18
52. नये पत्ते; पृ. 25
53. सेवा प्रारम्भ; अनामिका, पृ. 104
54. बादल राग; परिमल, पृ. 166
55. पंचवटी प्रसंग; परिमल, पृ. 216
56. खजोहरा; नये पत्ते, पृ. 18
57. देवी सरस्वती; नये पत्ते, पृ. 71
58. खजोहरा; नये पत्ते, पृ. 18
59. खजोहरा; नये पत्ते, पृ. 22
60. राजे ने रखवाली की; नये पत्ते, पृ. 32
61. देवी सरस्वती; नये पत्ते, पृ. 75
62. खुश खबरी; नये पत्ते, पृ. 33
63. चरखा चला; नये पत्ते, पृ. 38
64. महाराज शिवाजी का पत्र; परिमल, पृ. 197
65. कवि; परिमल, पृ. 185
66. मनुस्मृति; 1:88
67. तुलसीदास; छन्द-27
68. तुलसीदास; छन्द-29
69. निराला रचनावली; भाग-एक, पृ. 167-168

निराला के काव्य में सामाजिक, आर्थिक, धार्मिक एवं आध्यात्मिक मान्यताएँ

मानव अपने जीवन में निरन्तर संघर्ष करता हुआ कुछ उपलब्ध करता है, किन्तु उसकी इच्छाएँ पूर्णतया उससे संतुष्ट नहीं हो पातीं, क्योंकि हर उपलब्धि नयी इच्छाओं को जन्म देती रहती हैं और आवश्यकताएँ बढ़ती रहती हैं। इसी दौड़ में वह सुख की तलाश करता है। कभी सामाजिक मान-प्रतिष्ठा प्राप्त करता है, कभी आर्थिक-सम्पन्नता में उसे सुख दिखाई पड़ता है। समाज में अनेक उतार-चढ़ाव और आर्थिक सम्पन्नता-विपन्नता से ऊबकर एक बिंदु पर पहुँचता है, जहाँ सारे उपक्रम और उपलब्धियाँ नगण्य लगने लगती हैं। इन उपलब्धियों में उसे सुख और आनन्द की अनुभूति नहीं होती। सुखी बनने के इसी क्रम में मनुष्य और दुखी हो उठता है। अति वैज्ञानिकता और अति आधुनिकता के इस दौर में यह स्थिति तो और विकट हो गयी है। इस स्थिति से मुक्ति पाने के लिए वह आध्यात्मिकता की शरण लेता है। हमारी संस्कृति का यह परम वैशिष्ट्य उसे निवृत्त मूलक वृत्ति या त्यागमय भोग की ओर ले जाता है। आज भौतिकता को बढ़ता दबाव और आध्यात्मिकता के ह्रास ने मानव समाज के सामने अनेक संकट खड़े कर दिये हैं। निराला का मन इन बातों से अत्यन्त विचलित होता रहा। वे भौतिक उपलब्धियों-मात्र को आत्यन्तिक मूल्य मानने वाले न थे, क्योंकि यह मनुष्य को व्यक्तिनिष्ठ बनाकर सामाजिक पतन का कारण बनती है। वे अपनी मूल्य-चेतना में उर्ध्वमुखी मूल्यों के द्रष्टा एवं स्रष्टा थे। निराला का सम्पूर्ण व्यक्तित्व आध्यात्मिकता से ओत-प्रोत था। इसी कारण वे भौतिक आवश्यकताओं तथा अन्य सुख-सुविधाओं को केवल साधन ही मानते थे, साध्य नहीं।

1. सामाजिक मान्यताएँ : व्यक्ति समाज की एक महत्त्वपूर्ण इकाई है। प्रत्येक व्यक्ति एक विशेष प्रकार के समाज में रहते हुए जीवन-संचरण करता है। जीवन की विशिष्टता उसका व्यक्तिगत जीवन है, परन्तु उसके व्यक्तिगत जीवन की मूल्यवता समाज-सापेक्ष भी होती है। समाज-निरपेक्षता के लिए यहाँ कोई स्थान नहीं है। व्यक्ति पूर्णरूपेण समाज से संबद्ध है। यद्यपि उसका व्यक्तिगत जीवन भी किसी-

न-किसी रूप में समाज को प्रभावित करता रहता है। आज जिस प्रकार तस्करों, हफ्ताखोरों, गुण्डों, बदमाशों का जीवन समाज में भय, आतंक, असुरक्षा और अनैतिकता का असर डाल रहा है, किन्तु बुद्धिजीवियों, समाज सेवियों के जीवन से समाज के लोग शान्ति, संतोष और नैतिकता का संदेश ग्रहण करते हैं। निराला व्यक्तिगत जीवन की क्षुद्र सीमाओं को लांघकर विस्तृत मानव जीवन की भूमिका पर विचरण करने वाले रचनाकार थे। सांसारिक विपदाओं के अनेकानेक प्रहारों को अपने ऊपर झेलते हुए भी अपनी रचनात्मक ऊर्जा द्वारा जीवन सरिता को गतिमान करने वाला ही उनकी दृष्टि में महाप्राण हो सकता था–

कवि तुम, एक तुम्हीं/ बार-बार झेलते सहस्त्रों बार
निर्मम संसार के दूसरों के अर्थ ही लेते दान
महाप्राण/ जीवों में देते हो जीवन ही जीवन
जोड़-मोड़ निज सुख से मुख।[1]

सामाजिक-जीवन : प्रत्येक समाज में सामाजिक जीवन को सुचारु रूप से संचालित करने के लिए कुछ नियमों, व्यवस्थाओं और मान्यताओं का संयोजन किया जाता है। वर्ग-व्यवस्था, वर्ण-व्यवस्था, शासन-व्यवस्था, आर्थिक-व्यवस्था आदि अनेक व्यवस्थाओं का विधान किया गया है। इन व्यवस्थाओं या जीवन प्रणालियों में जब तब युगानुसार परिवर्तनशीलता और गतिशीलता का विकास होता रहता है किन्तु कालांतर में इनमें रूढ़िवादिता और जड़ता का समावेश हो जाता है, तब ये ही कारक समाज के लिए अहितकर सिद्ध होते हैं और समाज शनैः शनैः पतन की ओर अग्रसर होने लगता है। इसका उदाहरण भारतीय वर्णाश्रम-व्यवस्था है। भारतीय संस्कृति में वर्णाश्रम-व्यवस्था में योग्यता और उम्र के आधार पर वैयक्तिक और सामाजिक दायित्वों का विभाजन किया गया था, पर आगे चलकर वह रूढ़ हो गया और जाति और सम्प्रदाय जैसी दुर्निवार बीमारियाँ उसकी कोख में जन्म लीं। निराला ने अपनी रचनाओं में इस बात का संकेत दिया है कि भारतीय-समाज और संस्कृति के पतन का कारण विकृत हुई यही वर्ण-व्यवस्था है।

वर्ण-व्यवस्था : निराला ने पतनशील भारतीय समाज के मूल में जाकर वर्ण-व्यवस्था को इसके लिए उत्तरदायी माना। भारतीय समाज वर्णों में बंटा समाज रहा है। इसमें कुल चार वर्णों की कल्पना–ब्राह्मण, क्षत्रिय, वैश्य और शूद्र थी। प्राचीन भारतीय धर्म-मनीषियों ने गुण और कर्म पर विचार करते हुए समाज को चार वर्गों में विभाजित किया था। श्री कृष्ण ने गीता में कहा है कि मैंने समस्त प्राणियों को गुण और कर्मों के अनुसार चार वर्णों में विभाजित किया है–

चातुर्वर्ण मया सृष्टं, गुण, कर्म विभागशः।

इसका आशय स्पष्ट है कि मानव समाज का बंटवारा उसकी योग्यता तथा विविध कर्मों के अनुसार हुआ है। ऋग्वेद में विराट पुरुष की कल्पना में ब्राह्मण को उसका मुख, क्षत्रिय को बाहु, वैश्य को उसका जंघा और शूद्र को उसका पैर माना गया है–

ब्राह्मणोऽस्य मुखमासीद
बाहुः राजन्यः कृतः।
उरु तदस्य यद्वैश्यः
पदभ्यां शूद्रोऽजायतो (पुरुष-सुक्त)

समाज की नियमित शान्ति और सद्भाव हेतु तथा सुगठित और सुव्यवस्थित संचालित करने हेतु वर्ण-व्यवस्था अस्तित्ववान हुई थी। किसी वर्ण को उसकी योग्यता के अनुसार ही कार्य दिया गया था, जो सरलता और विशिष्टता से उसे कर सकता था।

ब्राह्मण : इसमें ब्राह्मण सर्वश्रेष्ठ था और उसे शास्त्रों के अध्ययन-अध्यापन का अधिकार था। उसे समाज में श्रेष्ठ माना गया था। विराट पुरुष के मुख से जन्म लेने के कारण ब्राह्मण समाज का मुखिया होता था। बुद्धि पर उसका अधिकार था, जिससे अपने विचारों और चेतना से समाज को वह संचालित करता था। 'मनु स्मृति' में ब्राह्मण के छह कर्म हैं–

अध्यापनमध्ययनं, यजनं याजनं तथा
दानं प्रति ग्रहं चैव, ब्राह्मणा नामक कल्पयत।[2]

अध्ययन, अध्यापन, यज्ञ करना, यज्ञ कराना, दान लेना, दान देना ब्राह्मण यज्ञ ा आदि में दान लेता तो था, परन्तु उसे दान देकर जनता के हित में लगा देता था। उसी प्रकार वह शास्त्रों का अध्ययन तो करता था, किन्तु अर्जित ज्ञान को सर्वजन में वितरित करना उसका दायित्व था। इसी कारण वह त्याग की प्रतिमूर्ति बनता था। वह राजा को सलाह और मंत्रणा देकर राज्य संचालन कराता था, किन्तु उसमें स्वयं शासन करने का लोभ नहीं होता था।

क्षत्रिय : क्षत्रिय अपनी शक्ति और पराक्रम से समाज की रक्षा करता था। वह समाज में शासन और व्यवस्था का जिम्मेदार था। राजा क्षत्रिय ही होता था, क्योंकि रक्षा आदि का कार्य उसके द्वारा ही सम्भव था। कालिदास ने क्षत्रिय के बारे में लिखा है–

क्षतात् किलत्रायत् हत्युदग्रः
क्षत्रस्य शब्दः भुवनेसु रूढ़। (रघुवंश महाकाव्यम्, सर्ग-2)

अर्थात् जो क्षति या आपत्ति से रक्षा करे, वह क्षत्रिय है।

वैश्य : समाज में सुख-समृद्धि लाने का कार्य वैश्य का था। मनुस्मृति कहती है कि कृषि, गोरक्षा और व्यापार करना वैश्य का स्वाभाविक कर्म है।

कृषि, गोरक्ष, वाणिज्यं, वैश्य कर्म स्वभावजम् (मनुस्मृति)

गायों की रक्षा से समाज में दूध-घी की वृद्धि होगी, जिससे लोग शक्ति-सम्पन्न और स्वस्थ होंगे। कृषि-कार्य में फसलों की अधिकता और व्यापार से समाज धन-सम्पन्न होगा–

पशुनां रक्षणं दानभिज्याऽध्ययनमेव च।
वाणिज्यमथ कुसीदंच, वैश्वस्य कृषिमेवच। (मनुस्मृति- 1/90

शूद्र : इस वर्ण का कार्य मात्र उपर्युक्त तीनों वर्णों की सेवा करना था। तीनों वर्णों के लोग अपने कर्तव्य को ठीक से निभा सकें, इसलिए इनकी सेवा आवश्यक थी। जो इस वर्ण के लोगों के हिस्सा था, परन्तु शूद्रों के प्रति समाज में घृणा-भाव न था। वे समाज के आवश्यक भाग थे, सम्मान के अधिकारी भी।

बाद में शूद्र अपावन, अपवित्र और अछूत हो गया। उसके साथ पशुओं से भी बदतर आचरण समाज में हो रहा था। निराला ने इसे भोगा और जिया था। अपनी प्रसिद्ध रचना 'तुलसीदास' में उन्होंने विविध वर्णों के पतित-जीवन का जैसा नक्शा खींचा है, वह इस बात का सही प्रमाण है। तुलसी के समय समाज में वर्णवादी अवधारणा को मानों निराला ने अपने समय और समाज में देखा। तुलसी के समय मुगल शासक थे और निराला के समय में शासक अंग्रेज थे। शोषण, दमन, अन्याय, अत्याचार सभी उसी विकराल रूप में थे, जो मुगल-काल से चले आ रहे थे। निराला ने ब्राह्मण और क्षत्रियों के जीवन में आये पतन को अनेक प्रकार से चित्रित किया है। वे लिखते हैं–

विधि की इच्छा सर्वत्र अटल है
यह देश प्रथम ही था हतबल।
वे टूट चुके थे ठाट सकल वर्णों के
तृष्णोद्धत, स्पर्द्धागत सगर्व।
क्षत्रिय रक्षा के रहित सर्व
द्विज चाटुकार हत इतर वर्ग वर्णों के।[3]

निराला ने देखा क्षत्रिय का रक्षाधर्म से सरोकार टूट चुका है। वे थोथे अहंकार, आपसी स्पर्धा, वैमनष्य तथा उद्धत-तृष्णा के शिकार हैं। ब्राह्मण शासकों की चाटुकारिता को ही अपना धर्म मान बैठा है। समाज को अपने श्रम के बल पर टिकाये रखनेवाला शूद्र वर्ग असहाय है, निरुपाय है और जीवन जीने के लिए दिन-दिन मारे-मारे फिर

रहा है। ऊपर से ब्राह्मणों के द्वारा अमानवीय आचरण उसे और भी दीनहीन बना रहे हैं। वे पशु से भी बदतर स्थिति में जीने के लिए विवश हैं–

वे शेष-श्वास, पशु मूक भाष/ पाते प्रहार अब हताश्वास/
सोचते कभी, आजन्म ग्रास द्विज गण के।[4]

निराला ने ऐसी पाखंडी वर्णव्यवस्था को देश के लिए भयानक खतरा माना था। वे देशवासियों को बार-बार सचेत करते रहे कि यदि वर्ण और जाति को लेकर भारतीय समाज इसी प्रकार घृणा, द्वेष, कलह और असहयोग का शिकार होता रहा तो निश्चय ही एक दिन भारतीय संस्कृति जो अत्यन्त समृद्धिशालिनी रही है, उसका नाम लेवा भी कोई नहीं होगा। आज हम उस कगार पर पहुँच चुके हैं। 'महाराज शिवा जी का पत्र' नामक कविता में वे लिखते हैं–

व्यक्तिगत भेद ने छीन ली हमारी शक्ति
कर्षण-विकर्षण भार जारी रहेगा
यदि इसी तरह आपस में नीचों के साथ
यदि उच्च जातियों की घृणा द्वंद्व, कलह,
वैमनस्य, शूद्र उर्मियों की तरह टक्करें लेते रहे तो
निश्चय ही/ बेग उन तरंगों का/ और घट जाएगा।[5]

जातिगत टकराव और अलगाव के चलते विदेशी शक्ति की छाया से मुक्ति मिल पाना कठिन है और भारत के मस्तक पर लगा गुलामी का टीका नहीं धुल पाएगा। निराला भारतीय समाज को वर्ण-व्यवस्था के इस कलंक से मुक्ति के आकांक्षी थे। 'वर्ण-व्यवस्था' के चलते ही जातिगत भेद-भाव, ऊँच-नीच, छूत-अछूत जैसी अनेक सामाजिक बुराइयों का जन्म हुआ, जिनसे अपने जीवन में तथा रचना-कर्म में वे आजीवन संघर्ष करते रहे।

(ख) आश्रम : धर्म शास्त्रों में मनुष्य की सम्पूर्ण आयु को चार हिस्सों में बाटा गया है। आयु के हर वर्ग में एक विशिष्ट प्रकार के कर्म का विधान किया गया है। मानव के सम्पूर्ण जीवन के आयु विभाग को आश्रम कहा जाता है। प्राचीन काल में व्यक्ति की आयु सौ वर्ष मानी गयी थी– जीवेम शरदः शतम्। आयु को ब्रह्मचर्य-आश्रम, गृहस्थ-आश्रम, वानप्रस्थ-आश्रम तथा संन्यास-आश्रम में बाँटा गया है। प्रथम आश्रम में ब्रह्मचर्य नियमों का पालन करते हुए, गुरु-आश्रम में रहकर विद्याध्ययन आदर्श चरित्र निर्माण, त्याग, तपस्या आदि का पाठ पढ़ना था। पच्चीस वर्ष की आयु पूर्ण कर गुरुदक्षिणा देकर गृहस्थ आश्रम में प्रवेश का विधान था। पच्चीस से पचास तक की आयु का वर्ग गृहस्थ आश्रम का था, जिसमें विवाह करना तथा देवऋण, पितृऋण से मुक्त होने का विधान था। तीसरे अर्थात् वानप्रस्थ आश्रम में

व्यक्ति तन-मन-धन से समाज सेवा करता था। यह काल उम्र का पच्चास से पचहत्तर वर्ष का था। इसमें परिवार चलाने का दायित्व युवा-पुत्र को सौंप देना था। पिता-पुत्र के बीच अधिकारों की लड़ाई की विषम समस्या का अन्त हो जाता था। जीवन का चौथा पड़ाव अर्थात् संन्यास-आश्रम आयु का पचहत्तर से सौ वर्ष के बीच का काल था। इस उम्र में जीवन का एक ही लक्ष्य था– 'मोक्ष' के लिए विधान करना अत: संन्यासी जीवन भगवद्भक्ति, पूजा-पाठ आदि में व्यतीत होता था। संन्यासी परम-विरागी अर्थात् अनिकेत होता था।

(ग) जाति-व्यवस्था : भारतीय सामाजिक-संस्थाओं में जाति-व्यवस्था का प्रमुख स्थान रहा है। भारतीय जाति-व्यवस्था जैसी रचना दुनिया के किसी भी कोने में दिखाई नहीं पड़ती। वर्ण-व्यवस्था के लम्बे समय तक चलते रहने पर व्यक्ति के कर्म के अनुसार उसकी जाति बन गयी। उस जाति में जन्मा हुआ हर आदमी उसी काम को करने लगा। इस प्रकार जो वर्ण-व्यवस्था कर्मों के आधार पर चल रही थी, वह जाति-प्रथा में आकर जन्मना हो गयी। जो चार वर्ण थे, वे ही चार जातियाँ बन गयी। उस जाति में जन्म लेने वाला व्यक्ति वही कर्म करने के लिए विवश हो गया। आगे चलकर इन जातियों में भी स्थान भेद तथा अन्य कारणों से उपजातियाँ बनीं, जैसे सरस्वती नदी के किनारे के ब्राह्मण सारस्वत तथा सरयू के उस पार जाने वाले सरयूपारी ब्राह्मण कहे गये। गौड़ देश के निवासी गौड़, ब्राह्मण तथा कान्यकुब्ज प्रदेश के कान्यकुब्जी (या कन्नौजिया) कहे गये। इसी प्रकार क्षत्रिय भी सूर्य और चंद्रमा से जोड़कर सूर्यवंशी और चन्द्रवंशी हो गये। इसी प्रकार वैश्यों में सोनार, लोहार, नाई, बढ़ई, कुर्मी, माली, काछी आदि अनेक उपजातियाँ बनीं। शूद्रों में भी चमार, दुसाध, ढोर, भंगी, डोम, मुसहर, पासी आदि उपभेद प्रचलित हुए। इससे समाज में श्रम-विभाजन तो हुआ जिससे कार्य में योग्यता तथा दक्षता का विकास हुआ। जाति-प्रथा ने समाज में ऊँच-नीच की भावना को जन्म दिया, जिससे समाज में अनेक विसंगतियाँ जन्मीं। अन्याय, अत्याचार बढ़े। आगे चलकर छूत और अछूत की बीमारी भी पैदा हो गयी। जाति के भीतर ही अछूत जन्म लेने लगे। इसमें सुसंगठित समाज बिखराव की ओर अग्रसर हुआ। समाज में व्याप्त जातिगत आधार पर ऊँच-नीच के भेद को निराला ने अपने जीवन में पूर्णतया भोगा था। उनकी कविताओं में इसके अनेक रूप दिखाई पड़ते हैं। अपनी कविता 'कण' में वे लिखते हैं–

पड़े हुए सहते हो अत्याचार
पद-पद पर सदियों के पद-प्रहार
बदले में कोमलता लाते
किन्तु हाय, वे तुम्हें नीच ही हैं कह जाते

तुम्हें नहीं अभिमान
छूटे कहीं न प्रिय का ध्यान
इससे सदा मौन ही रहते हो क्यों
रज, विरज के लिए ही इतना सहते हो।[6]

यहाँ पर यह 'रज' उस वर्ग की निम्न श्रेणी की ओर ही संकेत कर रहा है, जो सदियों से समाज में अस्पृश्य बना दिये गये हैं। यह नीच कही जानेवाली जाति समाज के उत्थान में अपने जीवन को तिल-तिल कर तिलांजलि देती है, अपने हाड़-मांस को गला-खपाकर खुशहाली का निर्माण करती है, किन्तु उसके बदले उसे क्या प्राप्त होता है– अपमान, अनादर, जेहालत, भूख, गरीबी और अशिक्षा का अंधकार। इसे देखकर ही कवि लिखता है–

बढ़ जाता / प्रति श्वास-शब्द गति से उस ओर
जहाँ हाय केवल श्रम, केवल श्रम,
केवल श्रम, कर्म कठोर
कुछ ही प्राप्ति अधिक आशा का
कुटिल अधीर अशांत मरोर
केवल अंधकार, करना वन पार
जहाँ केवल श्रम घोर।[7]

भारतीय समाज में जाति-व्यवस्था एक कुष्ठ रोग, एक अभिशाप की भाँति अनादिकाल से चली आ रही है। निम्न कही जानेवाली जातियों के श्रम का शोषण होता आ रहा है। यहाँ तक कि उनके श्रम के बदले भरपेट अन्न भी नहीं प्राप्त होता था। गाँव में तो शोषण का हाल यह था कि श्रमिकों को जो मजदूरी दी जाती थी, वह भी घर तक नहीं पहुँचती थी, क्योंकि जिस अंगोछे या कपड़े में वे अनाज लेते थे, वह तार-तार हुआ रहता था। इतने कम पारिश्रमिक में दूसरा वस्त्र खरीदने की गुंजाइश नहीं हो पाती थी। अत: मजदूरी में मिला हुआ अनाज भी घर तक पूरा नहीं पहुँच पाता था वरन् रास्ते में ही उसका अधिकांश भाग गिर जाता था। भारत में ब्राह्मण वर्ग शूद्रों को तो दूर, कायस्थों को भी अछूत और तिरस्कार भाव से देखते थे। इसको लक्ष्य करके निराला ने लिखा–

राजकर्मचारी को गर्व इससे हुआ,
खुलकर वह बोले भी
एक दिन ब्रह्मणों ने हमे पतित किया था...
शूद्र कहलाए हम, किन्तु
श्री, विवेक और आप ऐसे कृतियों ने

धन्य हमें कर दिया।[8]

संन्यासी प्रेमानन्द स्वामी के कारण कायस्थों का स्वाभिमान वापस लौटा। उन्होंने ब्राह्मणों को इस अछूत समझनेवाली चेतना को दूर करने के बारे में समझाने का कार्य किया। बहुत दिनों तक ब्राह्मणों और कायस्थों के बीच छूत-अछूत का यह झगड़ा चलता रहा, किन्तु प्रेमानंद स्वामी के कारण वह दूर हो सका था। निरालाजी के मन में यह चोट अत्यन्त गहरे बैठी थी कि इस समाज में जाति के आधार पर अछूत करार देने और अपने को महान समझने से भारतीय समाज निरन्तर कमजोर होता जा रहा है। भारतीय गुलामी के पीछे एक कारण यह भी रहा है। अपनी प्रसिद्ध रचना 'तुलसीदास' में वे लिखते हैं–

तृष्णोद्धत, स्पर्द्धागत, सगर्व
क्षत्रिय रक्षा के रहित सर्व
द्विज चाटुकार हत
इतर वर्ग वर्णों के।[9]

यहाँ ब्राह्मण को चाटुकार तथा क्षत्रियों को शक्तिहीन बताया गया है, जो रक्षा के दायित्व का निर्वाह करने में अक्षम हैं, किन्तु निचले वर्ग के लोगों का शोषण करने में इनको जरा भी लाज-संकोच नहीं है। निराला स्वयं कान्यकुब्ज ब्राह्मण थे, किन्तु अपनी प्रसिद्ध कविता 'सरोज-स्मृति' में वे कान्यकुब्ज ब्राह्मणों को 'कुलंगार, खाये पत्तल में करें छेद' जैसी उक्तियों से विभूषित करते हैं। कान्यकुब्जियों के बारे में प्रसिद्ध है– तीन कनौजिया तेरह चूल्हा।

उपेक्षित जन-समूह : निराला की कविताओं में समाज के अत्यन्त उपेक्षित वर्ग का चित्र अंकित हुआ है। वे जहाँ भी उपेक्षितों को दीनता और जेहालत में पाते हैं, उनके हृदय का तार झनझना उठता है और मानवता को शोक-मग्न देखकर वे विचलित हो उठते हैं। निराला ने देखा कि समाज, संप्रदायों, मतवादों में विभक्त पतनोन्मुख है। वर्ण-व्यवस्था छिन्न-भिन्न होकर अंतिम सांसें ले रही है। ब्राह्मणों ने चाटुकारिता तथा क्षत्रियों ने कायरता को अपना सहधर्मी बना लिया। शूद्र अपमान झेलने की विवशता में जी रहे हैं। 'तुलसीदास' शीर्षक कविता इस बात की ओर संकेत करती है–

चलते फिरते पर निःसहाय,
वे दीन, क्षीण, कंकाल काय
आशा केवल जीवनोपाय, उर में
वे शेष श्वास, पशु मूक भाष
पाते प्रहार अब हताश्वास

सोचते कभी आजन्म, ग्रास द्विज गण के
होना ही उनका धर्म परम
वे बर्णाधम रे द्विज उत्तम
वे चरण बस वर्णाश्रम रक्षण के।[10]

भारतीय समाज में अनेक पेशेवर जातियाँ विद्यमान रही हैं। इनके दैनिक जीवन में लोक-विश्वास गहराई से समाया हुआ है। निराला की कविता में ग्वाले, लोहार, नाई, धोबी, कुम्हार, चमार आदि जातियों के साथ ही मजदूर और किसान भी शामिल हैं। ग्वालों में गाय-बैल की पूजा गोपाष्टमी के दिन करने का प्रचलन है। इनके सहारे ही भारतीय ग्रामीण जीवन सुख-सम्पन्न बना रहा है। निराला का अनुभव जिस समाज से जुड़ा था, उसमें धोबी कपड़ा धोने का कार्य करता रहा है। धोबी घाट पर कपड़े पछीट कर धोता है, उसे 'पाट' की संज्ञा दी जाती है। धोबी उसे अत्यन्त पवित्र मानते हैं। इनकी पूजा करना, इन पर पाँव न रखने का प्रचलन रहा है। लोहे और लकड़ी का कार्य करने वाले लोहार, बढ़ई हल के फाल, फावड़े, खुरपी, हसिया आदि को धार देने का कार्य करने के साथ ही आम की लड़की से खड़ाऊ तथा पीढ़ा बनाकर अपने 'जजमान' (यजमान) को देते हैं तथा बदले में 'न्यौछावर' पाते हैं। इसके अतिरिक्त, कुम्हार बर्तन गढ़ने, कहार पानी भरने आदि कामों में लगे रहे। इनका वर्णन निराला की कविताओं में हुआ है। निराला की कविता में आये हुए किसान, खेतिहर हैं। इनकी अपनी रीत-रिवाज, प्रथाएँ एवं परम्पराएँ हैं। समाज में ऐसे तमाम लोग निम्नवर्ग से आते हैं, जिनके साथ कवि की पूरी आत्मीयता जुड़ी है। इसका प्रमाण निराला की गद्य रचनाएँ चतुरी चमार, कुल्ली भाट या बिल्लेसुर बकरिहा आदि हैं। निराला अपनी एक कविता 'संत कवि रविदासजी के प्रति' में प्राचीन जर्जर रूढ़ि को ध्वस्त करते हुए शूद्र वर्ण के साथ खड़े दिखाई पड़ते हैं। वे ब्राह्मण कुल के प्रतिनिधि हैं, फिर भी शूद्र वर्ग में जन्मे रैदास को नमस्कार करते हैं। इसका खामियाजा भी निराला को खूब भोगना पड़ा। वे लिखते हैं–

ज्ञान के आकर मुनीश्वर थे परम
धर्म के ध्वज हुए उनमें अन्यतम
पूज्य अग्रज, भक्त कवियों के प्रखर
कल्पना की किरण नीरज पर सुधर
पड़ी ज्यों अंगड़ाइयाँ लेकर खड़ी हो गयी
कविता की आयी शुभ घड़ी
जाति को, देखा सभी ने मींचकर
दृग, तुम्हें श्रद्धा सलिल से सींचकर

रानियाँ अवरोध की घेरी हुई
बाणियाँ ज्यों बन गयी चेरी हुई
छुआ पास भी नहीं तुमने
रहे कर्म के अभ्यास में अविरत,
बहे ज्ञान गंगा में, समुज्जवल चर्मकार
चरण छूकर कर रहा मैं नमस्कार।[11]

निराला ने अपने जीवन और साहित्य दोनों में समाज में व्याप्त संकीर्ण दृष्टि का कड़ा विरोध किया। इसी कारण उनमें विद्रोह का स्वर फूटा। उपेक्षित, पीड़ित एवं प्रताड़ित मानवता के लिए वे पक्षधर बने तथा शोषकों की आँख की किरकिरी सिद्ध हुए। उन्होंने इंसान को इंसान के रूप में देखा-जाना। जाति, धर्म, संप्रदाय की संकीर्णता से ऊपर उठकर ही यह सम्भव था। उनकी कविताओं में ऐसे चरित्र आये, जो प्रचलित वर्ण-व्यवस्था में जातिगत आधार पर अछूत या अन्त्यज थे, किन्तु अन्तःकरण से सात्विक एवं चरित्र के उज्जवल थे। समाज में साधनहीनता और साधन सम्पन्नता दो किनारे हैं। सामन्ती, पूँजीवादी व्यवस्था, गरीबी, कंगाली एवं भिखारी तक बना देती है। निराला इसके शिकार स्वयं हुए थे, इसी कारण भिक्षुक को अपनी सम्पूर्ण हार्दिकता समर्पित करते हुए लिखते हैं–

वह आता/ दो टूक कलेजे के करता,
पछताता पथ पर आता[12]

इसी भिखारी के साथ दो बच्चे हैं। वे वाम हस्त से पेट सहलाते हैं तथा दहिना हाथ भिक्षा में कुछ पाने के लिए फैलाये हुए हैं किन्तु साधन सम्पन्नों से कुछ न पाकर आँसुओं के घूँट पीने को विवश हैं। वे बच्चे जूठे पत्तल चाटने की विवशता में जी रहे हैं, जहाँ उनका संघर्ष कुत्तों के साथ है। निराला की एक कविता 'दीन' में तो शोषण की पराकाष्ठा दिखाई पड़ती है–

यहाँ कभी मत आना
उत्पीड़न का राज्य,
दुख ही दुख/ यहाँ है उठाना
क्रूर यहाँ कहलाता है शूर
और हृदय का शूर सदा ही दुर्बल क्रूर/
स्वार्थ सदा रहता परार्थ से दूर।[13]

'दान' कविता में भी भिक्षुक के निरादर और बन्दर को भगवान का प्रतिनिधि मानकर मालपुए खिलाये जानेवाली प्रथा पर निराला करारा प्रहार करते हैं। वे अपनी पूरी सहृदयता के साथ मानव को दानव बना देने वाली इस खोखली और दम्भी

परम्परा को उघाड़ कर हमारे सामने ला देते हैं।

उपेक्षिता नारी : निराला को ज्ञात था कि वह राष्ट्र और उस राष्ट्र के लोग अत्यन्त अभागे हैं, जो अपने समाज की नारी-शक्ति का सम्मान नहीं करते। वे जीवित शक्ति स्वरूपा, प्रेरणादायिनी का तिरस्कार और अनादर करते हैं। क्या ऐसा देश कभी गौरवशाली-महिमावान बन सकता है? नारी के अपमान से चलकर प्रगति का मार्ग अवरुद्ध हो जाता है। भारतीय नारी सतत् शोषण का शिकार होती आ रही है– किसानों और मजदूरों के बाद वह भारतीय समाज का एक वृहत शोषित समूह है। भारतीय स्त्रियाँ दुहरा शोषण और पददलन सहती हैं। एक ओर वे सामन्ती और पूँजीवादी आर्थिक परिस्थितियों के कारण शोषित हैं। दूसरे पुरुषों के हाथ भी शोषण व पददलित की जाती हैं।''[14]

नारी के सन्दर्भ में निराला ने मानों सौन्दर्य का नया प्रतिमान गढ़ा है। वह सौन्दर्य कर्मशीलता का, श्रमशीलता का एवं संघर्ष श्लथ होने का है। 'वे किसान की नयी बहू की आँखें' व 'तोड़ती पत्थर' जैसी कविता लिखते हैं। वे शोषण के निचले स्तर तक की पहचान रखते हुए परिणामों के प्रति सूक्ष्म और गहरी दृष्टि रखते हैं। भारतीय समाज में नारी पर होनेवाले अत्याचारों की लम्बी कहानी है। इसकी स्वाधीनता और स्वतंत्रता की बात बेमानी है। वह कभी असूर्य स्पर्शा बन गयी तो कभी जन्म के समय ही मार दी जाने लगी। बाल विधवा, सती प्रथा, बाल विवाह के नरक और त्रासदी उसके हिस्से ही थी। विधवा की दशा पर निराला का हृदय करुर्णाद्र होकर कह उठता है–

वह इष्टदेव के मन्दिर की पूजा-सी
वह दीप-शिखा-सी शान्त भाव में लीन
वह क्रूर काल-ताण्डव की स्मृति-रेखा-सी
वह टूटे तरु की छूटी लता-सी दीन
दलित भारत की ही विधवा है।[15]

ऐसी विधवा जो मधु, सुहाग का दर्पण एक ही बार देख पायी है। उसका पति उससे छिन गया, किन्तु वह स्मृति-शेष है। उसका हृदय हाहाकार से भरा है, उसे एकान्त में जीवन जीने के लिए विवश हो जाना पड़ा है। उसका रुदन भी अस्फुट स्वर में होता है, वह दुनिया की नजरों की ओट में होकर जीवन जीने के लिए अभिशप्त है। ऐसा समाज जो उसकी इस दशा के लिए जिम्मेदार है, वह उन पर अत्याचार करने, जुल्म ढाने के अतिरिक्त उसे और क्या दे सकता है? उसका यह वैधव्य समाज के मस्तक पर लगा एक कलंक है। हमारी रूढ़ियाँ, जातियाँ, अस्पृश्यता कुछ भी ऐसा नहीं जो निराला की नजर से बच सका हो। डॉ. जगदीश प्रसाद

श्रीवास्तव लिखते हैं– भारतीय समाज में विधवाओं की दयनीय स्थिति, जातिवाद, रूढ़िग्रस्तता, आडम्बर प्रधान नवीन सभ्यता नवयुवकों की कुरुचि, निम्नवर्ग के प्रति उच्च वर्ग की अभिचार वृत्ति आदि पतनशीलता के विविध पक्ष निराला ने उद्घाटित किये।''[16] निराला की अति प्रसिद्ध किन्तु महाकाव्यात्मक आदौत्य की कविता 'तोड़ती पत्थर' शीर्षक है, जहाँ श्रम करती मजदूरिनी नारी का हृदय विदारक दृश्य हमारी आँखों के सम्मुख घूमता है। इलाहाबाद के पथ पर खुले आसमान में पत्थर तोड़ती नारी के सम्मुख परस्पर विरोधी स्थितियाँ विद्यमान हैं। नारी की कारुणिक दशा का चित्र प्रस्तुत करते हुए कवि कहता है–

सजा सहज सितार
सुनी मैंने वह नहीं जो थी सुनी झंकार
एक क्षण के बाद वह कांपी सुधर
ढुलक माथे से गिरे सीकर
लीन होते कर्म में फिर ज्यों कहा
मैं तोड़ती पत्थर।[17]

''नारी को संतों और भक्तों ने वासना की पुतली और मायविक रूप में देखा था। रीतिकाल में नायिका केवल काम-क्रीड़ा मात्र कन्दुक बन कर रह गयी थी। छायावादी कवियों ने नारी-मन की सूक्ष्म गहराइयों की थाह ली। निराला ने नारी की शक्ति रूप में उपासना की। वह उनकी दृष्टि में अबला न रह कर सबला होकर समादृत हुई। नारी की दीनता और असहायता का चित्रण करते हुए भी निराला ने उसे प्रेरणा के स्रोत के रूप में देखा। वह वासना का विष न होकर साधना का अमृत है।''[18]

(च) रूढ़ियाँ : निराला ने देखा की भारतीय समाज परम्पराओं के निर्वहन में इस कदर अविवेकी है कि खतरनाक रूढ़ियों का नित-नया खतरा बढ़ता ही जा रहा है। वे ज्ञान और विवेक के भी पक्षधरता से संचालित थे। यदि कोई बात विवेक व तर्क पर तथ्याश्रित न हो, ज्ञान के आधार पर न टिकती हो तथा मानवता को विकसित न करती हो, किसी भी क्षेत्र में विवेक और ज्ञान का सहारा ही उपयुक्त प्रतीत होता है। वे लिखते हैं–

तान सरिता वह स्रस्त अरोर,
बह रही ज्ञानोदधि की ओर,
कटी रूढ़ियों के प्राण की डोर,
देखता हूँ अहरह मैं जागा।[19]

उनका ज्ञान और विवेक उर्ध्वगामी होता है। इस विंदु पर मन जब पहुँच जाता है तो

पुरातन रूढ़ियाँ असह्य बन जाती हैं। वे जितनी जल्दी हो सके मिट जाएँ–

जला दे जीर्ण-शीर्ण प्राचीन
क्या करूँगा तन जीवन हीन[20]

हमारा देश गरीबी, अशिक्षा, अन्याय और बुराइयों के पाश में जकड़ा रहा, ऊपर से राजनीतिक, सामाजिक दासता भी प्रभावी रही। ऐसे परिवेश में रूढ़ियों का दृढ़ होना आश्चर्यजनक नहीं लगता। गरीबी में अनेक दोष अपने आप आते हैं और जीवन के अंग बनकर समाज में अपना स्थान बना लेते हैं। एक रचना में व्यंग्य के माध्यम से यह बात देखी जा सकती है–

दुखिया बोला मन में ठहर अभी सास की,
मास खिलाता हूँ मैं तुझे, अभी रास की,
चोरी है याद मुझे, बात कौन घास की,
बैठा ली क्या जाने ब्याही का प्यार।[21]

'स्वामी प्रेमानन्द जी महाराज' शीर्षक लम्बी कविता में हमारे समाज में फैली अनेक रूढ़ियाँ बेनकाब हो गयी हैं। ब्राह्मणों का मधुर प्रियवाला सूत्र एवं भोजनभट्टो की नियति हास्यास्पद बन जाती है– एक ब्राह्मण पाँत से नाराज होकर जा रहा है, तो कोई कहता है–

एक दूसरे न कहा, रसगुल्ले आ रहे हैं,
अभी कहाँ जाते हैं?
कटु हुई है जिहवा, मीठी कर लीजिए।[22]

(छ) जनहित : निराला की रचनाओं में जनता के हित का भाव सर्वत्र विद्यमान रहा है। यह भाव जनता से उनके तादात्मय स्थापित करने के कारण ही आ सका। इसी कारण वे लिखते हैं–

दलित जन पर करो करुणा
दीनता पर उतर आये प्रभु
तुम्हारी शक्ति अरुणा
हरे तन-मन-भीति पावन
मधुर हो सुख मनोभावन
सहज चितवन पर तरंगित,
हो तुम्हारी किरण तरुणा।[23]

उनकी रचनाओं में लोकमंगल का भाव है। वे केवल अपने स्वार्थ या हित की कामना के लिए अर्चना या आराधना नहीं करते। समस्त मानव जाति के हित साधन हेतु ऐसे उद्‌गार फूटते हैं। 'अधिवास' शीर्षक कविता में मानवता की चिन्ता

दिखाई पड़ती है। उनकी कविताओं का यह भाव स्वयं पीड़ित जीवन जीने के कारण दिखाई पड़ता है–

मैंने मैं शैली अपनाई,
देखा दुखी एक निज भाई।
दुख की छाया पड़ी हृदय में मेरे,
झट उमड़ वेदना आयी
उसके निकट गया मैं धाय,
लगाया उसे गले से हाय।
फँसा माया में हूँ निरुपाय,
कहो फिर कैसे गति रुक जाय।
उसकी अश्रु भरी आँखों पर
मेरे करुणांचल का स्पर्श।
करता मेरी प्रगति अनन्त,
किन्तु तो भी मैं नहीं विमर्ष।[24]

इस सन्दर्भ में डॉ. जयनाथ नलिन लिखते हैं– एक दुखी भाई को देखकर उसकी वेदना उमड़ आती है। वह पीड़ित के आँसू पोंछ उसे गले से लगाता है। यथार्थ मानव उत्पीड़न से विमुख कवि-जनपरोक्ष काल्पनिक सौन्दर्य की साधना में लगे थे। यही उनका अधिवास था। किन्तु निराला का अधिवास मानव मंगल में छूट भी जाय, तो भय नहीं। मानव सेवा सहायता यदि माया में फँसना है तो माया उस अध्यात्म का कला साधना से अधिक महिमाशाली है, जो साधक को समाज में पराङ्-मुख करती है।''[25] दीन-हीन मलिन तथा त्रस्त मानवता की चिन्ता और रक्षा करने से अलग निराला का कोई दूसरा धर्म नहीं था।

आर्थिक मान्यताएँ

वर्ग-विभाजित समाज : निसला ने जिस भारतीय समाज को देखा था, उसमें विषम अर्थव्यवस्था के चलते समाज दो वर्गों– पूँजीपति और सर्वहारा में विभाजित था। पूँजीपतियों में सेठ, साहुकार, महाजन, बनिया और जमींदार आदि का समावेश था तथा सर्वहारा में छोटे किसान खेत मजदूर, दिहाड़ी तथा बेगार करनेवाले ग्रामवासी, छोटी तथा अछूत समझी जाने वाली जातियाँ आती थीं। निराला की रचनाओं में आर्थिक जीवन से जुड़े कारुणिक चित्र बहुतायत मात्रा में मिलते हैं। पूँजीपतियों और अन्य शोषकों ने दीन दुर्बलों की ऐसी दयनीय हालत कर रखी है जो अत्यन्त हृदय विदारक एवं क्षुब्ध करने वाली है। समाज में धनवान धनी तथा गरीब दिन प्रतिदिन

और निर्धन फटेहाली की ओर बढ़ रहा है–

यहाँ कभी मत आना, उत्पीड़न का राज्य,
दुख ही दुख यहाँ है सदा उठाना,
क्रूर यहाँ कहलाता है शूर।[26]

धनवानों की इसी स्वार्थी और कुटिल चालों के कारण समाज में भिक्षुक पैदा होते हैं, अर्थाभाव उन्हें पशुवत जीवन जीने के लिए विवश कर देता है। ये स्वयं ऊँची अट्टालिकाओं में निवास करते हैं किन्तु असहाय दीन-हीन जनता फुटपाथों पर खुले आसमान के नीचे जीने को विवश है। पूँजीपतियों की यह अकथनीय लीला अपने भाइयों को भी लूटती है। उन्हें निराला 'स्वप्न में धनी हुए भिखारी' की संज्ञा देते हैं–

ठगते वे अपने ही भाइयों को
लूटकर उन्हें ही वे भरते हैं अपना घर
सुख की छाया में फिर रहते निश्चिन्त हो
स्वप्न में भिखारी ज्यों।[27]

शोषण का विरोध : निराला समाज में घटित प्रत्येक शोषण का विरोध करते दिखाई देते है, किन्तु इसे किसी मतवाद के आग्रह से देखने की आवश्यकता नहीं हैं, न तो यह विरोध आंदोलनधर्मी ही रहा। यह मानवीय संवेदना के तार जुड़ने के कारण स्वत: स्फूर्त विरोध था। यह एक सच्ची मानवतावादी दृष्टि का परिणाम था। इसी कारण धनवानों से यह आग्रह किया जाता है कि वे निर्धनों और कमजोर वर्ग के साथ दयालु और साहिष्णु हों तथा अपनों के प्रति किये गये अन्याय पर पुनर्विचार करें। निराला लिखते हैं–

छोड़ दो जीवन यों न मलो
ऐंठ अकड़ पथ से तुम
रथ पर यों न चलो।[28]

संसार में अमीर और गरीब में निर्माता ने भेद नहीं किया। अमीरी और गरीबी तो इस धरती की देन है। धनवान अपार धन-वैभव का मालिक है और निर्धन धनहीन, तो इस भेद के कारण धनी को महान और निर्धन को तुच्छ करार दे दिया जाए? निराला धनिकों को इंसान के रूप में रहने और जीवन जीने की राह दिखाते हुए कहते हैं–

मिला तुम्हें, सच है अपारधन
पाया कुशल उसने कैसा तन
क्या तुम निर्मल वही अपावन

सोचो भी संभलो।[29]

छायावाद में प्रकृति का आश्रय लेकर भी कवियों ने अपने भावों और अभावों को व्यक्त किया है। निराला के लोक अनुभव में 'वटवृक्ष' धनिकों का प्रतिमान बनकर आता है। वैसे पूरी छायावादी कविता में प्रकृति का मानवीकरण खूब हुआ है। यह वटवृक्ष सदियों पुराना है, जिसकी लम्बी-लम्बी शाखाएँ-प्रशाखाएँ, दूर-दूर तक फैली हुई हैं। इसके कारण इसके नीचे अंधकार का साम्राज्य होता है जो जन-चेतना में भय को जन्म देता है। कवि कहता है–

वही विकट शत वर्ष पुरातन पीन प्रशाखाएँ फैला धन
अंधकार ही भरता क्षण-क्षण, जन-भय-भावन हो।

विषमता का साम्राज्य चतुर्दिक विद्यमान है। अपने निहित स्वार्थों के चलते आजादी के बाद भी बहुसंख्यक जनता शोषण का शिकार है। समाज में अनेक शोषण के तरीके हैं, भ्रष्टाचार हैं जो पूँजीवादी व्यवस्था को बनाये रखने और चलाने में सहायक की भूमिका निभाते हैं। सामन्ती समाज-व्यवस्था अभी पूर्णरूपेण ध्वस्त नहीं हुई है। उसके अवशेष के रूप में वर्गों का स्वरूप बना हुआ है जो समय-समय पर संघर्ष का कारण बन जाते हैं। धनवान सारे दुर्गुणों से युक्त होकर धन की शक्ति के सहारे सभी को खरीदकर अपने पक्ष में मोड़ लेता है। 'वन-वेला' शीर्षक कविता में निराला लिखते हैं–

फिर लगा सोचने यथा सूत्र– मैं भी होता
यदि राजपुत्र– मैं क्यों सदा कलंक ढोता
ये होते जितने विद्याधर मेरे अनुचर
मेरे प्रसाद के लिए विनत-सर उद्यत-कर
मैं देता कुछ, रख अधिक, किन्तु जितने पेपर
सम्मिलित कंठ से गाते मेरी कीर्ति अमर
जीवन चरित्र/ लिख अग्रलेख अथवा छापते
विशाल चित्र।[30]

समाज में दीन-हीन जनता दिन-रात हाड़-तोड़ मेहनत-मशक्कत करके समाज और राष्ट्र के उत्थान में अपना योग देती है। बदले में उसे दो जून की रोटी भी नसीब नहीं हो पाती। किन्तु उन्हीं के मेहनत पर धन्नासेठ बने मुट्ठी भर लोग गुलछर्रे उड़ाते हैं, रंग रंगेलियाँ मनाते हैं, विदेश में महंगी शिक्षा लेते हैं और अवसर देखकर अपने को बदलकर साम्यवादी भी बन जाते हैं और मजदूर जनता का नेतृत्व भी करते हैं। निराला लिखते हैं–

इतना भी नहीं लक्षपति का भी यदि कुमार

होता में शिक्षा पाता अरब समुद्र-पार
देश की नीति के मेरे पिता परम पंडित
एकाधिकार भी रखते धन पर अविचलित होते उग्रतर-
साम्यवादी, करते प्रचार/
चुनती जनता राष्ट्रपति उन्हें ही सुनिर्धार।[31]

आज भी समाज में स्थितियाँ इससे भिन्न नहीं, नेता का बेटा नेता बनकर मंत्री बनता है, साहित्यकार बनता है, सेठ-साहूकार लेखक बनकर पुस्तक प्रकाशित कराकर उस पर गोष्ठियाँ आयोजित करते हैं तथा बड़े-बड़े दिग्गज उसमें शिरकत करते हैं। पैसा देकर सम्मान खरीदा जा रहा है, सभी सेमीनारों की अध्यक्षता खरीदी जा रही है। निराला लिखते हैं–

पैसे में दस राष्ट्रीय गीत रचकर उन पर
कुछ लोग बेचते गा-गा-गर्दभ-मर्दन-स्वर
हिन्दी सम्मेलन भी न कभी पीछे को पग
रखता कि अटल साहित्य कहीं यह हो डग मग।[32]

निराला की मंशा 'वन-बेला' में किसी पर कटाक्ष या व्यंग्य-बाणों का प्रहार करने को नहीं थी वरन् एक महान भारतीय नेता पर अंकुठ भाव से यथार्थ का उद्‌घाटन करना था।

वर्ग-संघर्ष : शोषकों के समूल नाश का स्वप्न निराला के भीतर निरन्तर पल रहा था। यह वर्ग बिना सुख-स्वार्थ के जी नहीं सकता। दूसरी ओर आम जनता इनकी घिनौनी करतूतों का कुफल भोगती है, उसके सामने अस्तित्व-रक्षा का भारी संकट खड़ा हो जाता है। निराला ने बादलों पर ढेर सारी कविताएँ लिखी हैं। उनके बादल जनशक्ति के प्रतीक बनकर सामने आते हैं– जहाँ पूँजीवादी व्यवस्था के विरुद्ध-क्रान्ति का स्वर गूँजता है। बादल-राग-6 कविता में निराला यह संकेत करते हैं कि इन असहायों और दीन-हीनों को अपने जन्मना अधिकार के लिए संगठित होकर संघर्ष करना होगा। ये बादल विप्लव के वीर हैं, जिनकी गर्जना सुनकर शोषकों की स्थिति का चित्रण देखिए–

रुद्ध कोष है, क्षुब्ध तोष है
अंगना-अंग से लिपटे
आतंक अंक पर कांप रहे हैं
धनी बज्र निर्घोष से बादल
त्रस्त नयन मुख ढाँप रहे हैं।[33]

क्रान्ति-धर्मिता : किसी भी देश की सामाजिक, राजनीतिक व्यवस्था में उत्पादन

के समस्त अंग एवं स्रोत जब किसी एक वर्ग के अधीन हो जाते हैं और जनता उसके क्रिया-कलापों से कठपुतली हो जाती है जब शोषण अपनी पराकाष्ठा पर होता है। इसी स्थिति में क्रान्ति-देवी का उदय होता है। पुराने शोषण की व्यवस्था का अन्त तथा नवीन के आगमन की प्रतीक्षा होती है। निराला ने अपनी समस्त रचनाधर्मिता में धनिकों और जमींदारों को उनकी काली करतूतों के साथ प्रस्तुत किया तथा उनकी समाप्ति की राह तलाशी है। वे जानते थे कि भारतीय जनता साम्राज्यवादी एवं सामन्ती—दोहरे शोषण का शिकार है। यदि भारतीय जनता को आजादी दिलानी है तो साम्राज्यवादी एवं सामन्ती दोनों शक्तियों से इसे मुक्त कराना होगा। सदाशयता ही सही पर भारतीय जनता के प्रति निराला की यह सोच बराबर बनी रही। 'बादल-राग-6' शीर्षक कविता में वे लिखते हैं—

भय के मायामय आंगन पर/
गरजो विप्लव के नव जलधर।[34]

ये बादल भय पैदा करनेवाली, आतंक फैलाने वाली पूँजीवादी व्यवस्था को दूर कर उनका सर्वनाश करेंगे। कवि ध्वंस की आकांक्षा रखता है, पर किसका? ध्वंस उनका जो महलों, भवनों में बैठकर शोषण का तिकड़म बिठाते हैं जो रात-दिन काले धन को सफेद में बदलने की फितरत करते हैं। इसी कारण निराला ने कहा था— 'अट्टालिका नहीं है रे आतंक भवन।' कवि बादलों से कहता है कि जीर्ण-शीर्ण मिटाने के लिए उसके गर्जन की आवश्यकता है ताकि अन्याय के बड़े-बड़े भूधर काँप उठें तथा संसार में नवीन जीवन संचरित हो सके। वे कहते हैं—

घन गर्जन से भर दो वन, तरु-तरु,
पादप-पादप-तन...
गरजो हे मंद्र, बज्र-स्वर,
थर्राए भूधर-भूधर
झरझर-झरझर धारा
झर पल्लव-पल्लव पर जीवन।[35]

निराला ने क्रान्ति के माध्यम से सामान्य जनता की मुक्ति का स्वप्न देखा। उनका यह स्वप्न वैचारिक-दर्शन की प्रतिबद्धता का प्रतिफलन नहीं था।

आध्यात्मिक स्वरूप : निराला आध्यात्मिक व्यक्तित्व के धनी थे। अत: वे भौतिक साधन और सुख-सुविधाएँ उनके लिए साधन मात्र थीं। भौतिकता के अति प्रभाव और लुप्त होती आध्यात्मिक चेतना को देखकर वे अत्यन्त क्षुब्ध होते थे। निराला ने देखा था कि पूजा-पाठ का विधान आत्मिक, उर्ध्वगामी चेतना और मुक्ति के लिए होनी, चाहिए, किन्तु वह भी अब भौतिक इच्छाओं की पूर्ति के लिए की

जाने लगी हैं। वे लिखते हैं–

बंध भिन्न-भिन्न भावों के दल
क्षुद्र से क्षुद्रता हुए विकल
पूजा में भी प्रतिरोध अनल है जलता।[36]

आज सम्पूर्ण विश्व अनेकानेक नवीन वैज्ञानिक खोजों द्वारा उस बिन्दु पर पहुँच चुका है कि क्षुद्र स्वार्थों के लिए कभी भी मानवता का भयानक विनाश कर सकता है। विज्ञान के ये आविष्कार जो मनुष्य की प्रगति और हित के साधक होने चाहिए थे, वे ही हमारे सम्मुख सबसे भयानक दानव के रूप में दिखाई दे रहे हैं। विनाश की आविष्कार-प्रणाली बेची जा रही है। निराला लिखते हैं–

सुख के लिए खिलौने जैसे
बने हुए वैज्ञानिक साधन केवल पैसे
आज लक्ष्य में हैं मानव के ये स्थल जल अंबर
रेल-तार-विजली-जहाज नभयानों से भर
दर्प कर रहे हैं मानव, वर्ग से वर्गगण
भिड़े राष्ट्र से राष्ट्र स्वार्थ से स्वार्थ विचक्षण।[37]

निराला इस भौतिक उन्माद से मुक्ति के रूप में आध्यात्मिकता को देखते थे। वे जानते थे कि साधना का उद्देश्य मानव मुक्ति है, मानव का बन्धन नहीं। यह बन्धन धन-यश का हो, आत्मोत्थान में बाधक होता है। इन सबसे मुक्त होकर व्यक्ति जब राग, रूप, रंग और श्री की वृद्धि दिग दिगंत तक करे, तभी उसके जीवन की सार्थकता मानी जाती है। वे लिखते हैं–

बँधे हो बहा दो न/ मुक्त तरंगों के प्राण
कब तक तुम तट के निकट खड़े चुपचाप
प्रखर उत्ताप के फूल-से रहोगे म्लान
मृतक निष्प्राण जड़ टूट पड़ो बह जाओ
दूर तक फैलाओ अपनी
श्री अपना रंग/ अपना रूप अपना राग।[38]

निराला भारतीय उत्थान के मूल में आध्यात्मिक शक्ति देखते थे। अनेक ऋषियों-महर्षियों द्वारा संस्कृति समाज में घुल-मिल गयी है। भारतीयों के व्यक्तिगत क्षुद्र स्वार्थों ने अपने अतीत गौरव को भुलाकर विदेशी शक्तियों को बुलाया और उनके रंग में रंग गये जैसे मौसम का प्रभाव वनस्पतियों के रेशे-रेशे में व्याप्त हो जाता है–

इसने ही जैसे बार-बार
दूसरी शक्ति की की पुकार

साकार हुआ ज्यों निराकार जीवन में
यह उसी शक्ति से है वलयित
चित् देश-काल का सम्यक जित
ऋतु का प्रभाव जैसे संचित तरु तन में।[39]

विदेशियों की गुलामी में सदियाँ गुजर गयीं। उनकी ठोकरें खाते हुए उनके तलुए सहलाते रहे। उनकी कृपा को ही ब्रह्म की प्राप्ति (विरज की प्राप्ति) मान लिया।

उच्च मानवीय मूल्यों की प्राप्ति साधना द्वारा ही सम्भव होती है। साधना के मार्ग का अनुसरण करके ही मन को उर्ध्वगामी बनाना सम्भव हो पाता है, जहाँ श्रेष्ठ मानवीय मूल्यों की भूमि का निर्माण होता है। मन के इस बिन्दु पर पहुँच जाने के उपरान्त स्वार्थ, भोग एवं ऐश्वर्य जैसे कुटिल मनोविकारों का अन्त होता है तथा सदाशयता, प्रेम, करुणा, दया का जन्म होता है। वे कहते हैं—

मन के गगन के अभिलाष घन
इस समय जानते थे वर्षा ही
उद्गीरण बज्र नहीं बेदना में प्रेम था
अपनापन रसना न भोग की
आकर्षण घोर निज ओर का
न निदर्य मरोर था।[40]

मन के उर्ध्वयात्रा करने पर अज्ञानता का अंधकार ज्ञान के प्रकाश में बदल जाता है। निराला का मत था कि इस धरती पर ईश्वर के रूप में मनुष्य ही सबसे बड़ा ईश्वर हो सकता है। पीड़ित मानवता की सेवा ही ईश्वर की सबसे बड़ी शक्ति है। निराला चूँकि बंगाल के प्रवास में रामकृष्ण परमहंस की चेतना से गहरे में प्रभावित रहे। निराला ने विवेकानंद की आध्यत्मिक चेतना से प्रभाव ग्रहण कर आदि शक्ति के रूप में ब्रह्म को देखा था।

ब्रह्म-शक्ति : निराला ने ब्रह्म को सर्वव्यापक और सर्वशक्तिमान माना है। उसकी दिव्य ज्योति से ही संसार भासित होता है। निराला की कविताओं में यह शक्ति कभी काली, कभी दुर्गा या सरस्वती के रूप में आती है, जिसके सम्मुख कवि अवनत दिखाई पड़ता है। वे श्यामा का बार-बार स्मरण करते हैं, क्योंकि यह शक्ति एक तरह से आसुरी वृत्तियों का नाश करके पीड़ित दीन-हीन जनता को सामाजिक अन्याय, शोषण, दमन से मुक्त कराती है। 'राम की शक्ति-पूजा' में इसे देख सकते हैं, जहाँ वे कहते हैं—

'मात:दशभुज, विश्वज्योति, में हूँ आश्रित' तो यह मात्र राम का उद्गार नहीं है

वरन निराला-ध्वनि है। राम की कठोर साधना से शक्ति का उदय होता है तथा 'लम्पट' रावण पर राम के विजय की घोषणा करती हुई शक्ति राम के भीतर प्रवेश करती है—

होगी जय, होगी जय हे पुरुषोत्तम नवीन
यह कह शक्ति राम में हुई लीन

शोषण, अन्याय पराधीनता से मुक्ति के लिए शक्ति अनिवार्य है। दर्शन की ब्रह्म की शक्ति व्यावहारिक जगत् में जन शक्ति में परिवर्तित हो जाती है।

ब्रह्म तथा जीव : ब्रह्म और जीव में तत्वत: भेद नहीं है। जीव ब्रह्म का ही अंश है। प्रेम में सराबोर होकर आत्मा जब अपने प्रिय से (ब्रह्म से) मिलने के लिए व्याकुल होती है तब धारा का प्रबल वेग होता है और वह किसी के भी रोके नहीं रुकता। निराला लिखते हैं—

यह जीवन की प्रबल उमंग
जा रही है मिलने के लिए, पार कर सीमा
प्रियमत असीम के संग

इस प्रकार साधक की साधना जब सिद्धि के निकट पहुँचती हैं तो उसके सामने अवरोध उपस्थित होता है, किन्तु रुक नहीं पाता, क्योंकि 'सब में तुम, तुम में सब तन्मय' की स्थिति बनी रहती है।

संसार : निराला का मानना था कि संसार ब्रह्म की इच्छा का परिणाम है। सृष्टि की इच्छा जगते ही उस आनन्द सिन्धु ब्रह्म में तरंग उठी, कम्पन हुआ तथा सृष्टि के सम्पूर्ण तत्वों से युक्त ब्रह्म ने खुद अपनी शक्ति के साथ संसार में विकर्ण कर दिया—

इच्छा हुई सृष्टि की
प्रथम तरंग वह आनन्द सिन्धु में
प्रथम कंपन में सम्पूर्ण बीज सृष्टि के
पूर्णता से खुला ये पूर्ण सृष्टि-शक्ति के

जीव माया के कारण अपने वास्तविक स्वरूप को पहचान नहीं पाता। वह मृग-तृष्णा के प्रभाव में भ्रमित होता है। निराला इस संसार में भ्रमित जीवों को इस 'शोक दुख जर्जर नश्वर संसार की क्षुद्र सीमा' को पार करके 'उस पार' जाने की बात कहत है—

हमें जाना है सब के पार
जहाँ के रूप में नयन मिले

ज्योति के रूप सहस्त्र खिले।[41]

निराला जानते थे कि भौतिक और आध्यात्मिक दो प्रकार का जगत है। भौतिक जगत को पार कर उस ओर जाने की बात निश्चित है। आध्यात्मिक जगत का संकेत है।

माया : निराला ने भी अद्वैत के सिद्धान्त को माया का ही भ्रम माना है। भेद-बुद्धि के कारण माया का भान होता है। व्यष्टि और समष्टि में अभेद है, किन्तु माया के कारण भेद दिखाई पड़ता है। भ्रमवश जीव माया के वशीभूत हो जाता है। निराला का मत है–

व्यष्टि और समष्टि में नहीं है भेद
भेद उपजाता भ्रम/ माया जिसे कहते हैं।[42]

जब जीव के भीतर भ्रम का नाश हो जाता है, तब ब्रह्म का साक्षात्कार होता है और मन उर्द्ध की यात्रा करता है। निराला मानते हैं कि माया भोगों में आसक्त मनुष्यों के लिए कष्ट देती है, किन्तु निर्लिप्त और अनासक्त भाव से जीवनयापन करने वाले व्यक्ति के लिए मंगल प्रदायिनी है।

मुक्ति : निराला का मत है कि मनुष्य प्राकृत्या मुक्त ही है किन्तु भ्रम के कारण वह अपने को बद्ध मानने लगता है। आत्म साक्षात्कार द्वारा इस भ्रम का नाश होता है, तब मुक्ति का बोध होता है। मन जब साधना के मार्ग से उद्ध्र्वगामी होता है तब व्यक्ति और समष्टि का भेद मिट जाता है और वह सर्वशक्ति सम्पन्न होकर अहंकार से रहित हो मुक्ति का आनन्द प्राप्त करता है। यही सच्चा सच्चिदानन्द रूप है। निराला उस मुक्ति के समर्थक न थे जिससे व्यक्ति का अस्तित्व मिट जाए और वह ब्रह्म में एकाकार हो जाय। इसी कारण 'अधिवास' शीर्षक कविता में वे कहते हैं–

कहाँ है अधिवास मेरा
क्या कहा रुकती है गति जहाँ।

वे अधिवास-यात्रा को बीच में ही छोड़ने का संकल्प लेते हैं और एक दुखी निज भाई को देखकर समाज के बीच लौट आते हैं जहाँ उन्हें ब्रह्मानन्द की प्राप्ति होता है–

आनन्द बन जाना ध्येय है
श्रेयस्कर आनन्द पाना है।[43]

पराधीनता, शोषण, अनाचार, अत्याचार से पीड़ित मानवता की रक्षा के लिए 'ब्रह्म हो तुम' तथा 'मुक्त हो सदा ही तुम' (जागो फिर एक बार) में वे सामाजिक जीवन-दर्शन के महत्त्व की स्थापना करते हैं। 'प्रपात के प्रति' शीर्षक कविता में मुक्त-मानव का अद्‌भुत चित्र सामने आता है। 'क्षुद्र प्रपात' उस मुक्त-मानव का प्रतीक बन जाता है जो 'घन-वन अन्धकार' के साथ सतत् संघर्ष करता हुआ आगे

बढ़ रहा है। वह भौतिक आकर्षणों का शिकार नहीं होता, वरन उसकी व्यर्थता का बोध उसे होता है और विकास के मार्ग पर आगे बढ़ जाता है।

इसी प्रकार निराला जीवन को पतनशीलता की ओर अग्रसर करने वाले कारकों—स्वार्थ, घृणा, भेदभाव, रूढ़िगत संकीर्णताओं से अलग रहकर मुक्त मानवता की सेवा में विश्वास करनेवाले रचनाकार सिद्ध होते हैं। उनकी रचनाओं में सामाजिक जीवन से सम्बन्धित विभिन्न व्यवस्थाओं—वर्ण-व्यवस्था, अर्थ-व्यवस्था आदि पर प्रकाश पड़ता है। समाज में शोषण का अन्त करके प्रत्येक इंसान को न्याय दिलाने के लिए वे सतत् संघर्ष करते रहे। शिष्टाचार और आदर्श व्यवहार को सामाजिक जीवन के लिए आवश्यक बताकर उन्होंने उच्च आचार-विचार की ओर समाज का ध्यान आकृष्ट किया। मनुष्य में स्वार्थ और लाभ उसको मनुष्य की कोटि से नीचे गिराता है। अतएव इनसे ऊपर उठना हमारा दायित्व है। नैतिक मूल्य सुख के जन्मदाता हैं तथा अनैतिकता का आश्रय कष्टों की जननी है, इसलिए नैतिकता और मानवी मूल्यों का आग्रह उनकी सम्पूर्ण कविताई में दिखाई पड़ता है।

निरालाजी वेदान्त के दर्शन को व्यावहारिक जीवन में उतारने के पक्षधर थे। इसी कारण शक्ति को चाहे वह दुर्गा, काली, श्यामा या सरस्वती हो, उसे समाज कल्याण के साथ जोड़ देते हैं। आत्मसाक्षात्कार द्वारा व्यक्ति अपने को जानकर उस शक्ति के सानिध्य का लाभ प्राप्त कर सकता है। भौतिक और आध्यात्मिक दोनों शक्तियों के सम्मेलन से आनन्द की उपलब्धि सम्भव है। जागतिक जीवन में अनासक्त भाव से गतिशील रहकर निष्काम कर्म और साधना द्वारा मुक्ति मिलती है। लोक की उपेक्षा करके मुक्ति की कामना निराला के लिए सम्भव नहीं है। इस प्रकार निराला का दर्शन व्यावहारिक धरातल पर इस लोक का दर्शन बन जाता है। अब अगले अध्याय में निराला की काव्य रचनाओं में लोकधर्मी शैल्पिक तत्वों का विवेचन प्रस्तुत किया जाएगा।

सन्दर्भ

1. कण; परिमल, पृ. 157
2. परिमल; पृ. 152
3. अणिमा; निराला, पृ. 64
4. तुलसीदास; पृ. 26
5. तुलसीदास; पृ. 28
6. अणिमा; निराला, पृ. 16
7. परिमल; पृ. 125

8. परिमल; पृ. 133-134
9. डॉ. (रणजीत); पृ. 170
10. परिमल; पृ. 119
11. निराला का काव्य; डॉ. जगदीश प्रसाद श्रीवास्तव, पृ. 139
12. अनामिका, पृ. 82
13. निराला; स. पद्म सिंह शर्मा, पृ. 50
14. गीतिका; निराला, पृ. 85
15. गीतिका; पृ. 39
16. अणिमा; निराला, पृ. 5
17. अणिमा; निराला, पृ. 63
18. अणिमा; निराला, पृ. 6
19. परिमल; निराला, पृ. 192
20. काव्य-पुरुष निराला; डॉ. जयदेव नलिन, पृ. 231
21. परिमल; 'दिन' निराला, पृ. 132
22. परिमल; महाराज शिवाजी का पत्र, निराला, पृ.211
23. अनामिका; निराला, पृ. 189
24. गीतिका; निराला, पृ. 12
25. अनामिका; निराला, पृ. 87
26. अनामिका; निराला, पृ. 87-88
27. अनामिका; निराला, पृ. 88
28. परिमल; पृ. 167
29. परिमल; बादल राग, पृ. 162
30. गीतिका; निराला, पृ. 59
31. तुलसीदास; निराला छन्द, पृ. 25
32. अणिमा; भगवान बुद्ध के प्रति, निराला, पृ. 19
33. महाराज शिवाजी का पत्र; परिमल, निराला, पृ. 208-209
34. तुलसीदास छन्द, पृ. 26
35. जागरण; परिमल, पृ. 280
36. जागरण; परिमल, पृ. 239
37. शेफालिका-गीत; परिमल, पृ. 99
38. परिमल, पृ. 227
39. परिमल-पंचवटी प्रसंग, पृ. 221
40. प्रबंध-प्रतिमा; पृ. 85-86
41. प्रबंध-प्रतिमा; पृ. 86
42. प्रबंध-पदम- निराला, पृ. 18
43. प्रबंध-प्रतिमा- निराला, पृ. 193

निराला-काव्य के शिल्प में लोकतत्त्व

भूमिका : निराला की रचनाओं में वैसवाड़े के अपने ग्रामीण अनुभव, ग्रामीण परिवेश, बोलचाल, आचार-विचार का प्रभाव था तो वहाँ के वातावरण में प्रचलित मुहावरे, लोकोक्तियाँ, देशज शब्दों का भरपूर प्रयोग भी दिखाई पड़ता है। उनकी अपनी मेधा ने भाषा के इन व्यवहारों, मुहावरों, लोकोक्तियों के माध्यम से एक सहज संप्रेषणीयता का अनुपम उदाहरण प्रस्तुत किया। निराला की भाषा चेतना को इसने समृद्ध और कलात्मक बनाया, जिसमें गतिशीलता और विकासमान प्रवृत्ति के दर्शन होते हैं। कविता में लोक व्यवहार की सहज भाषा की प्रतिष्ठा तथा उसमें निहित संगीतात्मक संभावनाओं की तलाश, भदेस, अनगढ़ और काव्य-संस्कारों से रहित शब्दों को काव्यात्मक स्वरूप प्रदान करना उनकी लोक अभिरुचि का प्रमाण है। निराला जानते थे कि साहित्यिक-सामाजिक रूढ़ियों को तब तक नहीं मिटाया जा सकता, जब तक भाषा की रूढ़ियों को न तोड़ा जाए। वे कहते हैं– "भाषा बहु-भावात्मिका रचना की इच्छा-मात्र से बदलने वाली देह है।... रचना युद्ध-कौशल है और भाषा तदनुरूप अस्त्र।"[1] हम जानते हैं कि भाषा मात्र भाषा नहीं होती, उसमें जातीय-संस्कार होते हैं। इसी कारण निराला ने जातीय-जीवन के उत्कर्ष को भाषा से संबद्ध करके देखने की कोशिश की। भाषा की शक्ति, उसमें नये भावों की संश्लिष्टता, उसकी जातीय जीवन की ऊर्जा का प्रमाण है। उनकी मान्यता है– "जाति को भाषा के भीतर से भी देख सकते हैं। बाहरी दृष्टि से देखने के मुकाबले इसके साहित्य को भीतर से देखने का महत्त्व अधिक होगा।"[2] उनका प्रयास था कि संसार की समृद्ध भाषाओं के समानान्तर हिन्दी का साहित्य खड़ा हो। मानव का कल्याण करने वाली भाषा में रचित साहित्य को वे महान मानते थे। इसी कारण तुलसी के 'रामचरित मानस' की मुक्त-कंठ से प्रशंसा करते थे। उनकी दृष्टि में उच्च भावों को संजोने वाला साहित्य उच्चकोटि का है चाहे भाषा जनता की ही क्यों न हो। वे लिखते हैं– "जो मनुष्य जितना गहरा है, वह भाव तथा भाषा की उतनी ही गम्भीरता तक पैठ सकता है, और पैठता है। साहित्य में भावों की उच्चता का ही विचार रखना चाहिए, भाषा भावों की

अनुगामिनी है।"[3] निराला भाव, भाषा तथा छन्द तीनों की मुक्ति की बात करते हैं। व्यक्ति की स्वतंत्रता की भाँति कविता और साहित्य भी रूढ़िग्रस्त संकीर्णताओं से मुक्त हो, यही उनकी इच्छा थी। यही कारण था कि समाज के विभिन्न वर्गों, जातियों से उन्होंने पात्रों को उठाया तथा उनकी सही छवि, उनकी ही बोली-बानी में प्रस्तुत करने का महत् कार्य किया। निराला ने सर्वथा नये विषयों की तलाश को साहित्य का धर्म माना था। अत: बंधी रूढ़ परिपाटी का अनुगमन करना उन्हें काम्य न था। कविता उनके लिए समग्र जीवन की साधना थी, मात्र काव्य-रचना न थी।

भाषा में लोकतत्व-विधान : निराला की कविता उनकी अपनी परिस्थितियों की उपज है। भाषिक-रचना में भाव-सम्पदा का छिपा रहना उनकी कविता की सबसे बड़ी शक्ति रही। वे लिखते हैं– "साहित्य वह है जो साथ है, वह है जो संसार की सबसे बड़ी चीज है।... साहित्य मनुष्य-मात्र का साहित्य है। भावों में भाषा का केवल एक देशगत आवरण उस पर रहता है।"[4] निराला कला को महत्त्व तो देते हैं, किन्तु वे उन कलावादियों की तरह नहीं हैं जो जीवन और मनुष्य के भावों की उपेक्षा करके कला की सर्वश्रेष्ठता की बात करते हैं। उन्होंने कला को जातीय जीवन के साथ जोड़ा। उनके द्वारा प्रयुक्त एक-एक शब्द विशिष्ट मानव जीवन की इकाई हैं, जिनका प्रयोग सधे-सधाये हाथों द्वारा हुआ है। निराला ने जीवन के वृहत्तर क्षेत्र से शब्दों का चयन किया था। लोक जीवन के ठेठ, अनगढ़, लोकोक्तियाँ, मुहावरें आदि सहज ढंग से आये हैं। इस संदर्भ में निराला की दो रचनाओं का उल्लेख करना अनिवार्य प्रतीत होता है। एक कविता का शीर्षक है– 'कुत्ता भौंकने लगा' तथा 'छलांग मारता चला गया'। पहली रचना 'कुत्ता भौंकने' कविता की आरम्भ की दस पंक्तियों में 'बतकही' का बड़ा अनूठा ढंग प्रस्तुत होता है।

'खेतिहरों में जान नहीं, इसलिए वे गिरे गले' से एक-दूसरे से बातें करते हैं। इसके मूल में व्यंजित यह है कि ओला और पाला पड़ने के कारण किसान की खड़ी फसल नष्ट हो चुकी है। किसानों का जीवन घोर निराशा से भर उठा है, जिसमें आशा की एक क्षीण रेखा भी दूर-दूर तक लक्षित नहीं होती। वे निराशा से घिर कर कौड़ा ताप रहे हैं। दूसरी कविता 'छलांग मारता चला गया' में एक अलग अनुभव संसार है– जमींदार का सिपाही गाँव के लोगों को सूचित करता है कि डिप्टी साहब थाने पर आये हैं, उन्होंने सब पर चंदा लगाया है, सबको चंदा एक हफ्ते में देना है। थाने पर साहब डेरे पर आये हैं। दोनों अनुभव परस्पर संबद्ध जान पड़ते हैं– 'खेतिहर किसान और डिप्टी साहब का चंदा'। यहाँ किसान का निर्ममता के साथ किया जाने वाला शोषण, उसकी वेदना, करुणा का संचार करती है। निराला लिखते हैं–

लोगों के साथ कुत्ता खेतिहर का बैठा था
जो चलते सिपाही को देखकर खड़ा हुआ
और भौंकने लगा, करुणा से बंधु खेतिहर को देख कर।

इन पंक्तियों में लोकानुभूति है कि गरीब किसान को देखकर खेतिहर का कुत्ता (कुत्ता से लोकव्यंजना उभरती है) एक है स्वाभिमानी पशु दूसरा अधम श्रेणी का मनुष्य। दया भाव के वशीभूत वह किसान के विरुद्ध होने वाले अन्याय और अत्याचार के विरुद्ध बोलता है। यहाँ जमींदार, उसका सिपाही, थानेदार, डिप्टी साहब आदि कुत्ते की श्रेणी से भी निम्न श्रेणी के लोग हैं। 'छलांग मारता चलता गया' शीर्षक कविता में भी जमींदार और उसके सिपाही का बड़ा सटीक चित्रण मिलता है। निराला लिखते हैं–

पास का मेढक, थाले के पानी से उठकर।
भूत-भूत कर छलांग मारता चला गया।

निराला ने इस बात को प्रमाणित किया कि केवल तद्भव तथा तथाकथित काव्योचित शब्दों से ही कविता की रचना नहीं होती वरन् अनगढ़, भदेस, गवाँरू और ठेठ सरल शब्दों के माध्यम से भी कविता में काव्यत्व और शक्तिमत्ता का समावेश सम्भव है। इस प्रकार के शब्दों का प्रयोग करके जीवन की सादगी और कविता की सादगी के अन्तर को उन्होंने समाप्त कर दिया, जहाँ अर्थ-गर्भित रचना हमारे सामने आयी। निराला ने छायावाद की प्रचलित भाषा रूढ़ि को तोड़ा, उसे नया संस्कार प्रदान किया तथा प्रचलित शब्दों को नयी अर्थवत्ता से अभिषिक्त किया। जीवन में व्याप्त विसंगतियों को दूर करने के लिए उन्होंने भाषा की विसंगतियों को दूर करने का प्रयास किया। 'बेला' में जब वे लिखते हैं– 'हीन जीवन, दीन चितवन से अभिशप्त मनुष्य का जीवन' 'वेष रूखे, अधर सूखे, पेट भूखे' तो साक्षात् दीन-हीन मनुष्य हमारी आँखों के सामने साक्षात् मूर्तिमान हो उठता है। यह कविता उनके जीवन का इतिहास और भूगोल प्रस्तुत करती है तथा भाषा की मारक-शक्ति का अहसास कराती है। यहाँ जीवन का यथार्थ है, परिवेश की सच्चाई है, कवि की मर्माहत वाणी है, हृदय की कसक एवं चोट है, निर्मम व्यवस्था का नंगा स्वरूप है, जीवन की विषमता और विडंबना को देख आक्रोश और व्यंग्य है। इसी कारण भाषा में भदेस और ठेठ रूपों का प्रयोग हुआ है। सामान्य से सामान्य शब्दों द्वारा किस प्रकार असामान्य एवं अर्थ-गाम्भीर्य युक्त व्यंजना सम्भव होती है, इसका पता निराला की इन पंक्तियों द्वारा चलता है–

मुसीबत में कटे हैं दिन
मुसीबत में कटी रातें।[5]

निराला की कविताओं में अन्तिम चरण में इस प्रकार के अनेक प्रयोग हमारे सामने आते हैं, जिनसे उनकी लोक भाषा और लोक संस्कृति की एकमेवता का पता चलता है। उनके कुछ नमूने निम्नलिखित रूप में देखे जा सकते हैं–

(अ) बाबा साधक हैं और कटे भी हैं।[6]

(ब) लू के झोंकों झुलसे हुए थे जो,
भरा दौंगरा उन्हीं पर गिरा।[7]

(स) सेंधों का ढेला शकर पाला हुआ
हाथ मुहर है छदाम आया।

(द) माल हाट में है और भाव नहीं
जैसे लड़ने को खड़े दाव नहीं।[8]

(य) ढेले गड़ने वाले थे धुल गये।

(र) काँटा काँटे से कढ़ाओ।[9]

(ल) मिट जाएगा लेना उधार।[10]

(व) विपत्तियाँ कई हैं घूस और डंडे की।[111]

(क) पक-पका कर ऐसा फूटा है
जैसा सावन का फोड़ा है।[12]

(ख) शंकाकुल निशा गयी। पुलकित ऊषा उनई।[13]

(ग) कमल ने खोले कटोरे। मधु भरे फेरी धुरी है।[14]

(घ) सही आँख तुम्हीं दिखे पहले। नहले पर तुम्हीं रहे दहले।[15]

उपर्युक्त पंक्तियों में लू के झोंके, सेंधों का ढेला, पानी का दौंगरा, लड़ने के दाँव, गड़ने वाले ढेले, काँटे से काँटे को काढ़ना, सावन का फोड़ा तथा नहले पर दहले होने की सोच– ये समस्त प्रयोग निराला की लोक चेतना-सम्पन्न काव्य-प्रतिभा के अन्यतम साक्ष्य हैं। जनता के बड़े समूह में जिए बिना इनका अनुभव किस प्रकार प्राप्त हो सकता है? यह तो निराला का कवि था, जिसने इन्हें यथार्थ में भोगने के बाद कविता के लिए चुनता है। उन्होंने स्वयं लिखा था– 'जनता के हृदय जिया/ जीवन-विष-विषम पिया'। जनता के हृदय जीने के बाद ही रचनाकार के भीतर उस शक्ति का जन्म होता है। मुक्तिबोध ने भी लिखा था– मेरी उनसे पटती है। जिनकी रातें सिर के नीचे/ईंट रख सोते हुए/कटती है।' जनता के साथ इस प्रकार की संपृक्ति ही कवि की चेतना में एक अलौकिक ऊर्जा, उष्मा और तेजोमय आलोक का पुंज बनती है। समाज में रहते हुए निराला ने अपनी भीतरी और बाहरी आँख कभी बंद न होने दी, वरन् दोनों को मिलाकर एक कर दिया। बाहरी आँख तो बाहर की यथार्थ दुनिया देखती थी, किन्तु भीतरी आँख द्वारा कवि ने उस वृहत्तर समाज की

पीड़ा, करुणा, वेदना और मानवीय आहत स्वर का बोध प्राप्त किया। इसका वर्णन कभी तो उसने बड़े सीधे-सरल शब्दों में किया और कभी व्यंग्य का सहारा लेकर उस पर टूट पड़े। इसका एक चित्र देखिए—

(क) लहू दूसरे का पिए जा रहे हैं।[16]

(ख) चाँदी की हँसी हँसे जो, अपने आप फँसे।[17]

(ग) लोगों में प्रसिद्ध वही लापता है थाने पर।[18]

(घ) थोड़ों के पेट में बहुतों को आना पड़ा।[19]

(ङ) आँखें हुई हैं गुलाल, गेरु के ढेले कूटे हैं।[20]

यहाँ ध्यान से देखने पर निराला के जीवन और जनता के जीवन का भेद समाप्त हो जाता है। जनता का लहू पीने वाला वर्ग उनका अपना वर्ग शत्रु है, पूँजीपति है, जिसे निराला ने कभी माँफ नहीं किया। जीवन पर्यंत उसके खिलाफ वे संघर्षशील एवं संघर्षमना रहे। चाँदी की हँसी हँसने वाले तो फंसते ही हैं, यही भोगा हुआ सत्य है। जो जनता में जन-जन द्वारा जाना-पहचाना जाता हो, भारतीय पुलिस व्यवस्था किस प्रकार उसे गायब करती है, यह हम सबका कटु अनुभव है, जिसे आये दिन हम देखते-सुनते आ रहे हैं। समाज का एक ऐसा वर्ग है जो बहुतों के हिस्से को अपने पेट में समाहित कर घूमता है। निराला ने कभी 'क्षीण का न छिन्ना अन्न' लिखा था और जीवन भर इसे जिया था, किन्तु 'थोड़ों के पेट में बहुतों को आया, देख वे बौखला उठते थे। आँखों की लालिमा गेरू के ढेलों को कुटे चूर्ण की भाँति बताने वाले कवि ने उनके भीतर के आक्रोश को पढ़ा था। यह उनका अपना सूक्ष्म पर्यवेक्षण था जिससे उनमें लोक जीवन्त होकर रचना का अंग बन सका।

लोक जीवन की शब्दावली : निराला जी छायावाद में होते हुए भी उससे अलग खड़े दिखाई देते हैं। उनकी बाद की रचनाओं में भाषा का स्वरूप बहुत बदला जान पड़ता है। भाषा में हम शब्द रूपों का प्रयोग करते हैं। ये शब्द-रूप रचनाकार समाज के जिस वर्ग से चुनता है, उसका लक्ष्य उसी समाज को सम्बोधित करना एवं उससे जुड़ना होता है। छायावादी भाषा के शब्द-विधान तो अपनी कोमलता, सामासिकता एवं तत्सम शब्दावली के लिए जाने जाते हैं, किन्तु निराला की बाद की कविताओं में पुरुषता, कर्कशता, अनगढ़ता और रुक्षता के रूप में हमारे सामने आते हैं। इनके प्रयोग से भाषा में जीवन्तता और एक अद्‌भुत रवानगी के लक्षण सामने आते हैं। यथार्थ की अभिव्यक्ति तभी सम्भव होती है, जब कोई भी रचनाकार उसी भाषा का प्रयोग करे, जिनके जीवन-संदर्भों को वह आकार देना चाहता है, जिनके सुख-दुख, हर्ष-विषाद, आशा-निराशा, उत्थान-पतन को वह प्रकट करना चाहता है। इसी कारण निराला की कविताओं पर लोक जीवन की स्पष्ट छाप दिखाई पड़ती है। उनके द्वारा

प्रयुक्त शब्द-विधान के कुछ नमूने आपके विचारार्थ प्रस्तुत हैं–

ध्वन्यात्मक ग्रामीण जीवन के शब्द : झटक-पटक खल-बल-दल-दलदल, कलकल-कुलकुल, गुन-गुन-गुन, उठ-उठ, झूम-झूम, झर-झर, खल्-खल्, हिल-हिल, धर्-धर्-धर्, थ्र-थ्र-थ्र, झलमल-झलमल, हुह, झरर्र-झर, कड़कड़-कड़कड़, अररर्, झप-झपकर, फटाफट, खुक-खुक-खुक-खो-खो-खो-खो, छप-छप, चर्र-चर्र, ऊँ हूँ हूँ, कुकडूँ कूँ। जोबना, फूटी कौड़ी, पछताना, लकुटिया, कलेजा, नजर गड़ाना, आँख मिचौली, हकलाना, हृदय थामना, हाड़मात्र, मरजाद, मरोर, हठ ठानना, कुहरना, बिवाई, ठूँठ, हरषि, नयनन, जांघियाँ लंगोटा, लिक्खाड़, नथुना, चुरना, निमक, भात-भतार, बसिगो, जोबन, बिकल, बिरागिनी, मरम बिथा, ढॉपइ, बम्हन, जातं, कहारिन, पनिहारिन, तड़का, काँढ़ती, दक्खिन, लखते, कायथ, बानर, हरामी, जनखा, कलसफ, लण्ठ, गढ़न, हाड़, जहन्नम, पिद्दी, बारहोमास, गड़ही, छूँछा, काढ़कर, ड्योढ़ी, अम्मा-बप्पा, मुहोंमुँह, लक्षमन, तरेरना, बानिज, कलपना, उसूल, सुधर, सरबर, दुधार, पिनपिन, झाँसा, टोना, खेतिहर, अहिर, दई के टूसर, खँखारकर, अफसरन, दोगली, बिराजना, कुइरीपुर, बारी, लोहार, कुइरी, कम्पू, किरिया, गाढ़तन, उनए, अगहरी, पतित, पखिया, पाँख, विपद, ऊसर, धूसर, मघनियाँ, दुसह, इकले-दुकले, भाख, काँख, पंजर, बदरवा, कँकहाया, पछाँह, सौतिन, बिदेश, पिया, बजुरे मारे, निगचाई, मैले रहलूँ, अगनवाँ, गवनवाँ, पनियाँ, भेजलन, गागरि फूटलि, रिसानी, ननदी, मोहरि, ठाढ़ि, सुसके पछतावलि।

इसी प्रकार ग्रामीण जनता कुछ शब्दों को बोलते समय उनके ध्वनि की समानता रखनेवाले जोड़ों का प्रयोग भी करती है। निराला ने उनका प्रयोग भी अपनी रचनाओं में स्थान-स्थान पर किया है। उसके कुछ नमूने देखिए–

तन-मन, ऊबड़-खाबड़, हरे-भरे, कारण-वारण, जग-ठग, कटे-छँटे, आन-बान, अरबी-फ़ारसी, आँय-बाँय, हट्टा-कट्टा, लेन-देन आदि।

निराला जिस परिवेश का चित्र दे रहे थे उसी का अनुभव उनका था। अवध का निवासी अपने बोल वचन में उर्दू-फारसी के शब्दों को सायाश बाहर नहीं करता। वे स्वाभाविक रूप में उसकी बोली-बानी में प्रयुक्त होते ही रहते हैं। इस कारण इस प्रकार के ढेर सारे शब्द निराला की कविताओं में शामिल हो गये हैं, जैसे–

गफ़लत, रहम, रस्म, शमा, रंजोगम, हक़, भोगल, फ़तहयाब, मिज़राब, ग़ैर, खुशबू, फ़ारस, चमन, सुर्ख, सब्ज, ज़र्द, ख्वाब, लफ्ज़, बालिश्त, रफ़ा, रकीब, खुशनसीब, ग़ज़ल, मकाँ, नव्वाब, फर्माबदार, अदा, सुबहो शाम, वक्त, खुशामद, बिहिश्त, फरमाया, अर्ज़ मंजूर, कलाँखर्द, नज़्ज़ारे, ज़मी, दुआ, नग्में, आसमाँ, दुश्मने, जाँ, मेहरबा, गुलसिता, बाग़वां, रफ्तार, खातिरज़मा, गफलत, हरकत, माज़रा,

हसरतें, हवेली, अया-बयाँ, खूब, फौज़, ज़बाँदराजी, तशरीफ, शाग़िर्द, गम, आदि शब्दों का प्रयोग इनके कविताओं में मिलते हैं।

निराला का विश्वास शक्ति में था और वे जानते थे कि समाज या राष्ट्र तभी शक्ति सम्पन्न हो सकता है, जब जनता की भाषा में भेद न हो, उनके बीच संवाद स्थापना करने वाली भाषा एक हो। इसी कारण वे अपनी रचनाओं में अनगढ़, भदेस, गँवारू, ठेठ, सरल सादगी युक्त शब्दों को ला रहे थे। क्योंकि उनके पात्र इसी प्रकार के शब्दों का प्रयोग अपनी भावभिव्यक्ति के लिए करते हैं। इसको समझना उनको आसान होगा। इसी प्रकार निराला ने कविता में भाषा की बँधी-बँधाई रूढ़ियों को ध्वस्त कर दिया तथा उसे नया संस्कार प्रदान किया और शब्दों को नयी अर्थवत्ता दी। मनुष्य का जीवन विसंगतियों से यदि भरा हो तो भाषा भला उसकी अनुगामिनी कैसे न हो? इसी कारण 'पद फटे बिवाई से उधार-खाए के मुँह ज्यों पिए तेल, चमरौधे जूते से सकेल' तक उनकी नजर चली जाती है।

लोक जीवन के बिम्ब : निराला ने अनुभव किया था कि संसार में अधिकांशत: शोषण, पीड़ा और उपेक्षा का साम्राज्य छाया हुआ है, जिससे जनता की मुक्ति का स्वप्न उनके भीतर पलता रहा। जाड़े की भीषण पीड़ा झेलने का एक अनुभव उनकी रचनाओं में कैसे आता है–

शिशिर की शर्बरी/हिंस्र पशुओं भरी।

उत्तर-भारत में पौष माघ की आधी रात में ठंडी ऐसी पड़ती है, मानो वह हड्डी छेदकर भीतर प्रवेश कर जाएगी। निराला का अनुमान है कि वातावरण में हिंसात्मक आक्रमण करने वाले पशु मानो भरे हैं जो आक्रामण कर रहे हैं। यह एक पीड़ित मानवता का चित्र है, जो प्रेमचंद की कहानी 'पूस की रात' के नायक की याद बरबस ही दिला देता है। पशुता के इस साम्राज्य में प्रकाश और आलोक देने वाले तत्त्व अंधकार की ताकतों द्वारा आच्छादित हो गये हैं। दुख, वेदना, पराजय, अंधकार के साथ उनके भीतर शिवत्व की पहचान भी निराला कर लेते हैं। निराला अपने संघर्ष में पराजित होते हैं, जो संघर्षरत भारतीय जनता की पराजय का रूप है–

(अ) बार-बार हार-हार मैं गया (सच है– अनामिका)

(ब) हारता रहा मैं स्वार्थ-समर (सरोज-स्मृति– अनामिका)

(स) यह नहीं हार मेरी (सरोज स्मृति- अनामिका)

जनता के मन में भरी पराजय और असफलता का बिम्ब भी वे उसी लोक से चुनते हैं–

(अ) उतरा ज्यों दुर्गम पर्वत पर नैशान्धकार

(ब) ऐसे क्षण अंधकार-घन में (राम की शक्ति-पूजा)

(स) है अमा निशा उगलता गगन-घन-अंधकार

(द) गहन है यह अंधकारा (अणिमा)

(य) आ रही मेरे दिवस की सांध्य-बेला (अणिमा)

(र) बह रही हृदय पर केवल अमाँ (अणिमा)

लोक-जीवन में जलने और दग्ध होने के चित्र का भी निराला को विशिष्ट अनुभव रहा है–

(य) जला है जीवन यह/आतप के दीर्घ-काल (उक्ति-अनामिका)

निरर्थकता बोध : जनता के मन में कभी अपने निरर्थकता का भाव भी भर उठता है–

(य) पढ़ा जा चुका पत्र-न्यस्त (हिन्दी के सुमनो के प्रति)

(र) पंक्ति वह मैं हूँ लिखी/नहीं जिसका अर्थ/जीवन दह गया है (अणिमा)

(ल) पत्रोत्कंठित-जीवन का विष बुझा हुआ है (सांध्य-काकली)

लोक-जीवन में पतझर भी आता है। केवल वसन्त ही रहे तो जीवन का क्या अर्थ? अत: निराला की कविताओं में पतझड़ का बिंब खूब आया है–

(य) दीखता रहा है अब जीवन/पतझड़ का जैसा वन-उपवन
डालियाँ बहुत सी सूख गयी/उनकी न हुई पात्रता नयी (आराधना)

(र) खिल चुका है फूल मेरा/पंखुड़ियाँ हो गयीं ढीली (सांध्य-काकली)

निराला की रचनाओं में दीन-दुखियों का संसार किस प्रकार आया है उससे हम भलीभाँति परिचित हो चुके हैं। वह चाहे विधवा हो, भिक्षुक हो, पत्थर तोड़नेवाली श्रमजीवी नायिका हो या अन्य कोई और हो। वे विधवा का चित्र देते हुए लोक अनुभव में हमें किस प्रकार ले जाते हैं, देखिए–

वह टूटे तरु की छूटी लता-सी दीन।

लोक-अनुभव में प्रकृति किस प्रकार समाई हुई है, इसे निराला से बेहतर कौन जान सकता था। इसी कारण उनकी प्राय: हर कविता में प्रकृति लोकाभिमुख होती रही। अपनी एक कविता में वे लिखते हैं–

आमों की मंजरी पर/उतर चुका है वसन्त
गुंज-गुंज भौरों की/बौरों से आती हुई
शीत वायु ढो रही है/मंद-गंध रह-रहकर।[21]

लोक-जीवन में बादल कितने अपने हो जाते हैं तथा उनकी प्रत्येक दशा जनता के जीवन का कैसे हिस्सा बन जाती है, इसका बड़ा ही मार्मिक चित्रण निराला ने

किया है। बादल और वर्षा जनता के लिए कभी मित्र, कभी सहचर बनते हैं तो कभी शोषकों के लिए सबसे बड़े शत्रु के रूप में सामने आते हैं। उनके कुछ रूप देखिए–

(य) **झूम-झूम मृदु गरज-गरज घनघोर।**
राग अमर? अंबर में भर निज-रोर।[22]

(र) **पावस की प्रगल्भ धारा में**
कुंजों का वह कारागार।
अब जग के विस्मित नयनों में
दिवस स्वप्न-सा पड़ा असार।''[23]

जनता के मन में यदि अंधेरा है, निराशा है तो आशा और सबेरे का संदेश भी है, जो उसे भावी जीवन के लिए प्रेरित करता है, उष्मा और ऊर्जा का संचार करता है। वे लिखते हैं–

(य) **गया अंधेरा/ देख, हृदय, हुआ है सबेरा।''**[24]

(र) **नवतन कनक किरण फूटी है**
दुर्जय भय बाधा छूटी है।[25]

लोक-जीवन में पशु-पक्षी, जीव-जन्तु, लता-कुंज, वनस्पतियाँ आदि की सत्ता है। इसके अभाव में प्रकृति का चित्रण सम्भव नहीं होता। ये इसी प्रकृति के हिस्से हैं। प्रकृति की सौन्दर्य-वृद्धि में इनका अभूतपूर्व योगदान है। निराला इनकी बोली-बानी सुनते हैं, उल्लसित होते हैं तथा हर्ष से भर कर कह उठते हैं–

(य) **पपीहे के पिउ-पिउ कूंजन में।**[26]

(र) **भुजैल एक बोलती है पंडित जी**
मेड़ के किनारे चुगती है पिड़की।
सतभैये एक पेड़ के नीचे
दूसरी पार्टी से लड़ाते हैं पंजे।[27]

(ल) **एक डाल पर बैठी हुई रुकमनि**
बुआ को याद आये पी से मिलन के दिन।[28]

(र) **सखी री, खंजन वन आये/ सरसी रूह छाए।**[29]

लोक का फूलों से बड़ा गहन रिश्ता है। निराला ने फूलों को अमरता प्रदान की है। धरती का कोई फूल नहीं है जो उनकी कविता में न आया हो। उनकी गंध से ही यह धरती नंदन-कानन बनती है। फूलों को जितना महत्त्व अपनी कविताओं में निराला ने दिया, उतना शायद ही अन्य किसी ने दिया हो। कुछ नमूने के तौर पर देखें–

(य) **तुम दिनकर के खर-किरण जाल**
मैं सरसिज की मुस्कान।[30]

(र) तुम गंध-कुसुम-कोमल-पराग।[31]

(ल) पारिजात-पुष्प के नीचे बैठ सुनोगे तुम
कोमल-कंठ का मिनी की सुधा-भरी-असावरी
भ्रमर-भार-कंपित यह यूथिका झुकेगी जब।[32]

(व) या नंदन वन से पारिजात दल लेकर।[33]

(श) हरसिंगार की कोमल दल कलियों पर।[34]

लोक-जीवन में फूलों की सत्ता है तो काँटों के बीहड़ भी कम नहीं हैं निराला इस तथ्य से भलीभाँति परिचित थे। उनको काँटों का दंश भी खूब मिला था। काँटों में जीवन जीने के कारण ही निराला भी निराला बन पाये थे। इन काँटों को वे किस प्रकार देखते हैं, उसके भी रूप को देखा जाय–

(य) बिछे हुए थे कांटे उन गलियों में।
जिनसे मैं चलकर आई।[35]

(र) और कँटीली मार्ग पर कैसे करें।[36]

(ल) काँटों में अंचल के तेरे तार निकल जाएँगे
और उलझ जाएगा तेरा ही।[37]

किसानी अनुभव भी लोक चेतना का एक बृहत् अनुभव रहा है। निराला स्वयं किसान के घर पैदा हुए थे तथा गाँव के किसानों के जीवन को निकट से देखा और भोगा था। इस कारण किसानों से जुड़े तमाम तथ्य उनकी कविताओं के अंग बन गये। कुछ बिंब देखिए–

(क) खेत में पड़ भाव की जड़ गड़ गयी।
धीर ने दुख नीर से सींचा सदा।
सफलता की थी लता आशामयी
झुलते थे फूल भावी-संपदा।[38]

(ख) लू के झोंकों झुलसे हुए थे जो,
भरा-दौंगरा उन्हीं पर गिरा।
उन्हीं बीजों के नये पर लगे
उन्हीं पौधों से नया रस झीरा।[39]

(ग) धान पके सोने की बाली
पानी भरी अगहनी आली।
छाई बाजरे की नभ लाली
कास-कुसुम भाए।[40]

किसानी-जीवन और लोक अनुभव में जीवन-जंतुओं का साहचर्य भी प्रायः संगुफित

रहता है। निराला की उपमा का चित्र इसे किस तरह प्रस्तुत करता है, उसे देखिए–

काल-नागिन-सी मैं लगी रहूँगी घात में।[41]

सामान्य मनुष्य का अनुभव उनकी रचनाओं में प्रतिपल लक्षित होता है, जैसे–

ठोकर गली-गली की खाई।[42]

निरालाजी एक सद्गृहस्थ थे और वे सद्गृहस्थ की भाँति सोचते रहे। उनका विचार था कि जो एक योग्य सद्गृहस्थ नहीं हो सकता वह भला राष्ट्र या देश का कैसे हो सकता है? व्यक्ति का पहला दायित्व तो पारिवारिक उत्तरदायित्वों का निर्वहन है। इससे जो पलायन करके या बचकर देश की, समाज की सेवा करने का ढोंग करता है, निराला उसके पक्षधर कभी न थे। वे लिखते हैं–

देकर अंतिम कर/ रवि गये अपर पार
श्रमित चरण आये/ गृहीजन निज-निज द्वार
सुवसना उठी प्रिया/ आयत-नयना भवन-दीप जला रही
आरती उतार।[43]

लोक जीवन के प्रतीक : रचनाकार जब वास्तविक जीवन यथार्थ और तद्जन्य परिस्थितियों को अनुभूति का हिस्सा बनाता है तो उसकी रचना, भाषा और भाव दोनों धरातल पर वजनी तथा महत्त्वपूर्ण होती है। लोक-जीवन की भाषा उसके लिए साधक बन जाती है। निराला का सम्पूर्ण जीवन, संघर्ष और चुनौती का सामना करते हुए बीता था। इस कारण उनकी रचना में वह शक्ति आ सकी जिसे कविता का ओजस्वी रूप कहते हैं। उनके द्वारा प्रयुक्त प्रतीकों में जनता की वृहत्तर भागीदारी देखी जा सकती है। 'बादल राग' शीर्षक रचना में– 'घन गर्जन से भर दो वन' जहाँ बादलों की गर्जना का स्वागत होता है किन्तु भूधर उस गर्जना से कांप उठते हैं, नये पल्लवों को नवजीवन प्राप्त होता है। बादल-राग-6 में बादलों की बज्र गर्जना सुनकर सारा संसार हृदय थाम लेता है, किन्तु लघु-भार छोटे-छोटे पौधे सुखी होते हैं। यही गर्जना साधारण के जीवन में सुख-शक्ति का संचार करती है। 'जागो फिर एक बार-2' में वे लिखते हैं–

(क) शेरों की माँद में/ आया है आज स्यार।
(ख) सिंही की गोदी से छीनता रे शिशु कौन?
(ग) सिंह भी क्या स्वांग कभी/ करता है स्यार का?[44]

निराला की प्रसिद्ध किन्तु अति छोटी रचना 'मैं अकेला' में 'मेरे दिवस की सांध्य बेला, पके आधे बाल मेरे, हुए निष्प्रभ गाल मेरे, नदी झरने और मेला द्वारा पराजय, निराशा और तद्जन्य पीड़ा का अहसास होता है। 'हमारा डूब रहा दिनमान का प्रतीक भी विचारणीय है। निराला का व्यक्ति कभी भी पूर्ण रूप से पराजय स्वीकार

नहीं कर सकता। ऊपरी अभावों से भरा था, रिक्त दीखते थे किन्तु ऊर्जा और उष्मा के स्रोत उनसे ही फूटते रहे। वे लिखते हैं–

'बाहर मैं कर दिया गया हूँ। भीतर पर, भर दिया गया हूँ।' यहाँ भीतर और बाहर के प्रतीक विचारणीय हैं। निराला की रचनाओं में आये हुए कुछ अन्य प्रतीक भी नये संदर्भों और अर्थों का बोध कराते हैं। वे प्रतीक इस प्रकार हैं–

(क) सान्ध्य-बेला- जीवन का अंतिम चरण– 'मैं अकेला' शीर्षक कविता

(ख) नदी-झरने - कर्तव्य-कर्म- 'मैं अकेला' शीर्षक कविता

(ग) पलकों की छाँह-।[46] - आश्रय - मैं बैठा था पथ पर

(घ) नाग- निराशा।[46]

(ङ) गागर - शरीर चेतना।[47]

लोक तत्व और रूपक प्रयोग : निराला ने अर्थ-समृद्ध करने हेतु लोक-जीवन से अनेक बिंबों को उठाया है, जहाँ रूपकों का निर्माण होता है। यह निर्माण की प्रक्रिया अनायास ही होती रहती है, फिर भी बड़े ही मार्मिक भावों को ये अभिव्यक्त करते हैं। निराला के रूपकों में दो प्रकार की कविताओं का समावेश है। एक प्रकार के रूपक में दुख, दैन्य, पीड़ित जीवन का चित्र सामने आता है, तो दूसरी तरह की कविताओं में आशा, विश्वास-अर्जन, आराधना का स्वर प्रमुख हो उठा है। निराला की एक कविता 'मुझे स्नेह क्या मिल सकेगा? यहाँ निराला ने अपने जीवन की तुलना मरु से की है। मरुभूमि में उगने वाला वृक्ष झुलसा हुआ है। यहाँ निराला का जीवन भी विपरीत परिस्थितियों में 'दुख के भार से जीवन' दब गया है। इसी तरह 'स्नेह निर्झर बह गया है' शीर्षक कविता में भी– आम की सूखी डाल, रेत ज्यों तन का रूपक बांधा गया है। इसी कविता में निराला जी अपने जीवन के लिए– जीवन दह गया है, निरर्थक पंक्ति और जीवन के सारे ठाठ दह गये हैं– कहते हैं। अपनी एक कविता 'हिन्दी के सुमनों के प्रति' में वे लिखते हैं–

(क) मैं जीर्ण-बाहुबहु छिद्र-आज

(ख) मैं पढ़ा जा चुका पत्र-न्यस्त।

'ठूँठ' शीर्षक कविता में निराला अपने जीवन को ही ठूँठ की तरह मानते हैं। 'सांध्य कांकली' जो उनके जीवन काल की अंतिम रचनाओं का संग्रह है, उसमें 'वृद्ध हूँ मैं' शीर्षक एक कविता है, जहाँ वे लिखते हैं–

खिल चुका है फूल मेरा/ पंखड़ियाँ हो चली ढीली
आग सारी फूंक चुकी है/ रागिनी वह रुक चुकी है।

इसमें भी जो बिंब निर्मित हुआ है, उसमें निराला की हताश और निराश चेतना का बोध

है। कवि यह घोषित करता है कि उसके जीवन की उष्मा समाप्त हो गयी है। मैंने पहले कहा है कि निराला की कविताओं की दूसरी कोटि में आशा और विश्वास का आलोक बिखरा पड़ा है। उनकी कविता 'तुम्हीं गाती हो' में अरण्य का रूपक प्रस्तुत होता है। 'जीवन की तरी' शीर्षक कविता में सागर, जहाज, पाल आदि रूपक के रूप में प्रस्तुत होते हैं। 'जागो जीवन धनिके' में भारती से भारत का दुख दूर करने की प्रार्थना की गयी है। निराला अपने दुखों की सीमा पार कर लोक-मंगल की चेतना से भर उठते हैं। अपनी एक कविता 'वसन्त' में वे लिखते हैं–

समझूँ जीवन के पतझड़ में/ आया हँसता हुआ वसन्त।

इसी प्रकार 'लू के झोंको' शीर्षक कविता में वर्षा का रूपक है। कृषक- जीवन के बिंब हैं। वर्षा से गड़ने वाले ढेले धुल गये हैं। रचना में आश्वस्ति भाव पैदा होता है। 'सांध्य कांकली' की अंतिम कविता में जीवन और मृत्यु का रूपक है– अंधकार-प्रकाश, निदाघ-वर्षा, बिंब हैं तथा मूर्छित हुई भोर, चूक गये निशाने, झूल चुकी है। खाल प्रतीक है।. फिर भी आशा का प्रदीप हृदय-कुंज में जल रहा है, इस प्रकार लोक अनुभव से प्राप्त रूपकों का निर्माण निराला अपनी रचनाओं में निरन्तर करते दिखाई पड़ते हैं।

शैली का लोक तात्विक स्वरूप : निराला की कविताओं में सामान्य बातचीत की शैली का प्रयोग बहुतायत में हुआ है। जहाँ अद्भुत छटा बिखेरती कविताएँ कलात्मकता की मुँहताज नहीं रहतीं। यह हम बहुत पहले कह चुके हैं कि निराला किसी आभिजात्य चेतना से जुड़े रचनाकार न थे, वरन् समाज के वृहत्तर वर्ग को अपनी रचनाओं में उतार रहे थे, उन्हें संबोधित करना उनका अभिप्रेय था। जीवन के निर्मम आघात सहते हुए, दुख और विपदा के थपेड़ें की मार झेलते हुए भी वे समाज के इस बहुलांश वर्ग के साथ संवाद स्थापित करते रहे। इसी कारण उनकी अनेक कविताउँ में संवादात्मकता या सपाटबयानी का दर्शन होता हैं। 'खंडहर के प्रति, क्या गाऊ, क्या दूं? जागो फिर एक बार-बार, स्नेह निर्झर बह गया है' आदि कविताएँ इस बात का प्रमाण है। निराला की प्रसिद्ध कविता 'कुकुरमुत्ता' में इसके उदाहरण भरे पड़े हैं। कभी-कभी भावातिरेक के क्षणों में हमारे शब्द नहीं फूटते। जहाँ लगता है कि व्यक्ति के शब्द उसका साथ छोड़ रहे हैं या उन भावों की अभिव्यक्ति के लिए शब्द असमर्थ हो जाते हैं, तब अभिव्यक्ति का सबसे सबल माध्यम मौन होता है, क्योंकि मौन की अभिव्यक्ति कभी-कभी मुखर से भी अधिक मुखर होती है। निराला लिखते हैं–

देखा मुझे उस दृष्टि से
जो मार-खा रोई नहीं। ('वह तोड़ती पत्थर')

निराला-काव्य में लोकोक्ति एवं मुहावरे : लोकोक्तियों और मुहावरों के माध्यम से लोक-जीवन के विभिन्न पक्षों–नीति, शिक्षा एवं सामाजिक व्यवहार आदि का पूर्ण ज्ञान होता है। निराला जी जब इस तरह का प्रयोग करते हैं तो एक बात ध्यान रखना चाहिए कि वैसवाड़ा का सम्पूर्ण परिवेश निराला के मानस में विद्यमान था। जहाँ वहाँ की ग्रामीण रीतियाँ, परम्पराएँ, मान्यताएँ एवं उत्सव उनमें जीवन्त होता है। इस ग्राम्यांचल की जनता अपने दैनिक बोलचाल में, भाषा के व्यवहार में मुहावरों और लोकोक्तियों का प्रयोग करती है तब उनकी कविताओं में एक स्वाभाविक संप्रेषणीयता आती है तथा उनका प्रभाव पाठक पर स्थायी पड़ता है और विश्वसनीय होता है। निराला की एक रचना का उदाहरण देखें–

फूलों की सेज पर सोए हो
काँटों की राह भी/ आह भर पार की।[48]

फूलों की सेज पर सोना, (भोग विलास का जीवन-जीना) काँटों की राह (दुखमय जीवन) आह भरना (दुख और विवाद की स्वाभाविक अभिव्यक्ति) इन मुहावरों का उपयोग इन काव्य-पंक्तियों में निराला ने बड़ी कुशलता से किया है। मानव-जीवन में फूल हैं तो उसके साथ जुड़े हुए काँटे भी हैं। सुख के साथ दुख भी जुड़ा है। यदि सुख में प्रसन्न होता है तो दुख में आहें भरने की विवशता भी है। इस प्रकार के मुहावरे भारतीय लोक-संस्कृति की धड़कन की अनुगूँज हैं। उनकी अन्य कविताओं में– ठगी सी रहना, दाएँ-बाएँ लगना, जाल फैलाना, भौंहे तानना, प्रीति-बेल बोना, रंग में भंग होना, हृदय पर पत्थर रखना, आँख लगना, अंतिम साँस छोड़ना, थोड़े जल में मीन, आस्तीन का साँप, रेणु को सुमेरु बनाना, तलवार-तपाना, बलिदान माँगना, हाथ मलना, अभिमान करना, आँख दिखाना, लोहा लेना, सेहरा बांधना, दाल न गलना, पलकें बिछाना, शीश झुकाना, जीवन दान देना, बिजली-सी टूटना, सिंह सा झपटना, जैसे मुहावरे जब निराला की कविताओं में आते हैं तो उनकी सांस्कृतिक पकड़ को रेखांकित कर जाते हैं। इसके अतिरिक्त इनकी एक और लम्बी सूची है जैसे– कड़ी मार, प्रेम का पयोधि उमड़ना, पीठ फेरना, धूल में मिल जाना, नजर बचाना, धैर्य छूटना, माया मोह की निद्रा मिटाना, हृदय खिलना, व्यथा की आंच में तपना, नभ चूमना, आंसू बरसाना, स्वार्थ का मारा, रस छलकाना, कली का चटखना, बंधन ढीला होना, मारे-मारे फिरना, मन मारना, अंधकार छाना, उपवन मुरझाना, काँटों में घिरना, ज्वाला धधकना, हृदय से लपेट लेना, हृदय खोलना, हृदय की आँख, अंधे का दिवस, फूलों की सेज, मन चंचल होना, अंध पथ पार करना, बज्र टूटना, पत्थर तोड़ना, मार खा न रोना, माथे से पसीना गिरना, धूप चढ़ना, हलचल मचना, आपा खोना, उपल प्रहार, वसन्त का अग्रदूत, पढ़ा जा चुका

पत्र, ठूँठ होना, होश उड़ना, दिल टूटना, ठट्ठा मार-मार कर रोना, आँखें खिलना, पेट दिखाना, हरा हो उठना, वैभव का दिन, जीवन जलना, धूसर होना, मन हारना, प्राण काँपना, काल आना, चूर-चूर हो जाना, संग्राम छेड़ना, आहें भरना, धीरज धरना, न्यौछावर करना, द्वार-द्वार फिरना, दिल बैठना, पानी भरना, लोहा लेना, चैन की बंशी बजाना, धूल-धूसरित होना, आँखों से ओझल होना, गरल पीना, खून-चूसना, जीवन दमकना, पानी पड़ना, दुम हिलाना, नानी मरना, मुँह में पानी आना, जान बचाना, दिल बहलाना, उमड़ चलना, पंजा लड़ना, काँटों का जाल, पौ फटना, ठोकर खाना, गला घोंटना, दिल के तार-तार से मिलाना, पानी-पानी होना, किस्मत फूटना, आँख पर चढ़ना, गले का हार, आँखें चार होना, आँख से आँख मिलाना, दाँव पेंच खुलना, पानी पीना, आँखें भर आना, आँख-लगना, आँख बचाना।

इनके अतिरिक्त निराला की कविताओं में उस प्रकार के मुहावरे भी हैं जो लोकोक्तियों की भाँति प्रयुक्त होते हैं तथा लोकोक्तियों का भी प्रयोग सम्यक् रूप में दिखाई पड़ता है जैसे– पत्थर से भी कठिन कलेजा होना, ईंट का जबाब पत्थर से देना, ईश्वर की गाज गिरना, चैन की बंशी बजाना, उल्लू के पट्ठे, सूख कर काँटा होना, आँख का पानी उतरना, घूसे का जवाब थप्पड़ से देना, आदि लोकोक्तियाँ आम जनता की बोल-व्यवहार की भाषा में खूब प्रचलित हैं। इनका प्रयोग आरोपित नहीं हुआ हैं, वरन् ये स्वाभाविक रूप में काव्य का अंग बनकर आती है। इससे कवि निराला की अत्यन्त जीवनधर्मी चेतना का सबलतम् पक्ष सामने आता है। निराला की निरीक्षण-परीक्षण शक्ति इतनी पैनी और ठोस थी कि अनेक पंक्तियाँ सूक्तियों की भाँति सामने आती हैं जो आगे के लिए उद्धरण बन जाती हैं, जैसे–

(क) यौवन-मद की बाढ़ नदी की किसे देख झुकती है।[49]

(ख) रोग-शोक में भी हंसता है शैशव का सुकुमार शरीर।[50]

(ग) विप्लव रव से छोटे ही हैं शोभा पाते।[51]

निराला का काव्य सांस्कृतिक रक्षण : निराला ने अपनी रचनाओं के माध्यम से इतिहास, पुराण, दर्शन, अध्यात्म, धर्म, आदि की शब्दावली द्वारा सांस्कृतिक अक्षुण्णता का मार्ग प्रशस्त किया। उनकी मात्र एक कविता 'तुलसीदास' में पंजाब, बुंदेलखंड, कालिंजर राजापुर, चित्रकूट, पंचतीर्थ, कामद्गिरि, जानकी-कुंड, अनसूया-वन, भरतपुर, यमुना, वृंदावन, हनुमान-द्वार, आदि भूभागों, तीर्थों, पर्वतों, नदियों का समावेश दिखाई पड़ता है। इनके अतिरिक्त कुंकुम, शोभा, नैहर, चपल-धेन, श्वसुर परिजन, वनश्री केशर आदि का आना भारतीय लोक-संस्कृति की पहचान कराते हैं।

इस प्रकार निराला ने अपनी काव्य-रचना में शिल्प के धरातल पर कविता की भाषा एवं शब्द रूपों, मुहावरों, लोकोक्तियों, शक्ति-सम्पन्न प्रतीकों तथा बिम्बों आदि

के माध्यम से लोक-चेतना से जुड़े रहने का पूर्ण परिचय दिया है। निराला की चेतना में व्याप्त लोक और उसका निवासी, उसकी सांस्कृतिक अस्मिता की पहचान कभी भी धूमिल नहीं दिखाई पड़ती। इनके प्रयोग से यह ज्ञात होता है कि कवि की भाषिक संवेदना लोक तत्वों से एकमेव होती है। धरती के ठोस यथार्थ और उसकी जीती-जागती जनता के सम्पूर्ण जीवन संघर्ष को वह इसी कारण अपनी वाणी देने में सफल हो पाता है। इस प्रकार निराला की कविताओं का शिल्प उनकी लोक तात्विक रुचि का आभास कराने में पूर्ण सफल है।

सन्दर्भ

1. निराला रचनावली; भाग-2, पृ. 15
2. निराला रचनावली; भाग-2, पृ. 128
3. निराला रचनावली; भाग-2, पृ. 129
4. निराला रचनावली; भाग-2, पृ. 115
5. निराला रचनावली; भाग-2, पृ. 116
6. निराला रचनावली; भाग-2, पृ. 130
7. निराला रचनावली; भाग-2, पृ. 163
8. निराला रचनावली; भाग-2, पृ. 166
9. निराला रचनावली; भाग-2, पृ. 198
10. निराला रचनावली; भाग-2, पृ. 438
11. निराला रचनावली; भाग-2, पृ. 212
12. निराला रचनावली; भाग-2, पृ. 213
13. निराला रचनावली; भाग-2, पृ. 366
14. निराला रचनावली; भाग-2, पृ. 134
15. निराला रचनावली; भाग-2, पृ. 168
16. निराला रचनावली; भाग-2, पृ. 172
17. निराला रचनावली; भाग-2, पृ. 177
18. निराला रचनावली; भाग-2, पृ. 351
19. निराला रचनावली; भाग-2, पृ. 128
20. स्वामी प्रेमानन्द जी महाराज; निराला रचनावली, भाग-2, पृ. 89
21. बादल राग-1; निराला रचनावली-1, पृ. 116
22. यमुना के प्रति; निराला रचनावली-1, पृ. 113
23. गया अंधेरा; निराला रचनावली-2, पृ. 105
24. गया अंधेरा; निराला रचनावली-2, पृ. 359
25. शरद पूर्णिमा की विदाई; निराला रचनावली-1, पृ. 68
26. खजोहरा; निराला रचनावली-2, पृ. 59

27. खजोहरा; निराला रचनावली-2, पृ. 60
28. शरत् पंकज लक्षणा; निराला रचनावली-2, पृ. 60
29. तुम और मैं; निराला रचनावली-1, पृ. 37
30. तुम और मैं; निराला रचनावली-1, पृ. 68
31. पंचवटी-प्रसंग-5, निराला रचनावली-1, पृ. 50
32. अंजलि; निराला रचनावली-1, पृ. 70
33. वन कुसुमों की शय्या; निराला रचनावली-1, पृ. 75
34. अंजलि; निराला रचनावली-1, पृ. 70
35. प्रताप; निराला रचनावली-1, पृ. 81
36. प्रगल्भ-प्रेम; निराला रचनावली-1, पृ. 90
37. अध्यात्म-फल; निराला रचनावली-1, पृ. 30
38. लू के झोंके; निराला रचनावली-2, पृ. 129
39. शरत् पंकज लक्षणा; निराला रचनावली-2, पृ. 211
40. पंचवटी-प्रसंग; निराला रचनावली-1, पृ. 51
41. कविता सं. 99; निराला रचनावली-2, पृ. 389
42. देकर अंतिम कर; निराला रचनावली-1, पृ. 262-263
43. निराला रचनावली-1; पृ. 142
44. निराला रचनावली-2; पृ. 43
45. काले-काले बादल छाए; निराला रचनावली-2, पृ. 132
46. निराला रचनावली-2; पृ. 404
47. धारा; परिमल, पृ. 134
48. बादल-राग; परिमल, पृ. 167
49. बादल-राग; परिमल, पृ. 167
50. निराला की साहित्य-साधना; भाग-1, डॉ. रामविलास शर्मा, पृ. 89
51. निराला और नवजागरण; रामरतन भटनागर, पृ. 149

उपसंहार

प्रस्तावना : हिन्दी साहित्य-जगत् में निराला का अद्वितीय स्थान है, जिसने अपने पौरुषेय-व्यक्तित्व, प्रखर-मेधा तथा ओजस्वी व्यक्तित्व द्वारा सबको आश्चर्यचकित किया। वह निराला एक छायावाद से चलकर रहस्यवाद, प्रगतिवाद, प्रयोगवाद, नयी कविता की देहरी पार करता है तो दूसरी ओर चिंतनशीलता, दार्शनिकता के बीच से गुजरते हुए उपन्यास, कहानी, निबन्ध, व्यंग्य, आलोचना, कविता की अमूल्य धरोहर प्रदान करता है। वह पत्र-पत्रिकाओं के सम्पादन द्वारा हिन्दी भाषा एवं जाति की राष्ट्रीय चेतना से जुड़कर अनथक सेवा करता है। इस सन्दर्भ में मुंशी नवजादिक लाल का कथन हम देखें, जहाँ वे लिखते हैं– "निराला जी क्या हैं, क्या नहीं, उनका स्थान ऊँचा है या नीचा, यह समय खुद जाहिर कर देगा। मैं अब भी लिखता हूँ कि निराला जी किसी प्रान्त के कवि नहीं, वे राष्ट्रभाषा हिन्दी के प्रथम महाकवि हैं।"[1] मानव का सामूहिक उत्थान उनके साहित्य का शाश्वत लक्ष्य था। उनका साहित्य समाज केन्द्रित है। उनके द्वारा लिखित रचनाओं के केन्द्र में व्यापक जीवन के विविध आयाम उद्‌घाटित होते रहे। उनकी क्रान्तिदर्शी दृष्टि और मुक्तिकामी जिजीविषा ने उन्हें अपने समकालीन रचनाधर्मियों से अलग निराला व्यक्तित्व प्रदान किया। उनका मत है कि 'क्रान्तिजन्य नवीनता से साहित्य' प्राणवान होता है तथा 'जनता के हृदय जीने' से रचना में विश्वसनीयता पैदा होती है। निराला ने कुरीतियों के खिलाफ शोषित-पीड़ित मानवता का साथ दिया। दलितों-पीड़ितों की महानता का उद्‌घाटन करना उनके जीवन और साहित्य दोनों का परम दायित्व था। विस्तृत फलक को अपने भीतर आत्मसात् कर चलनेवाली उनकी दृष्टि मानव-उत्थान और राष्ट्र-उत्थान से एक साथ जुड़ती है। निराला के ऐसे कथनों और विचारों के भीतर इतिहासबोध की क्रियाशीलता दिखाई पड़ती है। मानव-मात्र की समता के आधार पर ही विश्व बंधुत्व का स्वप्न साकार हो सकता है। निराला का रचनात्मक संघर्ष विविध भावों-चेतनाओं से युक्त है। इसको लक्ष्य करके डॉ. रामरतन भटनागर लिखते हैं– "निराला की क्रान्ति बाहर की क्रान्ति नहीं, भीतर की क्रान्ति थी। उन्होंने अपने समय के साहित्य के स्वर को भीतर से बदला और उसे एकदम उन्मुक्त, स्वच्छंद, सक्रिय जीवन-चेतना बना दिया। उनके नये मूल्यक्रान्ति, विद्रोह और विध्वंस के साथ नये निर्माण के भी मूल्य

थे।''[2] वे आगे लिखते हैं– ''सामान्य जन की प्रतिष्ठा में निराला का संघर्ष एकाकी है। 'कविता ही क्यों, साहित्य के प्रत्येक मोड़ पर निराला विद्रोही निर्माण और वरदान की त्रिभंगी मुद्रा में मिलते हैं। उनकी आँखों में नवजागरण की मादकता है। उनके पद-संचार में मुक्ताभा की आस्था और निस्पृहता है। वे भाव-योगी हैं। सच्चे अर्थों में कवि हैं। उनके निःशेष आत्मदान और अशेष-दान से एक सम्पूर्ण दशक प्राणवान बना है। एकान्त प्रकाश स्तम्भ सा उनका व्यक्तित्व दूर तक किरणें विकीर्ण करता रहा है।''[3] निराला के व्यक्ति का सही स्वरूप महादेवी वर्मा के निम्नलिखित कथन में देखा जा सकता है– ''अपनी प्रतिकूल परिस्थितियों से उन्होंने कभी ऐसी हार नहीं मानी, जिसे सह्य बनाने के लिए हम समझौता करते हैं। स्वभाव से उन्हें वह निश्छल वीरता मिली है, जो अपने बचाव के प्रत्यय को भी कायरता की संज्ञा देती है। उनकी वीरता राजनीतिक कुशलता नहीं, वह साहित्य की एकनिष्ठता का पर्याय है। छल के व्यूह में छिपकर लक्ष्य तक पहुँचने को वे साहित्य-लक्ष्य-प्राप्ति नहीं मानते। जो अपनेपन की सभी प्रत्यक्ष-अप्रत्यक्ष को चुनौती देता हुआ, सभी आघातों को हृदय पर झेलता हुआ लक्ष्य तक पहुँचता है, उसी को युगस्रष्टा साहित्यकार कह सकते हैं। निराला जी ऐसे ही विद्रोही कलाकार हैं। जिन अनुभवों के दंश का विष साधारण मनुष्य की आत्मा को मूर्छित करके उसके सारे जीवन को विषाक्त बना देता है, उसी से उन्होंने सतत् जागरुकता और मानवता का अमृत प्राप्त किया है।''[4] निराला संघर्षों और दुखों की कसौटी पर निरन्तर कसे जाते रहे और खरे सिद्ध होते रहे। उनका दृढ़-संकल्पी हृदय कभी उससे विचलित नहीं हुआ। इसको देखते हुए रचनाकार डॉ. रामरतन भटनागर लिखते हैं– ''इसलिए निराला, एकदम अकेले– छायावाद, प्रगतिवाद, प्रयोगवाद, नवलेखन (नयी कविता) किसी के भी साथ नहीं हैं। उनमें युग का वह जीवन है, जो वह नहीं जी सके और अकेले कवि को जीना पड़ा। इस जीने में आनन्द है, सार्थकता है, परन्तु प्रतिनिधित्व किसी का भी नहीं है। इसलिए निराला जब टूटते हैं, तो वह ही टूटते हैं, युग नहीं टूटता। वह पागल कह कर उनसे छुट्टी पा लेता है।''[5]

लोकतत्व : एक सामर्थ्य : निराला का सम्पूर्ण जीवन लोक से जुड़ा रहा। उसकी प्रगति की स्वाभाविक गति के प्रति वे निरन्तर सक्रिय भागीदारी निभाते रहे। वे चाहते थे कि शासन की बागडोर संभालने वाले जनता के हितों के प्रति सचेत होकर सेवा-भाव में निरत रहें। निराला ने अनुभव किया कि शासक वर्ग के लोग जनता से अपना सम्बन्ध विच्छेद करके स्वार्थपूर्ति को ही सब कुछ मान बैठे हैं। वे विवश होकर लिखते हैं–

जला है जीवन यह/ आतप के दीर्घ काल
सूखी भूमि सूखे तरु/ सूखे सिक्त आलबाल
बंद हुआ गुंज, धूलि/ धूसर हो गये कुंज
किन्तु पड़ी व्योम उर/ बंधु नील-मेघ-माल।

गर्मी की प्रचंड ज्वाला से तप्त होने के बाद ही आकाश में वर्षा के बादल घिरते हैं, किन्तु वे बादल इतनी ऊँचाई पर होते हैं कि तप्त धरती की पीड़ा का बोध उन्हें नहीं हो पाता। वे धरती की उपेक्षा करके आकाश के गले का हार बन जाते हैं और टकराने के बाद (अर्थात् ठोकर लगने के बाद) धरती पर वर्षा करके उसे आप्लावित करते हैं अन्यथा नहीं। निराला ने अनुभव किया कि सत्ता पक्ष में बैठने के बाद भारतीय नेताओं का चरित्र भी इसी प्रकार का बन जाता है। जीवन के यथार्थ से उनका सम्बन्ध समाप्त हो जाता है।

निराला ने अनुभव किया कि भारतीय समाज का एक वृहत्तर समुदाय ग्रामवासी है। इनसे उदासीन होकर जनता के साहित्य का लेखन नहीं हो सकता। निराला की 'बेला' और 'नये पत्ते' की कविताएँ इस सत्य को प्रमाणित करती हैं। जनता के बीच रहकर, उनसे तादात्म्य स्थापित करके, उनके जीवन-संघर्षों में सहभागी होकर ही रचनाकार जनता की आशा-आकांक्षा, हर्ष-उल्लास को वाणी दे सकता है। जीवन पर्यंत वे स्वतंत्रता के पक्षधर तथा गुलामी का विरोध करते रहे, दलितों, पीड़ितों, शोषितों, असहायों, दीन-दुखियों की स्थिति को अपनी रचना से बल प्रदान करते रहे। वे लिखते हैं–

आज अमीरों की हवेली
किसानों की होगी पाठशाला।

निराला ने सच को सच की तरह कहा। किसी की परवाह किये बिना उनकी लेखनी ने अपनी ताकत का परिचय दिया। उनका मानना है– "सामाजिक हिताहित की चिन्ता न करके मनमाना साहित्य लिखना वैसा ही है जैसा महमूद मियाँ का अपने बकरे को पूँछ की तरफ से जिबह करना।"[6] निराला के काव्य-संग्रह 'नये पत्ते' में देशज एवं भदेस शब्दों– अनुभवों के माध्यम से लोक तत्त्व का अनूठा दृश्य प्रस्तुत होता है। जहाँ लोक अपनी सम्पूर्ण सजीवता के साथ, चाहे वह कितना ही विद्रूप क्यों न हो, हमारे सामने आता है। अपनी रचना 'रानी और कानी' में वे लिखते हैं–

माँ उसको कहती है रानी/ आदर से, जैसा है नाम।
लेकिन उसका उल्टा रूप/ चेचक के दाग, काली, नक-चिप्टी।
गंजा सर, एक आँख कानी/ रानी अब हो गयी सयानी।
डलियों के सीले अपने रुखे हाथों मीसती है/
घर बुहारती है, करकट फेंकती है, और घड़ों भरती है पानी।

× × ×

सुनकर कानी का दिल दहल गया
दायीं आँख से आँसू भी बह चले मां के दुख से
लेकिन वह बाईं आँख कानी
ज्यों-की-त्यों रह गयी रखती निगरानी।

यहाँ एक नयी भाव-भंगिमा जो नयी भाषा संरचना के माध्यम से हमारे सम्मुख आती है, जहाँ काव्य-आभिजात्य का लोप हो जाता है, जीवन का नग्न और भयावह यथार्थ सामने आता है। यहाँ निराला जी अपने अभिप्रेत का भव्य चित्र प्रस्तुत करते हैं। यह रूप परम्परागत काव्यशास्त्र के लिए स्वीकार नहीं परन्तु पूरी काव्य-रचना एक चुनौती देती हुई सामने आती है। यहाँ काली, नकचिपटी का 'घड़ों भरती पानी' का श्रमशीलता पूर्ण जीवन मूर्तमान हो उठा है। वह अपना ब्याह न हो सकने की बात सुनकर 'दायीं आँख' से मां के दुख से रोने और 'बांयीं आँख' न (कानी) होने के कारण माँ द्वारा रोने से उपजी करुणा पर मानो निगरानी रखते हुए चुप रहती है। अपना ब्याह न हो पाने का दुख रानी को उतना नहीं होता जितना माँ की चिन्ता से वह दुखी होती है। कानी अपने लिए नहीं रोती वरन् माँ के लिए अपनी साबूत आँख से आँसू बहाती है और कानी आँख से चुप रहती है।

निराला के 'कुकुरमुत्ता' संग्रह में कुल सात कविताएँ हैं जो काव्य-आभिजात्य से मुक्ति और लोक जीवन से संपृक्ति का बोध कराती हैं। इसी में 'पनिहारिन' के साथ बह्मन के लड़के के प्रेम की गहन चर्चा है। जो निराला 'प्रिय यामिनी जागी' जैसी आभिजात्य प्रेम से मुक्त रचना करते हैं या 'जूही की कली' में 'अमल कोमल तनु-तरुणी' की बात करते हैं, वे ही यहाँ बह्मन के लड़के को पनिहारिन के प्रेम में जान देते दिखाते हैं। वे लिखते हैं–

बह्मन का लड़का/ मैं प्यार उसे करता
जात की कहारिन वह/ मेरे घर की पनिहारिन वह
आती है होते तड़का/ उसके पीछे मैं मरता हूँ
कोयल-सी काली, अरे/ चाल नहीं उसकी मतवाली
ब्याह नहीं हुआ, तभी भड़का/ दिल मेरा, आहें भरता हूँ
रोज आकर जगाती है सबको/ मैं ही समझता हूँ इस ढब को
ले जाती है मटका बड़का/ मैं देख-देख धीरज धरता हूँ।

साधारण जन की पहचान और उसमें अपनी निष्ठा से जुड़ने की दशा मात्र करुणा और सहानुभूति के कारण नहीं है। यहाँ सहज स्थिति के स्वीकार के लिए मजाक-मजाक में एक बड़ी बात का उद्घाटन होता है। निराला एक साहस और जोखिम के मार्ग से गुजर जाने का परिचय देते हैं। वे ब्राह्मण द्वारा पकाई घी की कचौड़ी छोड़कर तेल में पकी प्याज की पकौड़ी खाने की बात करते हैं। 'गर्म-पकौड़ी' शीर्षक रचना में ब्राह्मण की श्रेष्ठता का उपहास करना उनका लक्ष्य नहीं है वरन् वे उस ढोंग पर करारा प्रहार करते हैं जो व्यर्थ के अहंकार का कारण बना है, जहाँ हजारों-हजार वर्ष का अकारण घमंड है। काव्य नायक अत्यन्त सहज रूप में

आभिजात्य का त्याग करते हुए कहता है–

गर्म पकौड़ी/ ऐ गर्म पकौड़ी
तेल की भुनी/ नमक-मिर्च मिली
ऐ गर्म पकौड़ी/ मेरी जीभ जल गयी
सिसकियाँ निकल रहीं/ लार की बूँदें कितनी टपकीं
पर दाढ़ तले तुझे दबा ही रखा मैंने/ कंजूस ने ज्यों कौड़ी
पहले तूने मुझको खींचा/ दिल लेकर फिर कपड़े-सा फींचा
अरी, तेरे लिए छोड़ी/ बह्मन की पकाई/ मैंने घी की कचौड़ी।

यहाँ निराला साधारण जनता के साथ खड़े होकर आभिजात्यपन के विरुद्ध मानो प्रतिपक्ष का साहित्य रचते हैं। इसी कारण ऐतिहासिक पहचान के रूप में ये पंक्तियाँ अपना स्थान बना पाती हैं। बह्मन की कचौड़ी जो घी में तली थी उसे छोड़ने के बाद भी गर्म पकौड़ी ने कोई स्वाद नहीं दिया, केवल जीभ ही जलाया किन्तु उसे भी दाढ़ के नीचे दबा रखा। इसका सीधा या अर्थ है कि मैंने अपनी पहचान को मिटने नहीं दिया, उपेक्षित के उन्नयन में फिर भी लगा रहा। इतने सरल-सपाट ढंग से प्रेम को वाणी दी गयी। नौकरों के क्वाटर्स में जाकर उन्हें रखैल न बनाकर बराबरी के धरातल पर प्रेम करने की बात निराला ही सोच सकते थे।

इसी प्रकार का वर्णन 'सरोज स्मृति' कविता में भी दिखाई पड़ती है। इसमें कान्यकुब्ज ब्राह्मण के पैरों का अद्भुत अपूर्व वर्णन हुआ है। उनके पैरों में फटी बिवाइयाँ यमुना के कछार की भाँति है। वे दरारों से भरे हुए यमुना के कछार का एक विद्रूप चित्र हमारे सम्मुख प्रस्तुत करते हैं। तेल पिए हुए चमरौधे जूते से निकाले गये पैर की भाँति दुर्गंध पर निराला विशेष बल देते हैं। यहाँ कान्यकुब्ज ब्राह्मणों के प्रति घृणा की पराकाष्ठा का दर्शन होता है।

निराला ने जीवन की वास्तविक लय की पहचान हेतु निर्धारित आभिजात्य चेतना का अतिक्रमण करते हुए लोक जीवन की धड़कन को पकड़ा था। इसी कारण लोक जीवन की वास्तविक पुकार और उसकी अनुगूँज इसमें दूर तक सुनाई पड़ती है। लोक प्राप्त अनुभवों को वे वास्तविक और स्वाभाविक रूप में बिना उसमें घालमेल किये सृजनात्मकता का अंग बनाते गये। विचारों की अखाड़ेबाजी और भावों के सीमित कटघरे को लाँघते हुए, लोक जीवन की संजीवनी शक्ति का साक्षात्कार करते हुए, जातीय अनुभवों को उन्होंने अपना स्वर दिया। व्यावसायिक और व्यापारिक दृष्टि से अपने सृजन की रक्षा करते, दुनियादारी के बाजार में माल खपाने की चिन्ता से दूर, उनका लेखन बार-बार पुकार-पुकार कर कहता है– 'लखकर अनर्थ आर्थिक पथ पर/हारता रहा मैं स्वार्थ समर।' या 'जाना तो अर्थागमोपाय/ पर रहा सदा संकुचित

काय।' वे आम चेतना की भावनाओं को, चेतना और क्रिया को यथावत स्वीकार कर, अपनी संवेदना का हिस्सा बनाकर कविताई के साथ एकमेव हो गये, जहाँ ये से उनकी कविताओं के लिए अनन्त और असीम ऊर्जा प्राप्त होती गयी। अपनी इस ऊर्जा और उष्मा की प्राप्ति हेतु उन्हें ग्रन्थ पढ़ने की आवश्यकता न थी वरन मानव-जीवन की खुली पुस्तक ही इसके लिए पर्याप्त थी। इस तथ्य को ध्यान में रखकर प्रसिद्ध समीक्षक आदरणीय गुरुवर डॉ. रतन कुमार पाण्डेय लिखते हैं– "उनकी कविताओं में लोक की जीवन्त पुकार और उसकी अनुगूँज दूर तक सुनाई पड़ती है। वे निर्धारित चेतना का अतिक्रमण करके जीवन की वास्तविक लय को सुनने के लिए लोकजीवन में निरन्तर यात्रा करते रहे। लोक जीवन के ठेठ अनुभवों को कलई लगाकर चमकाने की चिन्ता उन्हें न थी। उन लोक-प्राप्त अनुभवों को शंकरवर्णी करके उनकी उत्पादकता बढ़ाने की परवाह में वे कभी भी संलग्न नहीं रहे। वे नैसर्गिक और वास्तविक-स्वाभाविक सोच की सृजन धर्मिता में विश्वास करने वाले थे। यह चिंतन ही उन्हें लोक जीवन की शक्ति से साक्षात्कार करा सकता था जिससे विचारों की अखाड़ेबाजी और भावों के सीमित कटघरे को फलाँगते वे जातीय अनुभवों के बड़े रचनाकार बन सके। वे ग्रामीण-किसान-मजदूर की सीधी-सादी चेतना को 'जस-का-तस' स्वीकार करके अपनी संवेदना को व्यापकता प्रदान कर रहे थे। असीमित जीवन-शक्ति की प्राप्ति किसी ग्रन्थ से नहीं वरन अपनी जिन्दगी की पुस्तक पढ़कर प्राप्त की जाती है।"

निराला का मत था कि दुनिया में मनुष्य ही मनुष्य का प्रतिमान हो सकता है। मनुष्य में समता की चेतना का यही सूत्र था । मानवीय चेतना से सरोकार होने के कारण ही अनैतिक-अनुचित का कभी साथ न देना तथा उनके समक्ष हार न मानने की भावना उनके भीतर विद्यमान रही। सामान्य से प्रतिबद्धता और उसके हर पल के प्रति निष्ठा का भाव निराला की कविताओं को अनवरत शक्ति प्रदान करता रहा। इस सन्दर्भ में गुरुवर समीक्षक डॉ. रतन कुमार पाण्डेय का मत है–"जिस सामान्य जन को वे अपनी रचनाओं में लाकर सम्मान से नवाजते हैं, उसकी पहचान को गाढ़ा और चटख रंग प्रदान करते हैं। चाहे जीवन कितना ही भदेस और खुरदुरा क्यों न रहा हो। वे जिन जाति के लोगों को अपनी रचनाओं में लाते हैं, सभी सामाजिक दृष्टि से अत्यन्त उपेक्षित और समाजबाह्य की वस्तु मान लिए गये थे। इसका कारण यह है कि अपनी कविताई में वे ग्रामीण जीवन पर भाषणबाजी नहीं करना चाहते थे, वरन उस जीवन में शिरकत करके शिद्दत से उसे भोगते हुए, उसका अविभाज्य अंग बन जाने का प्रमाण प्रस्तुत कर रहे थे। वे कविता और उस उपेक्षित दीन-हीन जीवन को एक करने में लगे थे, जिससे गाँव का स्वरूप और उसकी मुकम्मल पहिचान हो जाए।"

निराला की भारतीय लोक संस्कृति में अडिग आस्था थी, क्योंकि लोक जीवन

से जुड़े होने के कारण यह अनिवार्य था। लोक जीवन को छोड़कर सांस्कृतिक भूमिका का निर्वाह कैसे हो सकता है? निराला ने लोक जीवन का परित्याग कर, लोक जीवन को छोड़कर कभी विकृतियों से सुलह-समझौता नहीं किया। सामूहिक संस्कृति के उन्नयन का लक्ष्य निराला के सम्मुख आजीवन रहा। सशक्त काव्य-रचना का सबसे बड़ा कारण यही था कि कविता को जन-समाज की वस्तु मानकर सामूहिक जीवन और सामासिक संस्कृति के बीच एक अद्भुत सामंजस्य स्थापन का प्रयास निराला ने किया। इसी कारण उनकी रचना एक ओर मानव संस्कृति के उच्चादर्शों से जुड़ी तो दूसरी ओर लोक जीवन भी उसमें परिपूर्ण लक्षित किया गया। इसी कारण कवि पाठक के समक्ष लोक जीवन या सामान्य जन जीवन की भूमिका पर उच्चादर्शों को लेकर चलने का सच्चा साहस करता हुआ दिखाई पड़ता है। इसी जीवन-क्रम में बाह्य जीवन की परिस्थितियों एवं परिवेश ने उनके समक्ष गम्भीर संघर्ष एवं चुनौतियों का सैलाब फैलाया, किन्तु निराला अविकल भाव से उनसे दो-दो हाथ करते रहे। शक्ति, ऊर्जा एवं पुरुषार्थ का विस्तार करते रहे। उनके आत्मविश्वास पर जब चोटें लगीं तब कविता में व्यंग्य और कटु अभिव्यक्तियाँ भी सामने आईं। उनका स्वर बदला परन्तु विजयिनी आलोकमय संकेत और भाव का साथ न छूटा। समाज की विसंगतियाँ और विद्रूपताएँ उन्हें कुछ हद तक परेशान भले ही कर दें, किन्तु 'एक मन और रहा राम का, जो न थका' की भाँति वे अपराजेय-भावबोध लिए जीवन संग्राम में डंटे रहे। निराला की रचनाओं में आये हुए लोक विश्वास सामाजिकता से जुड़ाव के साक्ष्य हैं। वे अपनी कविताओं में जब शक्ति का आवाह्न करते हैं (दुर्गा, काली, बादल आदि) तब उनका सम्बन्ध युग-धर्म से तो होता ही है, जहाँ जाति की सोई हुई शक्ति को जागृत करना उनका लक्ष्य होता है, वहीं जनता के विश्वासों और अटूट आस्था का भी पता चल जाता है। जातीय नवजागरण की यह चेतना लोक की अँगुली पकड़कर अग्रसर होती है। समय की माँग काव्य की माँग बन गया। लोक परम्पराओं, रूढ़ियों आदि के माध्यम से रचनाकार ने कविता को इच्छानुसार ढालने में सफलता प्राप्त की है। लोकतत्व के माध्यम से कविता सशक्त और बलशाली होकर महत्त्वपूर्ण बन गयी है, सार्वजनिक होकर मानव की हित साधक बन गयी। निराला ने जनता के बीच व्याप्त अंधविश्वासों, रूढ़ियों, सड़ी-गली मान्यताओं को चकनाचूर भी किया। लोक जीवन की धड़कना का उपयोग मानवता की रक्षा के लिए यहाँ निरन्तर हुआ है और कविता और जीवन के बीच एक सहज संवाद से काव्य-लालित्य में वृद्धि प्रभावोत्पादकता के साथ ही मानवीय नैतिक मूल्यों-(जीवन) की रक्षा हुई है। इनसे ही धार्मिक, सांस्कृतिक, सामाजिक आदि जीवन को आलोक प्राप्त हुआ है। निराला ने लोकरीति, लोकाचार, लोकानुभव, लोकजीवन, लोकापवाद,

लोककथाओं का आदर करते हुए अपने विचार को वाणी दी। मिथकीय-प्रसंगों, परीकथाओं, लोक मान्यताओं– जादू-टोना, भूत-प्रेत को साधन के रूप में प्रयोग करते हुए निराला ने अपनी गहन लोक-संपृक्तता का अहसास करा दिया। अटल, शाश्वत के लिए ध्रुवतारा का आना इसका प्रमाण है। निराला जब वैसवाड़े का जीवन जीते हैं तो वहाँ का अनुभव बोलता है, तब काली अवतार महिषासुर मर्दन का प्रसंग सामने आता है। 'अंगुली के पोरों में दिन गिनते जाने' की बात निराला ही सोच सकते थे, क्योंकि गाँव-देहात का आदमी इसी प्रकार की गणना करते हुए जीवन बीता देता है। लोक विश्वासों का धरातल अनन्त तक व्याप्त है। हमारे दृश्य जगत् में जो कुछ गोचर है, प्रायः हरेक के संदर्भ में एक-न-एक लोक विश्वास जुड़ा हुआ है। गंगा सामान्य बहने वाली नदी नहीं– सगर के साठ हजार पुरखों को तारनेवाली, मोक्ष प्रदायिनी माँ गंगा है। इसी के साथ जुड़ी शिव-नगरी काशी है। यह काशी शिव के त्रिशूल पर विराजित है। निराला ने सामाजिक रूढ़ियों को कभी भी स्वीकार नहीं किया। उनका विश्वास था कि ये समाज को जर्जरित और क्षत-विक्षत करती हैं, समाज के लिए अभिशाप बनी हैं। इसी कारण 'विधवा', 'भिक्षुक', और 'तोड़ती पत्थर' जैसी रचनाओं की ओर वे प्रवृत्त हुए थे। वे समाज के जर्जरित जीर्ण-शीर्ण को जलाना चाहते थे ताकि उनके भीतर से प्रगति के नये-नये कल्ले फूटें। सारी प्राचीनता और परम्परा त्याज्य नहीं होतीं। वरन् जो विकास में बाधक हों, निर्माण के मार्ग को अवरुद्ध करती हों, उसे मिटा देना ही अच्छा होगा। समाज में व्याप्त अंधविश्वास और गलत धारणाओं को समाप्त करने की कोशिश 'दान' शीर्षक कविता या 'सरोज स्मृति' कविता के 'वर-तलाश' वाली घटना में दिखाई देती है। वे धार्मिक रूढ़ियों, कर्मकांडों, अंधविश्वासों पर जमकर प्रहार करते हैं। वे इस कार्य में निडर होकर बाज की भाँति इन पर टूट पड़ते थे, बिना कोई परवाह किये हुए उनकी रचनाओं में प्रचलित रीति-रिवाजों, पर्वोत्सवों, व्यवसायों, भौगोलिक विशेषताओं का निदर्शन हुआ है। निराला ने समाज के लोगों के रहन-सहन, वेश-भूषा, खान-पान आदि के अनेकानेक चित्र प्रस्तुत किये हैं, समाज की उपर्युक्त पद्धतियाँ चाहे वे व्यक्तिगत हों या सामाजिक, दोनों को कविताओं का अंग बनाया है। विवाह से लेकर अंतेष्टि तक के समस्त रीति-रिवाज निराला के यहाँ देखे जा सकते हैं। पारिवारिक एवं सामाजिक जीवन में जितनी भी रीतियों का अनुपालन मनुष्य करता है, उनका वृहत्तर परिचय निराला का साहित्य कराता है। केवल 'सरोज-स्मृति' और 'तुलसीदास' जैसी कविताएँ इस बात का साक्ष्य प्रस्तुत करती हैं। समाज में रहते हुए लोक चर्चाएँ एवं लोकापवाद भी कम नहीं झेलने पड़ते– जैसे लड़की बेचवा। इसी तरह की कानाफूँसी रत्नावली को लेकर उनके मायके में चलती है। वर खोजने, दहेज की प्रथा, जाति-धर्म की कड़ी पहरेदारी

सब कुछ यहाँ विद्यमान है। यहाँ अंध श्रद्धावतन् होकर निराला का समर्थन नहीं किया जा सकता। क्योंकि 'सोचा फिर मेरे पूर्वजगण/गुजरे जिस राह वही शोभन' में उनका अन्तर्विरोध खुलकर सामने आ जाता है। 'कान्यकुब्ज' ब्राह्मणों में ही सरोज के लिए वर की तलाश करना और उसी मार्ग पर चलने को ही श्रेयष्कर मानना उनकी प्रगतिशील चेतना के सम्मुख प्रश्नचिन्ह् अवश्य लगाता है। पौराणिक मिथकों के सहारे, लोकरीति का निर्वाह करते हुए सरोज का विवाह होता है। सरोज की मृत्यु के उपरान्त अपने शुभ कर्मों द्वारा उसका तर्पण करना सब कुछ लोक कर्म से ही जुड़ा हुआ है। लोकजीवन से उनका यह जुड़ाव जनता से जुड़ाव और भारतीयता का परिचायक है। वे प्रगतिशीलता को भारतीयता की शर्तों पर ही स्वीकार करने वाले रचनाधर्मी थे। इस कारण भारतीय दर्शन, अध्यात्म आदि हाथ से छुटते नहीं हैं। भारतीय संस्कृति के प्रति लगाव, आस्था और विश्वास ने उनकी रचनाधर्मिता को निश्चित तौर पर सशक्त और चिरजीवी बनाया है। जब वे सिर झुकाकर संकट के गुजरने, कांटे से कांटे को काढ़ने या ईंट का जवाब पत्थर से देने की बात करते हैं, तब लोक-सम्पृक्ति का बोध जीवन्त हो उठता है। लोकजीवन की नानावर्णी छटाएँ, उनकी अनोखी छवि, उसके उतार-चढ़ाव का रंग अपनी बहुवर्णी आभा और चटख के साथ यहाँ उतर आया है। वे समाज के अति छुद्र वर्ग से चलकर मजदूर, श्रमजीवी आदि से अपना सरोकार जोड़ लेते हैं तथा अपनी हार्दिकता से उनको अपना सहधर्मी बना लेते हैं। किसान की नयी बहू की आँखों की निर्मल छवि हरीतिमा में बैठे दो विहग इसी कारण प्रतीत होते हैं। लोकजीवन की छटा ही आगे चलकर सामाजिक संस्कृति का हिस्सा कहलाती है। भारतीय समाज के प्रत्येक कोने में प्राय: अनेक प्रकार के मेले-तमाशे, उत्सव-त्यौहार होते ही रहते हैं जहाँ हम अपने सुख-दुख, आशा-निराशा, उत्थान-पतन को विस्मृत कर जीवन में आनन्द से सराबोर हो उठते हैं। जीवन में नयी संजीवनी का संचार अनुभव करते हैं। यदि इनका अभाव समाज में है तो वह समाज निर्जीव हो जाता है। निराला ने अपने समाज के इन छोटे-छोटे अनुभवों को अपनी वाणी दी जहाँ जनता का हर्ष और उमंग, अतिरेकी ढंग से फूट पड़ा है। गाँव के नर-नारी, किशोर-किशोरियाँ, जवान-बूढ़े सभी इनमें शामिल हो जाते हैं। जीवन के इन अनमोल क्षणों के सम्मुख सब समृद्धि लघुतर हो जाती है। उत्सवों और पर्वों द्वारा जनता में आनन्द्रोक होता है। ये आगे चलकर संस्कृति के अविभाज्य अंग बन जाते हैं। निराला के अनुभव में आनेवाला भारतीय समाज इस दृष्टि से अत्यन्त समृद्ध समाज है। इसमें वसन्तोत्सव, होली, कजली, तीज, शरदोत्सव, पावसोत्सव आदि का बड़ा ही मनोरम चित्र निराला की कविताओं में प्राप्त होता है। निराला ने अपनी रचनाओं में शास्त्रीय और लोक तत्वों का समिश्रण

करके कविता को जीवन्त कर दिया है, जहाँ सच्चे लोक मानव का हम साक्षात्कार कर पाते हैं। इनसे ही हमारी सांस्कृतिक गरिमा अक्षुण्ण होती है तथा रचनाकार का युग और परिवेश भी साथ-साथ गतिशील होता है। भारतीय लोक-जीवन में संस्कारों की प्रक्रिया जन्म से ही आरम्भ होती है तथा आजीवन रीति-रिवाजों, आचार-विचारों तथा विधि-विधानों के रूप में गतिमान रहती है। मनुष्य को समुन्नत करने के लिए संस्कारों की आवश्यकता होती है। निराला ने अनुभव किया कि अपनी जीवन-यात्रा में संघर्षरत मनुष्य बहुत कुछ प्राप्त तो कर लेता है, किन्तु उसकी इच्छाओं का पूर्णतया शमन नहीं हो पाता। वह इनकी पूर्ति हेतु सामाजिक मान-प्रतिष्ठा प्राप्त करके तो कभी आर्थिक सम्पन्नता के माध्यम से करने का प्रयास करता है। आधुनिक वैज्ञानिक प्रगति ने उसे और भी जटिल स्थितियों का भोक्ता बना दिया है। निराला मात्र भौतिक उपलब्धियों को अन्तिम सुख नहीं मानते थे वरन् उर्ध्वमुखी चेतना के समग्र विकास के लिए आध्यात्मिक विकास आवश्यक है। निराला व्यक्तिगत जीवन की कुछ क्षुद्र सीमाओं का अतिक्रमण कर विस्तृत मानवीय जीवन से अपना सरोकार जोड़ते रहे। निराला ने अनुभव किया कि पतनशील भारतीय समाज के मूल में वर्ण-व्यवस्था है। निराला ने पाखंडी वर्ण-व्यवस्था को देश के लिए भयानक खतरा माना, जिससे आपसी द्वेष, कलह, घृणा और असहयोगी भावना का निरन्तर विकास हो रहा है। जातिगत टकराव और अलगाव के कारण विदेशी यहाँ शासक हो गये।'महाराज शिवाजी का पत्र' और 'जागो फिर एक बार' शीर्षक कविताओं में वे बार-बार इस तथ्य को सामने प्रस्तुत करते हैं। भारत के सुसंगठित समाज को जाति, धर्म, वर्ण आदि रोगों ने निरन्तर कमजोर किया है। निराला की कविताओं में समाज का अत्यन्त उपेक्षित जन-समूह अपनी सम्पूर्ण विद्रूपता भरे जीवन के साथ लक्षित होता है। इसका प्रमाण निराला की कथा-रचनाएँ चतुरी चमार, कुल्लीभाट, विल्लेसुर बकरिहा आदि हैं। अपनी रचना 'सन्त कवि रविदास जी के प्रति' में समाज की जर्जरित रूढ़ियों को ध्वस्त कर शूद्र के साथ खड़े हैं। निराला ने जीवन और साहित्य दोनों में समाज में फैली संकीर्णता का डंटकर विरोध किया। निराला ने मनुष्य को मनुष्य के रूप में देखने की वकालत की। इसी कारण उनकी कविता में ऐसे चरित्र आये जो प्रचलित वर्ण-व्यवस्था में जातिगत आधार पर अछूत थे किन्तु अन्तःकरण से सात्विक एवं चरित्र के उज्जवल थे। दान, भिक्षुक, वह तोड़ती पत्थर, विधवा आदि इसके सशक्त प्रमाण हैं। वे ज्ञान और विवेक के पक्षधर थे। यदि कोई बात तर्क और तथ्याश्रित न हो तो वे उसे मानने से मना कर देते थे। इसी कारण उनका ज्ञान उन्हें उर्ध्वगामी बनाता है। निराला के सम्मुख वर्ण-विभाजित समाज था। वे निरन्तर शोषितों-पीड़ितों के पक्षधर रहे और समाज में घटित प्रत्येक शोषण का विरोध करते रहे।

मानवीय-संवेदना के तार जुड़ने के कारण उनका यह विरोध स्वत:स्फूर्त था, किसी मतवाद के कारण नहीं। निराला के भीतर शोषण के सम्पूर्ण नाश का स्वप्न पल रहा था। 'बादल राग' शीर्षक कविता इसका प्रमाण है। निराला इस तथ्य से अवगत थे कि भारतीय जनता सामन्ती एवं साम्राज्यवादी दोनों शक्तियों के शोषण का शिकार हैं। यदि जनता को स्वाधीन करना है तो दोनों की गुलामी से मुक्ति होनी चाहिए।

भौतिक सुख-सुविधाएँ उनके लिए साधन मात्र थे। भौतिकता के प्रति बढ़ते आकर्षण और लुप्त आध्यात्मिक चेतना उनको पीड़ित करती रही। वे आध्यात्मिक साधना को बंधन से मुक्ति का मार्ग मानते थे। उनके लिए पीड़ित मानवता की सेवा ही सबसे बड़ी भक्ति थी। इन सब विचारों-भावों की अभिव्यक्ति हेतु निराला ने अपने जीवन के अनुभव–बैसवाड़ा तथा बंगाल दोनों को माध्यम के रूप में प्रयोग किया। यहाँ के आचार-विचार, मुहावरे, लोकोक्तियाँ, देशज-शब्द प्रयोग आदि के माध्यम से कविता लोक जीवन के निकट आ सकी। लोक व्यवहार और लोक भाषा का यह अद्भुत संगम कविताओं को सरसता तथा सम्प्रेषणीयता प्रदान करता है। वे भाव, भाषा और छन्द तीनों की मुक्ति के पैरोकार थे। वे जीवन के वृहत्तर क्षेत्र के अनुभवों से समृद्ध होने के कारण भाषिक संरचना में भी लोकजीवन के बाहर जाना नहीं चाहते, अनगढ़ भदेस और ठेठ सरल शब्दों के माध्यम से कविता में अर्थ भरने का कार्य निराला ने किया, जिसमें जीवन का यथार्थ है, परिवेश की सच्चाई है, कवि के हृदय की कसक और चोट है, निर्मम व्यवस्था का नंगा रूप है तथा कवि का व्यंग्य और आक्रोश अभिव्यक्ति का माध्यम है। 'जनता के हृदय जीकर विषम विष पीने वाले' निराला की कविताओं में पीड़ा, वेदना, मानवीय आहत स्वर को स्थान मिल सका। लोक जीवन के ग्रामीण और देशज शब्दों के प्रयोग से जीवन्तता और रवानगी के दर्शन होते हैं। उन्होंने शब्दों को नयी अर्थवत्ता दी।

उनकी कविताएँ लोकजीवन के अनेकानेक बिम्बों, प्रतीकों, उपमानों से भरी हैं। उन्हें किसान का अनुभव, पहलवान का अनुभव, तैराक का अनुभव, साथ-ही-साथ एक सद्गृहस्थ का अनुभव था। वे अपने कर्तव्य और दायित्व चेतना से भलीभाँति परिचित थे। यहाँ बातचीत की शैली, नीति, शिक्षा के दर्शन होते हैं, जिनसे कविता सशक्त एवं प्रेषणीय बन जाती है। इनका प्रयोग आरोपित ढंग से नहीं हुआ है वरन् वे स्वाभाविक रूप में कविता का अंग बनकर आये हैं। ये निराला की बारीक निरीक्षण-शक्ति का परिचय कराते हैं।

लोक तत्त्व : निराला के काव्य की सीमाएँ : निराला की कविताओं में भाषा में कदम-कदम पर विचित्र प्रयोग दिखाई पड़ते हैं। यह बात मैं इससे पहले भी कह चुकी हूँ। उनकी कविता– 'पत्रोत्कंठित्र जीवन का विष बुझा हुआ है'। यहाँ 'पत्रोत्कंठित' शब्द विचारणीय है। पत्र का अर्थ है कागज उत्कंठित के माने प्रतीक्षातुरता।

अर्थात् पत्र को खोज निकालने की उत्सुकता। इसके पीछे अवध, ब्रज क्षेत्र की एक लोक धारणा क्रियाशील है। इस क्षेत्र का व्यक्ति कुशल पूछने पर उत्तर देता है– 'क्या करें कहीं पर कागज ही खो गया है।' इसका अर्थ है कि यमराज के दरबार में जीवन का लेखा-जोखा खो गया है। इसलिए वहाँ पर उसका बुलावा नहीं हो रहा है। इस लोक धारणा से अपरिचित रहनेवाले अहिन्दी भाषा क्षेत्रों-प्रदेशों में 'पत्रोत्कंठित' शब्द एक परेशानी का कारण बन जाता है। हर शब्द का अपना एक समाज होता है। उसके बाहर वह निरर्थक होता है। इस कारण निराला जब इस तरह की शब्दावली का प्रयोग करते हैं, तब वे उनकी सीमाओं का निर्धारण भी कर देते हैं। एक कविता 'तुलसीदास' में जब निराला लिखते हैं–

जब देखो तब ये अड़े-पड़े/ उधार लाये हैं चले बड़े।

यहाँ पर 'चले-बड़े' अवधी भाषा का एक लहजा है जहाँ क्षोभ और ललकार का मिश्रित भाव व्यंजित होता है। यहाँ भी कठिनाई होती है। निराला ने अपनी कविताओं में कान्य कुब्जियों की 'कड़ाही-प्रथा' उढ़री-प्रथा, सपिण्डी-वैतरनी प्रथा, गवहीं, कुआँ पूजन आदि वैवाहिक प्रथाओं का विवरण प्रस्तुत किया है। इस अंचल और परम्पराओं को न जानने वाला भला इनका अर्थ किस प्रकार समझ सकता है। इस कारण लोक तत्त्व यदि शक्ति के रूप में कविताओं में प्रेषणीयता, चारुता, सरसता लाने का कार्य करते हैं, जिनसे कविता जनता से जुड़ाव का बोध कराती है तो इनका अतिशय प्रयोग उनको समझने में, अर्थबोध में बाधक भी बन जाते हैं। इन प्रान्तीय अनुभवों से रहित पाठक के लिए निराला का 'न्यवन्ना' शब्द भला उनके पास के छोटे से गाँव का बोध किस प्रकार करा सकेगा। इस प्रकार निराला के शिल्प में लोक तत्वों का जो समावेश हुआ है, उस पर एक स्वतंत्र कार्य किया जाए तो इसका पर्याप्त खुलासा हिन्दी-प्रेमी जनता के बीच हो सकेगा।

सन्दर्भ

1. निराला और नवजागरण; रामरतन भटनागर, पृ. 149
2. महाप्राण निराला; पं. गंगाप्रसाद पाण्डेय, पृ. 35-36
3. निराला और नवजागरण; रामरतन भटनागर, पृ. 407
4. महाप्राण निराला; पं. गंगाप्रसाद पाण्डेय, पृ. 152 से उद्धृत 1
5. शताब्दी पुरुष; 'निराला के काव्य में करुणा का आवेश'; डॉ. रतन कुमार पाण्डेय, सं. डॉ. रामजी तिवारी, पृ. 129
6. शताब्दी पुरुष; 'निराला के काव्य में करुणा का आवेश'; डॉ. रतन कुमार पाण्डेय, सं. डॉ. रामजी तिवारी, पृ. 129